# ARMORIAL

DU

# BIBLIOPHILE

Paris. — Imprimé chez Jules Bonaventure,
55, quai des Grands-Augustins

JOANNIS GUIGARD

# ARMORIAL
DU
# BIBLIOPHILE

AVEC
ILLUSTRATIONS DANS LE TEXTE

*PREMIÈRE PARTIE*

PARIS
LIBRAIRIE BACHELIN-DEFLORENNE
3, QUAI MALAQUAIS, 3.
MÊME MAISON A LONDRES, 25, GARRICK-STREET

1872

# ARMORIAL

DU

# BIBLIOPHILE

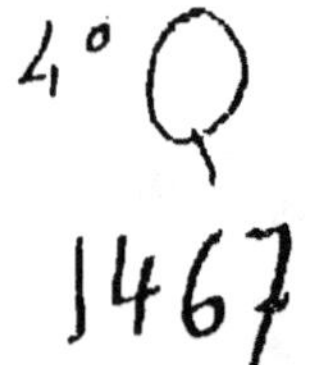
4° Q
1467

*Paris. — Imprimé chez Jules Bonaventure,*
*55, quai des Grands-Augustins.*

JOANNIS GUIGARD

# ARMORIAL

DU

# BIBLIOPHILE

AVEC

ILLUSTRATIONS DANS LE TEXTE

*DEUXIÈME PARTIE*

PARIS

LIBRAIRIE BACHELIN-DEFLORENNE

3, QUAI MALAQUAIS, 3.

MÊME MAISON A LONDRES, 25, GARRICK-STREET

1872

# ARMORIAL

DU

# BIBLIOPHILE

*Paris. — Imprimé chez Gauthier-Villars,*
55, *quai des Grands-Augustins.*

JOANNIS GUIGARD

# ARMORIAL

DU

# BIBLIOPHILE

AVEC

ILLUSTRATIONS DANS LE TEXTE

*TROISIÈME PARTIE*

PARIS

LIBRAIRIE BACHELIN-DEFLORENNE

3, QUAI MALAQUAIS, 3.

MÊME MAISON A LONDRES, 25, GARRICK-STREET

1872

# ARMORIAL

## DU

# BIBLIOPHILE

---

N Auteur, dit Dufresny dans ses *Amusements « sérieux et comiques*, est bien embarrassé à la « tête de son Livre : il ne sait quelle contenance « tenir. S'il fait le fier, on se plaît à rabattre sa « fierté; s'il affecte de s'humilier, on le méprise; « s'il dit que son travail sera merveilleux, on n'en croit rien; « s'il dit que c'est peu de chose, on le croit sur parole. Par- « lera-t-il de ses ouvrages? La dure nécessité pour un Auteur! »

Malgré cette boutade, les auteurs n'en continuent pas moins de faire des préfaces où ils se croient obligés de dire au lecteur —qui ne s'en soucie mais—comme quoi ils viennent « combler une lacune regrettable », et autres belles paroles de nature à montrer l'opportunité et l'excellence de leurs œuvres.

Il est de fait qu'un livre sans préface ressemble fort à un dîner sans potage. L'esprit comme l'estomac a besoin d'un véhicule, et entrer brusquement en matière par la pièce de résistance pourrait devenir indigeste. D'un autre côté, la préface est encore, à mon avis, le moyen le plus honnête, en pays civilisé, d'aborder son lecteur et de faire connaissance avec lui.

Or, comme je m'accommode assez des habitudes reçues, pourvu toutefois qu'elles ne heurtent pas trop ni ma conscience ni mes goûts, je me permettrai donc de suivre la tradition, et, au risque de ne pas être lu, d'exposer à mon tour les motifs qui m'ont engagé à publier ce livre.

# I

Par une magnifique journée de juillet 186...,

*Alors* qu'un lourd soleil chauffait les grandes dalles...,

rêvant et bouquinant, j'aperçus, à l'heure de midi, un homme, de soixante ans environ, devant ces boîtes de livres qui se trouvent sur le parapet du quai Voltaire. Il était seul. La chaleur exceptionnelle du jour faisait refluer les passants vers les maisons.

—Il n'y a qu'un bibliophile ou un pêcheur à la ligne qui puisse braver avec autant d'impassibilité un tel soleil, me dis-je en approchant.

Cet homme, « tout de noir habillé, » était littéralement chargé de livres : il en avait dans ses poches, dans les mains, sous les bras, et peut-être dans son chapeau. Je voyais en lui l'expression vivante de ce type que Gavarni a éternisé d'un seul coup de son spirituel et philosophique crayon. Ses yeux, d'un bleu doux, pétillaient de joie sous des bésicles d'or. Ses doigts frémissaient d'émotion. Avait-il trouvé un *Alde* ou un *Elzévier* inconnu à tous ses confrères?

L'objet de son attention me parut au premier coup d'œil une de ces adorables reliures du XVII<sup>e</sup> siècle, mais fruste et les coins endommagés. Le bouquiniste ignorant avait relégué le volume dans les compartiments à cinquante centimes. Mon homme, lui, ne s'y était pas trompé : avec cette intuition qui dirige l'individu possédé par une idée fixe, il était venu là en droite ligne, j'en suis sûr, comme s'il eût connu d'avance la place où gisait dans la poussière le précieux bouquin. Sur les plats figurait une espèce d'hiéroglyphe dont la forme cabalistique retenait captif son être tout entier : plus il ouvrait les yeux, moins il semblait comprendre.

Curieux de ma nature, je voulus voir aussi, moi, mais je n'osai. Pour me servir de contenance, je pris un livre et je feignis de lire, dardant une prunelle furtive sur celui de mon voisin. Ma myopie me favorisait singulièrement en cette circonstance. Peu à peu, sans savoir comment, je me trouvai côte à côte de mon bibliophile — car c'en était un — mon bras gauche frôlant son bras droit, et si près, que spontanément, sans même tourner la tête vers moi, il me dit, un peu dédaigneusement et comme quelqu'un à bout de ressources : « Y comprenez-vous quelque chose? »

Je toussai légèrement pour me remettre : je venais d'être surpris en flagrant délit de curiosité! O amour des livres!

—De quoi s'agit-il, Monsieur? fis-je du ton le plus doux et le plus caressant, afin de réparer autant que je le pouvais mon infraction à la civilité puérile et honnête.

—De ceci, répondit-il, en me montrant l'hiéroglyphe avec un sourire où je lisais clairement : entre bibliophiles pas de gêne!

—Monsieur, ce sont les armes du président de Mesme, celui à qui Gabriel Naudé dédia, en 1643, son *Advis pour dresser une bibliothèque*. Ce magistrat s'était composé une des plus riches collections de son temps; et chaque volume qu'il avait fait relier portait sur les plats cette marque de fabrique, en quelque sorte, que vous voyez.

J'avais repris mon assurance, et fourrant lestement mon pouce dans l'emmanchure de mon gilet, de mes quatre autres doigts je me mis à battre la mesure sur ma poitrine, en le regardant en face d'un air de triomphe qui signifiait : tu ne t'attendais pas à celle-là, mon bon!

Il ne s'y attendait guère, en effet, car il resta un instant la bouche ouverte et les yeux écarquillés. Puis, d'un accent plus sympathique, il reprit :

—Sans vous en douter, Monsieur, vous venez de me tirer d'un bien cruel embarras. Si vous saviez, quand on a un volume artistement relié, comme celui-ci par exemple, combien l'on désire en savoir la provenance, combien l'on voudrait connaître l'amateur qui a eu pour l'art tant d'amour et tant de goût! Vous le voyez, la passion ou plutôt la manie m'entraîne. Mais n'est-ce pas à un bibliophile que je parle?

—Se passionner c'est vivre; c'est la passion qui nous sauve de toutes les plates réalités de la vie, répliquai-je gravement.

Une fois la glace rompue, la conversation s'engagea, et se prolongea longuement sous le soleil qui nous mordait le front.

J'avais affaire à un véritable savant. Son acquis était étendu et varié. Et puis nous avions enfourché le même dada : les livres, les reliures, les incunables, les éditions princeps, les bibliothèques fameuses, les éditeurs célèbres, nous occupèrent particulièrement, bien entendu. Enfin mon interlocuteur, devenant de plus en plus expansif, me dit :

—...Oui, Monsieur, je possède un grand nombre de volumes ayant sur leurs plats des armes dont il m'est impossible de déterminer les possesseurs. C'est pour moi une véritable torture: je sens qu'il me manque quelque chose. Tenez, êtes-vous libre à cette heure ?

—Parfaitement.

—Sans façon, voudriez-vous venir chez moi ? Je vous montrerais ma collection, et, tout amour-propre à part, j'ose croire que vous ne regretterez pas trop votre course.

—J'accepte avec empressement et reconnaissance.

—Le temps seulement de payer mon volume; je ne marchanderai pas. Aujourd'hui c'est un jour faste.

—A votre volonté.

Son emplette faite, il revint à moi.

—Partons-nous ?

Je suivis donc mon nouveau compagnon comme si nous ne nous étions jamais quittés—tant la bibliophilie rapproche les hommes !—Quoique le chemin fût long et la chaleur accablante, je ne m'en aperçus guère, soutenu que j'étais et par la conversation et par l'attente des merveilles qui m'étaient promises. Bref, nous arrivâmes : je ne dirai pas où, lecteur, tu le reconnaîtrais ! Et le mur de la vie privée donc ! Qu'il te suffise de savoir que nous enfilâmes une allée étroite, obscure et longue, et que nous gravîmes lentement, non sans souffler un peu, faisant une petite pause à chaque palier, cinq étages au-dessus de l'entresol. Arrivés là, nous prîmes un corridor; puis au bout, un autre à gauche. Nous marchions, lui devant, moi derrière, nous emboîtant le pas comme de vieux troupiers. Il s'arrête : « C'est là, me dit-il en souriant. Ouf! je n'en peux plus ! » Il sort de sa poche un immense trousseau de clefs luisantes comme la pomme d'une rampe, prend la plus petite, si petite que je ne pus l'apercevoir, et la glisse sans bruit dans la serrure. La porte s'ouvre en poussant un soupir comme pour dire : Est-ce un vrai croyant? Après avoir soigneusement fermé cette porte, il en ouvre une seconde, puis une troisième.

Le frinc-frinc des clefs, le grincement des verroux, le bruit des échos des « longs corridors sombres, » les précautions singulières que prenait mon homme, l'isolement dans lequel nous étions, tout cela me plongeait dans des réflexions étranges. Etais-je l'objet d'une mystification ou d'un guet-apens ? allait-on renouveler sur ma personne quelque scène du mystérieux château d'Udolphe? Et pas d'armes! Rien qu'un innocent in-12, et encore pas relié le moins du monde! Cependant, quelque chose aurait dû me rassurer : je n'avais ni montre, ni argent. Mes derniers vingt centimes venaient d'être employés à l'achat du volume que j'avais entre les mains. Mon gousset était nu,

> Nu comme un plat d'argent, nu comme un mur d'église,
> Nu comme le discours d'un académicien.

Quoi qu'il en soit, j'ose l'avouer, je commençais à trembler. Non que je craigne la mort : un Français, allons donc! Mais, que voulez-vous, je tiens énormément à la vie : chacun a son faible. Et puis mourir, et cesser de voir pour toujours ces belles éditions à grandes marges, à tranches dorées, lavées, réglées, et reliées par un Le Gascon, un Derome ou un Padeloup! Je ne pourrais jamais m'en consoler.

Tout à coup, au milieu de toutes ces réflexions plus rapides qu'un éclair, le Saint des Saints s'ouvrit!...

Figure-toi, lecteur, une pièce longue à n'en plus finir, tout entière tapissée de bibliothèques en palissandre regorgeant de livres les plus rares, les plus curieux, les plus singuliers et les plus splendidement habillés. A la suite, une autre pièce, moins grande, mais encore mieux décorée, renfermant, sous des vitrines garnies de soie verte, les chefs-d'œuvre de reliure de toutes les époques, depuis le moyen âge jusqu'à nos jours ; collection qui aurait fait dire aux amateurs ce que Naples aux touristes : « la voir et mourir. » Il m'exhiba avec une politesse exquise toutes les richesses de ce cabinet. Pour terminer, il me conduisit vers les volumes *aux armes*. Je compris qu'il fallait m'exécuter, et payer pour ainsi dire ma bienvenue. Sans me faire tirer l'oreille, je lui expliquai la plus grande partie de celles que j'avais sous les yeux. Quant au reste, j'en pris les empreintes, en lui promettant de les lui rapporter au plus tôt avec le mot de l'énigme.

Mon bibliophile était à son tour ravi. Au moment où j'allais prendre congé de lui, il me saisit le bras en me disant : « Une idée me poinct, Monsieur. Savez-vous que vous rendriez un véritable service aux amateurs et à la science archéologique et bibliographique, si vous pouviez publier tous les emblèmes que l'on trouve sur les livres composant les bibliothèques tant publiques que particulières ?

Cette idée me frappa.

—J'y songerai, Monsieur, lui dis-je, rien qu'en souvenir des magnificences que vous venez de me montrer avec autant d'amabilité. Mais, ajoutai-je, vous rendez-vous bien compte de toute la somme de travail que l'exécution complète de votre idée exigerait ? Songez donc, le nombre des volumes portant des emblèmes est fort considérable; la France seule me coûterait des années de longues et pénibles recherches !

—Tenez-vous-en à la France.

—Bornée ainsi, l'idée peut se réaliser. Sérieusement je m'en occuperai, et je compte même sur votre bienveillant concours pour me faire obtenir des communications de la part des savants ou amateurs que vous pouvez avoir parmi vos connaissances.

Nous échangeâmes une poignée de mains, et je le quittai.

Une fois dans la rue, encore tout ahuri de ce que je venais de voir, je marchais droit devant moi, heurtant celui-ci, heurtant celui-là, lorsque, fortuitement, je rencontrai mon éditeur, Bachelin-Deflorenne. Ce fut lui qui m'aperçut le premier.

—Que diantre avez-vous donc ? votre front est aussi sombre qu'un roman d'Emile Gaboriau. Préparez-vous un crime ?

—C'est bien pis ! lui répondis-je en lui assénant un foudroyant regard, je prémédite un titre !

—Voyons, de quoi s'agit-il?

—Je viens de chez le plus rare et le plus aimable des bibliophiles, une de vos connaissances, le plus tenace de tous vos *pousseurs* de livres. Il m'a donné une idée que je trouve excellente.

—Laquelle?

—Celle qui consisterait à publier les devises, chiffres, armoiries et autres symboles que les amateurs ont laissés sur leurs livres, avec une courte notice touchant les principales bibliothèques particulières, depuis l'invention de l'imprimerie jusqu'à nos jours. Ce travail me plaît beaucoup; mais, l'ouvrage fait, comment le nommerai-je? C'est là ce qui m'embarrasse.

—Le cas est embarrassant, en effet, me répondit-il; et après un moment de silence:—Au fait, pourquoi ne l'appelleriez-vous pas l'*Armorial du Bibliophile?* Ne saurait-on produire un *Armorial* pour contenter la légitime curiosité des savants? La science a aussi sa noblesse!

—Parfait, plus que parfait, m'écriai-je. J'accepte le titre, il me paraît du reste répondre à l'idée, mais à la condition que vous éditerez l'ouvrage.

—D'accord, voici ma main.

J'y mis la mienne.

—C'est entendu. Comptez sur toute ma bonne volonté, je compte sur votre goût; et puissent nos efforts communs satisfaire, comme nous le désirons, la gent délicate, curieuse et chercheuse de nos chers confrères en bibliophilie.

## II

Voilà donc notre ARMORIAL DU BIBLIOPHILE. Il renferme, comme nous venons de le dire, l'énonciation de toutes les devises, l'explication de tous les chiffres ou monogrammes, et la description de toutes les armoiries que nous avons pu trouver sur les livres, avec notices sur les amateurs et leurs bibliothèques.

Nous nous en sommes tenu aux marques figurant sur la reliure des volumes. Quant aux marques que l'on appelle *ex libris*, et qui sont en général placées dans l'intérieur, elles ne nous ont pas paru offrir le même degré d'intérêt que les autres, étant presque toujours accompagnées du nom du possesseur.

Dans un travail tel que le nôtre, il ne faut pas espérer être complet : on le conçoit sans peine. Toutefois, nous sommes convaincu qu'indépendamment d'un grand nombre d'autres symboles, on y trouvera tous ceux qui figurent sur les ouvrages dont les exemplaires reviennent fréquemment dans nos ventes publiques, et dont la reliure éveille toujours l'attention de l'amateur éclairé.

Bien qu'il ne soit fait qu'au point de vue français, nous avons cru devoir cependant accorder le droit de cité à quelques étrangers, tels que Maioli, Laurin, la Gruthuyse, d'Hoym, et autres dont les noms sont si connus des bibliophiles, que c'eût été en quelque sorte une faute que de les omettre.

## III

Ce qui nous prouve que l'ARMORIAL DU BIBLIOPHILE est une œuvre d'actualité, c'est l'intérêt que nous ont témoigné les amateurs les plus connus de notre époque. Nous avons reçu d'eux des encouragements et des communications avec une générosité qui ne se voit guère que dans la *République des lettres*. Qu'il nous soit permis de citer ici leurs noms, pour leur en témoigner publiquement notre sincère gratitude. Ce sont MM. PAUL LACROIX (Bibliophile Jacob), JULES COUSIN et MULLER, de la Bibliothèque de l'Arsenal; THÉOPHILE BAUDEMENT et RATHERY, de la Bibliothèque Impériale; COCHERIS et LORÉDAN-LARCHEY, de la Bibliothèque Mazarine; LOUIS BARBIER, administrateur de la Bibliothèque Impériale du Louvre; A. CHALLAMEL, de la Bibliothèque Sainte-Geneviève; A. PREUX, avocat général à Douai; A. BONVARLET, de Dunkerque; le vicomte OSCAR DE POLI; GUSTAVE BRUNET, de Bordeaux, et LOUIS VIAN, référendaire au sceau de France, expert en héraldique près le tribunal de la Seine.

JOANNIS GUIGARD.

6 juillet 1868.

# ARMORIAL DU BIBLIOPHILE

## Ire SECTION

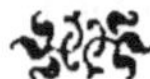

## MAISON DE FRANCE

### *ROIS*

LOUIS XII.

Les rois de France ont presque tous été grands amateurs de livres. Charlemagne, Philippe-Auguste, Saint-Louis, Charles V, s'étaient formé des collections nombreuses et importantes. Les Valois, qui régnèrent de 1328 à 1589, se sont particulièrement fait remarquer par leur goût pour les Lettres et les Arts. Parmi eux on distingue le roi Jean, Charles V, Charles VIII, Louis XII, François Ier, Henri II, Charles IX et Henri III.

Le premier que nous ayons trouvé portant sur ses livres des armes, des symboles ou devises, est Louis XII. Sur la plupart des volumes qui lui appartenaient avant son mariage avec Anne de Bretagne, figure un semé d'abeilles accompagné de cette devise: *Non utitur aculeo regina cui paremus.* Après son mariage, ses livres portent les armes de France alternées avec l'hermine de Bretagne. Au-dessus de l'écusson central, paraît le hérisson que Louis XII avait encore pris pour emblème, avec la devise: *Cominus et eminus.* (V. pl. 9.) Quelquefois

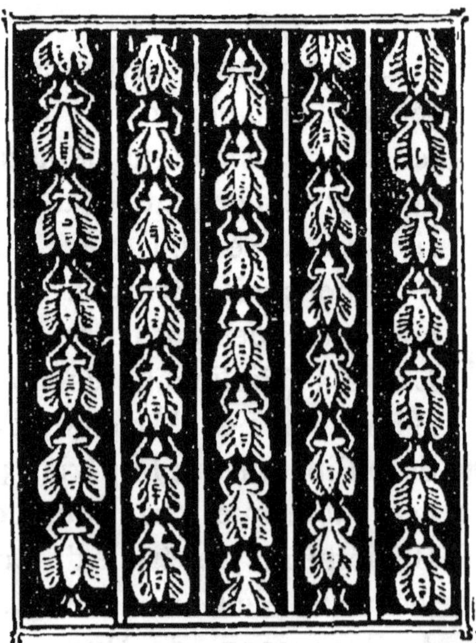

on n'y voit qu'un simple chiffre formé des lettres L. A. (Louis, Anne), avec ou sans couronne. C'est dans la bibliothèque de Louis XII qu'était venue se fondre celle du célèbre bibliophile Louis de Bruges, sire de la Gruthuyse.

## FRANÇOIS Ier.

Les livres ayant appartenu à ce prince se reconnaissent, en général, par la *Salamandre* au centre des plats sur son brasier ardent, cantonnée de 2 ou 4 F et accompagnée de la devise : *Nutrisco et extinguo*; le tout au milieu des arabesques les plus gracieuses. (V. pl. 1.) Quelquefois les armes de France y figurent seules, et presque

toujours avec des fleurs de lys d'argent. François Ier avait pour relieur Pierre Roffet, dit le Faucheux.

## HENRI II ET DIANE.

En fait de livres, on ne saurait guère séparer Diane d'Henri II. Il est bien rare de trouver un volume dédié à l'un qui n'appartienne pas à l'autre, et dont la reliure n'étale avec une complaisante coquetterie les armes et les emblèmes des deux célèbres amants. Tantôt c'est un H simplement accolé à un D; tantôt l'H royal se trouve amoureusement entrelacé avec le D de la favorite; tantôt encore les initiales respectives alternent avec une fleur de lys. Quelquefois, c'est l'écu de France qui figure sur les plats, entouré de D et de croissants, ou bien soutenu et surmonté d'un H couronné et cantonné de . (D.H.). La bibliothèque d'Henri II et de Diane était établie dans le fameux château d'Anet, où elle s'y conserva longtemps après la mort de la châtelaine, mais sans révéler ses richesses. En 1723, enfin, la princesse de Condé, à qui Anet appartenait alors, étant venue à mourir, les livres furent mis en vente. La plus grande partie de cette bibliothèque fut achetée par le fils de la célèbre Mme Guyon, connue sous le nom de M. de Sardières. Ajoutons que Henri II avait aussi le Faucheux pour relieur. (V. pl. 15-18.)

Catalogue des manuscrits trouvez après le décès de madame la princesse, dans son château royal d'Anet. — *Paris, Gaudouin*, 1724, *in-12 de* 49 *p.*

## DIANE DE POITIERS.

*Parti : au* 1 *d'azur à huit croisettes, d'or passées en orle autour d'un écusson d'azur bordé d'or et chargé d'un autre écusson d'argent, qui est* DE BRÉZÉ. *Au* 2 *écartelé : au* 1 *et* 4 *d'azur à six besants d'argent, au chef d'or, qui est* DE SAINT-VALLIER; *au* 2 *d'azur semé de fleurs de lys d'or, au franc quartier d'argent, à trois croissants mal ordonnés de gueules; aux* 3 *d'argent, aux emmanchés de sable, qui est de* DE RUFFI.

L'écu en losange est surmonté d'une couronne ducale, et cantonné du chiffre et de croissants entrelacés.

En prenant le titre de duchesse de Valentinois, Diane de Poitiers prit l'écusson ci-dessous, qui figure sur des volumes lui ayant appartenu, et conservés à la Bibliothèque impériale

(Mss.), à la bibliothèque Mazarine et à celle de l'Arsenal.

La présence dans les armoiries de Diane de l'écusson des Ruffi s'explique ainsi. En 1414, un Nicolas Ruffo, marquis de Contron, en Italie, fut dépouillé de ses biens et forcé de s'expatrier pour avoir pris parti en faveur de Louis d'Anjou. Il vint en France, où il épousa Marguerite de Poitiers, fille de Louis de Poitiers. Son beau-père devint à son tour son gendre, en prenant pour femme Polixène Ruffo, fille de ce marquis de Contron. Nicolas Ruffo étant mort sans postérité, ses armes, son titre et ses droits éventuels à ses seigneuries confisquées passèrent dans la famille de Poitiers.

Quant à l'écusson du 2 de l'écartelé, M. Georges Guiffrey n'y voit qu'une concession royale ; et, en ce qui touche les croissants qui s'y trouvent, une allusion à cette espèce de patronage olympien sous lequel la duchesse s'était placée, et à la fameuse devise du roi : *Donec totum impleat orbem.*

## HENRI II ET CATHERINE DE MÉDICIS.

Les livres dédiés en commun à Henri II et à Catherine de Médicis portaient en général un chiffre formé d'un H (Henri), et de deux C (Catherine) enlacés. On peut voir un magnifique exemple de cet ornement au Musée des souverains du Louvre, confié à l'intelligente direction de M. Barbet de Jouy. C'est le *Livre d'heures du roi Henri II et de la reine Catherine de Médicis*, que M. Barbet de Jouy acheta 60,000 francs pour ce Musée. Le volume est couvert en maroquin rouge enrichi d'écoinçons fleurdelisés, d'attaches et de médaillons en or finement émaillés et ciselés. Chacun des écoinçons porte en relief les lettres enlacées H et CC.

## FRANÇOIS II.

Ce monarque, né malingre, mort à

la fleur de l'âge, n'eut guère le temps

de se former une bibliothèque. Il réunit pourtant quelques livres dont la plupart portent sur les plats un simple dauphin ou un dauphin couronné. Quand il fut roi, l'écu de France remplaça le Dauphin, et au bas dudit écu se trouve ordinairement la date.

## CHARLES IX.

Ce pauvre roi, qu'on rend responsable du massacre de la Saint-Barthélemy, et, ce qui est plus grave, de quelques mauvais vers, était à la fois bibliophile, numismate et archéologue. Ce fut lui qui acheta, en 1566, de ses propres deniers, la célèbre collection de médailles et d'antiquités formée par Grolier, sur le point de passer de Marseille en Italie pour y être vendue et dispersée. Ses livres portaient sur le 1er plat les armes de France soutenues de deux C entrelacés, No 1, et couronnés ; et sur le second plat un portique entouré d'une banderole, avec cette

(1)

légende-devise : *Deo, pietate et justitia*, No 2.

(2)

Nicolas Eve et Clovis Eve, son fils, furent les relieurs de Charles IX.

## HENRI III.

Henri III aimait les livres presque autant que ses mignons. Il était grand amateur de reliures, et avait, selon Edouard Fournier, un peu du talent des relieurs. Le luxe des beaux livres était tellement en faveur auprès de lui, qu'il craignait presque de les comprendre dans les édits somptuaires où il frappait sans merci toute espèce de magnificences. Tout en sévissant contre la parure des femmes, il épargne celle des livres. Aux bourgeoises il leur défend de porter des pierreries, mais il leur permet d'en orner leurs *Livres d'Heures*.

(1)

Les livres qui ont appartenu à ce roi ont tous un caractère particulier, du moins dans l'habit. Ils se reconnaissent à la *tête de mort* qui s'y trouve multipliée sur le dos et sur les plats, accompagnée tantôt de cette devise : *Memento mori*, tantôt de celle-ci : *Spes mea Deus*. Souvent auprès des devises est le nom de *Jésus* sur l'un des plats, et celui de *Marie* sur l'autre.

Le No 1 nous offre un spécimen curieux de cette sorte de reliure qu'affectionnait Henri III. Sur les deux plats, au milieu d'un ovale feuillé, figure un monogramme formé des lettres M. D. C. (Marie de Clèves), et sur le dos, entre deux larmes, la tête de mort habituelle, soutenue de la devise : *Mort m'est vie*. Ce lugubre et touchant symbole se rapporte à une circonstance particulière de la vie d'Henri III. N'étant encore que duc d'Anjou, il aima éperdument *Marie de Clèves*, princesse de Condé, qui mourut presque subitement. Le royal amant voulut éterniser sa douleur, en donnant à tout ce qui l'entourait une expression qui répondît à l'état de son cœur. « Lorsqu'il fut obligé de se montrer en public, dit le P. Mathieu, son historien, il y parut dans le plus grand

(2)

deuil, tout couvert d'enseignes et petites têtes de mort. Il en avait sur les

(3)

rubans de ses souliers, sur ses aiguil-

(4)

lettes, et il commanda à Souvray de lui faire faire des parements de cette sorte pour six mille écus. »

Comme il était de la confrérie des capucins, ses volumes portaient aussi l'estampille de cette confrérie sur les plats, et sur le dos les armes de France avec la tête de mort, N° 2.

Quand il est roi de France, on voit figurer au milieu d'un semis de fleurs de lys l'écusson royal accollé de celui de Pologne parti de Lithuanie, tous deux surmontés d'une couronne fermée, et au-dessous, entre deux rinceaux, la lettre H couronnée; le tout entouré des colliers des ordres de Saint-Michel et du Saint-Esprit, et sommé de la couronne de France, N° 3.

Après son mariage, ses livres prennent un nouvel habillement, N° 4. Au centre se trouve l'écu de France, celui de Pologne parti de Lithuanie, entouré du collier de l'ordre de Saint-Michel seulement, et au-dessous un chiffre couronné composé des lettres H. L. L. (Henri, Louise, Lorraine). Ce même chiffre est répété plusieurs fois sur les plats et aux angles.

Les principales reliures des livres composant la bibliothèque d'Henri III ont été exécutées par Nicolas Eve et son fils, Clovis Eve.

## HENRI IV.

Le goût des femmes n'exclut pas celui des livres, Henri IV le prouve. Pour se consoler des infidélités de la « charmante Gabrielle, » ce roi avait des livres nombreux et choisis, qu'il faisait luxueusement relier. Ils portaient tous, sur les plats, l'écu de France accollé de celui de Navarre, et au-dessous, soutenue de deux rinceaux, la lettre H couronnée. Le tout entouré des colliers des ordres de Saint-Michel et

du Saint-Esprit, et sommé d'une couronne royale.

## LOUIS XIII.

Ce monarque ennuyé et ennuyeux, qui, pour tuer le temps, au dire de Tallemant des Réaux, s'était fait fourbisseur d'arquebuses, confiturier, faiseur de châssis, barbier, aurait bien pu se faire relieur. Notre savant confrère Edouard Fournier ne serait pas éloigné de le croire. « C'est, dit-il, une occupation proprette et qui sied à toute personne, même à un roi qui a des loisirs... Louis XIII n'eût pas déchu en se le donnant pour amusement. Une reine qui régna bien plus réellement que lui, Elisabeth d'Angleterre, broda de ses mains, avec du fil d'or et d'argent et des paillettes, la couverture de plusieurs volumes, dont le plus beau se trouve à la bibliothèque Bodleienne à Oxford. » Quoi qu'il en soit, il avait une belle bibliothèque. L'estampille de ses livres était semblable à celle de son prédécesseur, à l'exception de l'H qui est remplacé par l'L. Quelquefois il n'avait qu'un simple semé d'L et de fleurs de lis couronnées.

Les volumes aux armes de ce prince, dont la plupart sont en maroquin vert fleurdelisé, furent reliés par Clovis Eve d'abord, et ensuite par Antoine Ruette. (V. pl. 13.)

## LOUIS XIV.

Sous le « grand roi », la reliure subit une espèce de transformation, du moins dans les sphères royales. A la grâce des compartiments à petits fers, aux délicates nervures des arabesques qui caractérisent le XVII$^{e}$ siècle, succède,

(1)

en général, la large dentelle régnant seule avec un simple filet sur les bords des plats : tout se modèle sur le « roi soleil » ; partout la majesté se fait sentir avec sa compagne inséparable, la monotonie. Les livres reliés pour la bibliothèque de Louis XIV se font remarquer par une sobriété dans l'habit qui frise la sécheresse, quoique son

(2)

relieur particulier, Antoine Ruette, ait commencé sa carrière sous Louis XIII. Quant aux fers, ils sont, à peu de chose près, ceux de ses deux derniers prédécesseurs, avec quelques variantes dans les ornements, comme le montrent les Nos 1 et 2. Souvent l'emblème du soleil paraît au-dessus des armes mises sur les volumes qui lui furent dédiés.

## LOUIS XVI.

Louis XVI, n'étant encore que Dauphin, avait des livres qui, à part quelques légères différences dans la forme de l'entourage, portaient tous sur les plats un écartelé de France et du Dau-

(1)

phiné, comme dans les Nos 1, 2 et 3 ci-contre.

(2)

Lorsqu'il monta sur le trône, les

dauphins disparurent de ses armes, et l'écu habituel des rois de France figura seul depuis sur les plats de ses volumes.

On dit — nous n'avons pu vérifier le fait — que ce prince, à l'exemple de sa femme, possédait une bibliothèque

(3)

particulière dont les portes ne s'ouvraient que pour les intimes. Notre avis est que les ouvrages légers que l'on a pu trouver parmi sa collection provenaient tout simplement de la bibliothèque de Marie-Antoinette à Trianon.

## LOUIS XVIII.

*Ecartelé : au* 1 *et* 4, *de* FRANCE; *au* 2 *et* 3, *d'azur, à la fleur de lys d'or surmontée d'un lambel de gueules, qui est de* PROVENCE.

Ce prince savant et lettré qui, dans les rigueurs de l'exil, annotait Horace et produisait des vers pleins de grâce et de fraîcheur, ne pouvait manquer d'avoir une bibliothèque, non pas une de ces bibliothèques d'apparât que tout grand seigneur ou financier du XVIIIe siècle était tenu de posséder, mais une collection choisie de livres que sa main royale fouillait constamment. Les ouvrages classiques et des meilleures éditions y figuraient en grand nombre. Les reliures en étaient simples, et ne portaient pour tout ornement que l'écu ci-dessus comme comte de Provence. Plus tard, lorsqu'il fut roi de France, il se composa, au château de Brunoy, une autre bibliothèque dont chaque volume avait sur les plats un écusson spécial dont voici la description : *de France, à la bordure engrêlée de gueules ; l'écu entouré des colliers des ordres, sommé d'une simple couronne fleurdelisée et accompagné de cette légende:* Bibliothèque de Brunoy.

La première bibliothèque du comte de Provence était à Versailles. Les richesses qu'elle contenait furent déposées, en 1793, dans les diverses bibliothèques publiques de Paris, et surtout dans celle de la ville de Versailles ; et, jusqu'en 1862, on n'avait eu aucun catalogue complet de ces divers dépôts. A cette époque seulement, l'éditeur Lefebvre devint acquéreur d'une grande partie des archives de cette belle collection, avec le catalogue, un volume in-folio, écrit tout entier de la main du prince bibliophile.

## CHARLES X.

Charles X, encore comte d'Artois,

(1)

avait acheté toute la fameuse biblio-

(2)

thèque du marquis de Paulmy. Il l'avait encore enrichie d'un grand nombre de livres curieux et rares. Les nos 1 et 2 le représentent, l'un comme colonel du régiment d'Artois, l'autre comme comte d'Artois.

Dans le premier cas il portait : *de* France *à la bordure bretessée de gueules;* dans le second: *de* France, *écartelé d'*Artois, *qui est d'azur semé de fleurs de lys d'or, au lambel de gueules à trois pendants brochant.*

Catalogue des livres du cabinet de Monseigneur comte d'Artois (Charles X). —*Paris, Didot l'aîné,* 1783, *in*-8.

## LOUIS-PHILIPPE Ier.

Avant 1830, il portait : *de* France, *au lambel à trois pendants d'argent*, comme duc d'Orléans (No 1). Après 1830, le lambel fut supprimé.

(1)

Quelquefois sur ses livres se trouve son simple chiffre couronné, composé des lettres L et P entrelacées (No 2).

Les d'Orléans ont tous eu pour les sciences, les lettres et les arts une singulière prédilection; tous ils ont protégé, avec une délicatesse exquise, les artistes, les savants et les écrivains. Leur galerie était une des plus belles de l'Europe, et la bibliothèque, que de père en fils ils avaient fondée, ne le cédait à aucune autre pour le nombre, le choix et la rareté des livres, et la beauté des éditions.

Louis-Philippe Ier, ce roi versé dans presque toutes les branches du savoir humain, avait formé deux

(2)

bibliothèques particulières, l'une à Neuilly, l'autre au Palais-Royal, qui se composaient toutes deux, non d'une collection unique, mais de la réunion de plusieurs bibliothèques ayant chacune leur caractère propre. On y voyait la plupart des publications les plus importantes et les plus splendides qui se rapportent à l'histoire naturelle dans toutes ses parties; aux beaux-arts dans leurs diverses branches, la peinture, la sculpture, l'architecture et la gravure; aux voyages, à l'histoire, aux antiquités, enfin une foule d'autres ouvrages magnifiques et dispendieux que soutenait la munificence éclairée du royal possesseur.

Catalogue des livres provenant des bibliothèques du feu roi Louis-Philippe, dont la vente aura lieu le 8 mars 1852.... 1re (et 2e) partie. — *Paris, L. Potier*, 1852, 2 *vol. in*-8o.

NAPOLÉON Ier.

*D'azur, à l'aigle d'or empiétant un foudre de même, l'écu entouré du collier de l'ordre de la Légion-d'Honneur timbré d'un casque ouvert taré de face, sommé de la couronne de l'Empire; les mains de justice et de souveraineté passées en sautoir derrière.*

Pour ne pas interrompre la ligne

bourbonnienne, nous avons placé l'empereur Napoléon Ier à la suite des rois de France.

Ce monarque avait bien une bibliothèque, mais il n'était pas un grand amateur de livres : son tempérament s'y opposait. Les délicatesses de l'esprit ne s'alliaient guère avec la nature impétueuse de son génie. Ses livres étaient en général purement classiques. Les ouvrages rares et curieux, les éditions *princeps*, les chefs-d'œuvre typographiques des XVIe et XVIIe siècles, enfin tout ce qui passionne l'amateur érudit ne faisait point son affaire. Et nous ne serions pas éloigné de croire qu'il eût volontiers rangé les bibliophiles parmi les « idéologues boudeurs. »

## *REINES*

### ANNE DE BRETAGNE.

*Parti de* FRANCE *et d'hermine; l'écu entouré de la cordelière et surmonté d'une couronne ducale.*

La bibliothèque d'Anne de Bretagne se composait de 1500 volumes environ, dont la plupart avaient été conquis à Naples par Charles VIII. Quelques-uns sortaient de la boutique du célèbre Antoine Vérard, que ce grand libraire parisien avait offerts lui-même à la reine. Ils portaient presque tous l'écusson ci-dessus avec un semé d'A couronnés sur les plats.

### CATHERINE DE MEDICIS.

Cette reine possédait en sa féerique résidence de Chenonceau une bibliothèque qui n'avait guère de rivale en son temps. On y voyait des livres reliés avec une richesse étonnante, et dont la collection du Louvre nous offre un des plus beaux spécimens. C'est un in-fol. portant le n° 6285 de l'inventaire Motteley. Il est couvert en

(1)

maroquin rouge avec chiffres et monogrammes. La devise de la reine : *Ar-*

*dorem extincta testantur vivere flamma,* flotte au-dessus d'une montagne de chaux vive qu'une pluie de larmes arrose. L'âme et le corps de cette devise font allusion à la perte alors encore récente de son mari. Catherine avait formé sa bibliothèque en grande partie avec celle du maréchal de Strozzi, qu'elle avait achetée mais non payée. A sa mort ses livres coururent risque d'être saisis par ses créanciers. De Thou, qui était alors garde des livres du roi, obtint, en 1594, des lettres-patentes pour qu'ils fussent réunis à ceux qui lui étaient confiés. Les manuscrits, au nombre de plus de 800, dont on fit la prisée en 1597, furent estimés, en valeur argent comp-

(2)

tant, 5,400 écus. Pour éviter toute contestation à venir, une fois dans la Bibliothèque du Roi, ces livres furent dépouillés de leur ancienne reliure et habillés à la livrée royale.

Les ornements de ses volumes étaient très-variés; mais la plupart d'entre eux portent les armes de France accompagnées de K et de double C entrelacés et couronnés (N° 1), ou bien simplement un double M et un double C (N° 2). Quelquefois, au milieu de la cordelière des veuves, on voit un *parti de* FRANCE *et de* MÉDICIS, ce dernier *écartelé de* LA TOUR *parti* D'AUVERGNE, *et sur le tout de* BOLOGNE. Pour comprendre cette complication héraldique dans les armes de cette princesse, il faut savoir que Laurent de Médicis, duc d'Urbin, épousa Magdeleine de Bologne, comtesse de Lauraguais et d'Auvergne, parente de François Ier. Ils eurent pour enfant Catherine de Médicis, femme de Henri II. C'est pourquoi Catherine portait lesdites armes.

## MARIE STUART.

*D'or, au lion de gueules enfermé dans un double trêcheur fleurdelisé et contre-fleurdelisé du second. L'écu, entouré de quatre M couronnés, et surmonté de la couronne royale.*

Cette reine, malheureuse autant que belle, et qu'une autre reine fit décapiter, avait pour les livres un goût profond, que relevaient encore d'adorables délicatesses féminines. Ils étaient pour ainsi dire sa seule consolation loin de ce « beau pays de « France » dont elle fut pendant quelques jours la souveraine bien-aimée. Ils portaient tous sur les plats les armes ci-dessus, et chose singulière, ils étaient presque tous reliés en maroquin noir! Était-ce en souvenir d'un bonheur passé, ou en prévision d'un malheur prochain? On serait tenté de croire l'un et l'autre.

## LOUISE DE LORRAINE.

*Mi-parti de* France *et de* Pologne *contre-parti de* Lorraine-Guise.

Louise de Lorraine avait dans son château de Chenonceau, où elle s'était retirée après la mort de son époux, une bibliothèque composée de livres splendidement reliés et ornés. L'inventaire de la bibliothèque de Chenonceau, dressé en 1603, et publié en 1856 par le prince A. Galitzin, mentionne quatre-vingt-quatre ouvrages, la plupart « couuerts de marocquin « bleu, rouge, verd, dorez sur la tranche, et à petit fer », et dont quelques-uns portaient sur la couverture tantôt « un semé de fleurs de liz », tantôt « les armes de la deffuncte dame « royne. »

Louise de Lorraine avait légué Chenonceau à sa nièce, Françoise de Lorraine, depuis duchesse de Vendôme. Comme elle était mineure, sa mère, Marie de Luxembourg, princesse de Martigues, prit possession de ce château, après en avoir fait faire l'inventaire par le bailli d'Amboise.

Les livres de cette princesse sont aujourd'hui très-rares, ayant été vendus et dispersés après la mort du dernier possesseur. La Bibliothèque Impériale en conserve quelques-uns seulement, et encore n'y voit-on pas ceux avec marques complètes. Les amateurs les recherchent avec ardeur, soit à cause de la provenance, soit à cause de la beauté et de l'élégance de la reliure. Un exemplaire de Tite-Live, indiqué ainsi dans l'inventaire : « L'hystoire de Tite-Live, en troys volumes, couverete en marrocquin verd, estimée douze livres... » , fut acquis dans une vente publique 975 fr.

Le relieur d'Henri III, Nicolas Eve, fut aussi le relieur de Louise de Lorraine; mais il ne travailla pas toujours pour elle. Les reliures portant simplement un « semé de fleurs de lys » appartiennent bien certainement à une autre main, malgré le talent incontestable de l'ouvrier, resté inconnu.

## MARGUERITE DE VALOIS.

La bibliophilie avait inspiré à la fille de Catherine une véritable passion. Sa bibliothèque était considérable et du meilleur choix. Presque tous ses livres, en maroquin vert, reliés par Clovis Eve, portaient sur les plats un semis de *Marguerites* (No 1). Quelquefois, ces marguerites figurent seu-

(1)

lement aux angles. Alors on trouve, en général, dans ce cas, au centre des

(2)

plats, cette devise : *Spes mea Deus* (No 2). La collection Yemeniz contenait de ces reliures trois des plus jolis modèles, sous les nos 58, 139, 1812.

## MARIE DE MÉDICIS.

Les livres de cette princesse se dis-

(1)

tinguent par les armes de France accolées à celles de Toscane au centre des

(2)

plats, entourées de la cordelière, signe de la viduité, et par le chiffre formé des lettres M. M. H. entrelacées (Marie, Médicis, Henri), couronné (N^os 1 et 2); ou bien par un simple semis de ce même chiffre, mais

(3)

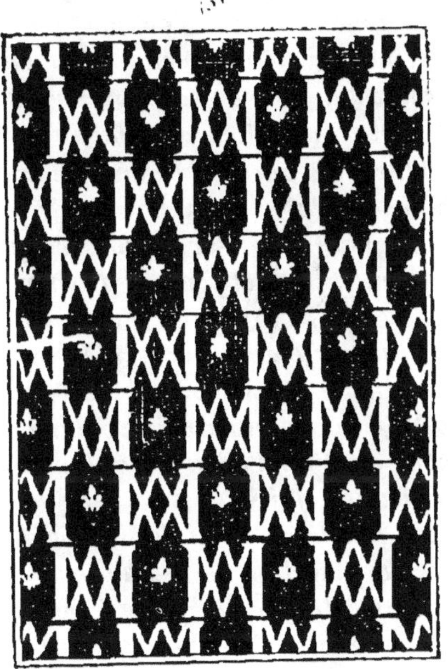

sans couronne, comme dans le n° 3.

## ÉLISABETH DE VALOIS, fille de Henri IV, reine d'Espagne. 1550.

*De* France; *l'écu en losange surmonté d'une couronne ducale.*

## ANNE D'AUTRICHE.

L'épouse de Louis XIII avait des livres reliés avec luxe et dont les fers étaient très-variés. Tantôt ces fers représentent les armes de France et d'Espagne-Autriche accolées (N° 1); tantôt ces mêmes armes parties et accompagnées ou d'un simple semis de fleurs de lys d'or (N° 2), ou d'un semis de fleurs de lys et de double A couronnés (N° 3), ou bien encore d'un seul A aussi couronné (N° 4). Cette série de fers fut exécutée pendant le temps du veuvage de la princesse, ainsi que l'indique la cordelière qui les entoure. Du vivant de son époux, ses livres portaient simplement sur les plats un L et un double A couronnés.

Les armes de cette reine (N° 1) sont : *accolé de* France *et* d'Espagne-Autriche.

France : *d'azur à trois fleurs de lys d'or.* — Espagne-Autriche : *écar-*

(1)

*telé : au 1 contre-écartelé ; au 1 et 4 de gueules au château d'or sommé de trois tours de même, qui est de* Castille; *au 2 et 3 d'argent, au lion de*

(2)

*gueules, qui est de* Léon; *au 2e quartier, d'or à quatre pals de gueules, qui* *deux aigles de sable. Sur ces deux quartiers, de* Portugal *moderne, qui est d'argent, à cinq écussons d'azur mis en croix chacun chargé de cinq besants d'argent en sautoir, un point de sable au milieu de chacun; à la bordure de gueules chargée de sept châteaux d'or; à la pointe de ces deux quartiers, d'or, à une grenade de gueules tigée et feuillée de sinople, qui est de* Grenade; *au 3 de gueules à la fasce d'argent, qui est d'*Autriche *soutenu de* Bourgogne ancien; *au 4 de* Bourgogne moderne, *soutenu de sable, au lion d'or armé et lampassé de gueules, qui est de* Brabant; *sur ces deux quartiers, parti de* Flandre *qui est d'or, au lion de sable armé et lampassé de gueules, et de* Tyrol *qui est d'argent, à l'aigle de gueules couronné, becqué et membré d'or, chargé sur la poitrine d'un croissant de même.* Quant aux nos 2, 3 et 4, ils sont:

(3)

*est d'*Aragon, *parti d'*Aragon-Sicile *qui est de même flanqué d'argent à*

(4)

*mi-parti de* France *et* d'Espagne-Autriche.

MARIE-THÉRÈSE D'AUTRICHE, femme de Louis XIV.

Les fers de cette princesse représen-

(1)

tent simplement les armes de France mi-parties de celles d'Espagne-Autri-

(2)

che, soutenues de deux rinceaux de laurier, munies et surmontées de la couronne royale (N° 1). Quelquefois ces armes sont accompagnées d'un semis de fleurs de lys, et de M et de T entrelacés et couronnés (N° 2).

MARIE-LOUISE D'ORLEANS, fille de Monsieur, frère de Louis XIV, femme de Charles II, roi d'Espagne, morte en 1689.

*Parti d'Espagne et d'Orléans.* — Espagne : *coupé de 2 traits, ce qui fait trois quartiers. Au* 1 *écartelé : au* 1 *et* 4 *de gueules, au château d'or sommé de trois tours de même, qui est de* CASTILLE; *au* 2 *et* 3 *d'argent, au lion de gueules, qui est de* LÉON; *au* 2 *de gueules, à la fasce d'argent, qui est* d'AUTRICHE; *au* 3, *bandé d'or et d'azur de six pièces, à la bordure de gueules, qui est de* BOURGOGNE ANCIEN. *Sur ces deux derniers quartiers, d'or, au lion de sable, armé et lampassé de gueules, qui est de* FLANDRE, *parti d'argent, à l'aigle de gueules, couronné, membré, becqué d'or, chargé sur la poitrine d'un croissant de même, qui est de* TYROL. — Orléans: *de* FRANCE, *au lambel à trois pendants d'argent.*

MARIE LECZINSKA, femme de Louis XV.

*Ecartelé : au* 1 *et* 4, *de gueules, à l'aigle d'argent couronné, membré et becqué d'or, qui est de* Pologne ; *au* 2 *et* 3, *de gueules, à un cavalier armé d'argent, tenant une épée nue en sa main dextre, et en l'autre un écu d'azur, à une double croix d'or qu'on nomme* patriarchale, *le cheval bardé d'argent, houssé d'azur et cloué d'or, qui est de* Lithuanie ; *sur le tout d'argent, à une tête de buffle de sable, le muffle bouclé d'or, qui est de* Leczinski. *Le tout accolé aux armes de* France.

La bibliothèque de cette princesse était peu nombreuse, mais d'un choix sévère. Ses livres, dont la plupart avaient été reliés par Padeloup, sont conservés à la Bibliothèque Impériale.

MARIE-ANTOINETTE.

Armes de France et d'Autriche accolées.

Autriche. *Écartelé: au* 1, *parti de* Hongrie *et de* Jérusalem ; *au* 2, *de* Hapsbourg ; *au* 3, *de* Bourgogne moderne ; *au* 4, *de* Toscane, *et sur le*

*tout* d'Autriche *parti de* Lorraine.

M. Louis Lacour découvrit à la Bibliothèque Impériale un catalogue manuscrit qu'il fit paraître sous ce titre: *Livres du boudoir de la reine Marie-Antoinette. — Paris, J. Gay, 1862, in-16.*

L'authenticité de ce catalogue fut alors contestée, mais bien à tort. L'année suivante, M. Paul Lacroix, conservateur de la Bibliothèque de l'Arsenal, mettait au jour un ouvrage intitulé : *Bibliothèque de la reine Marie-Antoinette au Petit Trianon*, d'après l'inventaire original dressé par ordre de la Convention. C'était un catalogue avec des notes inédites du marquis de Paulmy. M. Paul Lacroix avait pu constater que les *Livres du Boudoir* se trouvaient décrits dans l'inventaire de la bibliothèque de la Reine à Trianon. On peut supposer que ces livres de la littérature légère étaient contenus dans une armoire spéciale qui était placée dans un cabinet de l'appartement de la reine. Les livres de cette bibliothèque, reliés en maroquin rouge, aux armes ci-dessus, ont été déposés vers 1800 à la Bibliothèque publique de Versailles. Ceux qui ont passé depuis dans le commerce proviennent des ventes de doubles, faites par ladite bibliothèque, en vertu d'une délibération du conseil municipal de Versailles.

La reine Marie-Antoinette avait une autre bibliothèque particulière, plus nombreuse et mieux choisie, au château des Tuileries. Ces livres, qui portent presque tous, soit au dos, soit sur les plats, au bas des armes, les initiales couronnées C. T. (Chât. des Tuil.), ont été transportés, en 1793, à la Bibliothèque Impériale, alors Nationale.

En 1771, J. Moreau, historiographe de France, avait entrepris de faire le catalogue des livres de Marie-Antoinette, alors Dauphine : « Mais, dit-il, j'ai cru que je la servirois plus utilement en lui présentant successivement, sur tous les objets dont ses livres peuvent l'entretenir, un plan qui la mît à portée de les saisir plus facilement et de les ranger avec plus d'ordre dans sa mémoire. » J. Moreau commença par l'Histoire et produisit la plaquette suivante : Bibliothèque de Madame la Dauphine, nº 1. Histoire. — *Paris, Saillant et Nyon*, 1770, in-8º. C'est tout ce qui parut.

## *PRINCES.*

CHARLES-D'ORLÉANS, le poëte, mort en 1464.

*Écartelé : au 1 et 4, de* France, *au lambel d'argent à trois pendants ; au 2 et 3, d'argent, à la guivre d'azur ondoyante en pal, engloutissant un enfant de gueules en fasce, qui est de* Milan.

Le poëte élégant et gracieux, le fils de la tendre et malheureuse Valentine de Milan, possédait en son château de Blois une bibliothèque remarquable et curieuse surtout, en ce qu'elle donne la source où l'auteur de tant de pièces charmantes puisa ses inspirations.

Vers 1427, alors qu'il était prisonnier en Angleterre, Charles d'Orléans fit faire l'inventaire de ses livres par le seigneur de Mortemart, son grand chambellan. Cet inventaire constatait l'existence de quatre-vingts manuscrits, la plupart ornés de miniatures, et dont quelques-uns portaient sur les couvertures les armes du prince poëte et bibliophile. Quatre-vingts manuscrits, c'est bien peu, dira-t-on ? C'est beaucoup, c'est énorme même quand on pense qu'alors les manuscrits étaient d'une grande rareté, et qu'il fallait les payer fort cher ou les faire exécuter soi-même à grands frais. A cette époque, les princes ou seigneurs pouvaient seuls se donner le luxe de la bibliophilie.

L'inventaire des livres de Charles d'Orléans existe à la Bibliothèque Impériale du Louvre, parmi d'autres pièces provenant de la Chambre des comptes de Blois, qui furent achetées à la vente des archives du baron de Joursenvault. Il a été publié par Le Roux de Lincy, dans le tome V de la *Bibliothèque de l'École des Chartes.*

BOURGOGNE (David, bâtard de), fils de Philippe, duc de Bourgogne. Il fut d'abord évêque de Térouenne, en 1451, puis évêque d'Utrecht, en 1455. Il mourut le 16 avril 1496.

*Ecartelé : au* 1 *et* 4, *d'azur semé de fleurs de lys d'or, à la bordure componnée d'argent et de gueules, qui est de* Bourgogne-moderne; *au* 2 *et* 3, *bandé d'or et d'azur de six pièces, à la bordure de gueules, qui est de* Bourgogne-ancien; *sur le tout, d'or, au lion de sable, armé et lampassé de gueules, qui est de* Flandre.

BOURGOGNE (Hermann de), comte de Falais, gouverneur de Limbourg, mort le 16 juin 1636.

*Écartelé : au* 1 *et* 4, *semé de* France, *à la bordure de gueules, qui est de* Bourgogne-ancien; *au* 2, *de* Bourgogne-moderne, *parti de sable, au lion d'or, qui est de* Brabant; *au* 3, *parti de* Bourgogne-ancien *et de* Luxembourg *qui est d'argent, au lion de gueules, la queue nouée, fourchée et passée en sautoir, armé et couronné d'or, lampassé d'azur; à la pointe en triangle d'or; et sur le tout, d'or, au lion de sable lampassé de gueules, qui est de* Flandre.

BOURBON (Jean I, duc de) et MARIE DE BERRY. L'un mourut en 1433, l'autre en 1434.

Bourbon: *De* France, *à la bande de gueules brochante.*

Berry : *De* France, *à la bordure engrêlée de gueules.*

BOURBON (les ducs de).

*D'azur, à trois fleurs de lys d'or, au bâton péri en bande de gueules.*

Ces princes eurent tous un grand amour pour les livres. La bibliothèque qu'ils avaient successivement formée au château de Moulins était l'une des plus belles et des plus considérables de France. Elle se composait de nombreux vélins, — la plupart « couvers de velours rouge et tenné, garnys de fermaux de leton, de boulhons et carrées, » — aussi remarquables par la magnificence des miniatures que par la beauté de l'exécution calligraphique. Louis II, mort le 19 août 1410, l'avait fondée pour ainsi dire, et Pierre II y réunit les chefs-d'œuvre de la typographie encore à sa naissance. « Sans doute, dit le savant Le Roux de Lincy, il fut secondé par sa femme, Anne de Beaujeu, qui, en sou-

venir de la prédilection que son père, le roi Louis XII, accorda aux inventeurs de l'imprimerie, dut se montrer jalouse de posséder tous les produits remarquables de cet art. »

Le catalogue des livres manuscrits et imprimés des ducs de Bourbon, qui se trouve à la Bibliothèque Impériale, fond Dupuis, vol. 438, mentionne 290 articles.

Après la fuite de Charles II, si connu dans l'histoire sous le nom de connétable de Bourbon, cette magnifique collection fut confisquée et remise entre les mains du commissaire du Roi le 19 septembre 1523. Elle fait aujourd'hui partie des richesses de la Bibliothèque Impériale.

*Catalogue de la bibliothèque des ducs de Bourbon*, en 1507 et 1523, précédé d'une notice sur les anciens seigneurs de ce nom, par Le Roux de Lincy.—*Paris*, 1850, *in*-8.

BOURBON (François de), prince de Conti, fils de Louis I, prince de Condé, mort en 1614. Il épousa Louise-Marguerite de Lorraine, fille de Henri I, duc de Guise, morte en 1631.

Armes de François de Bourbon, qui sont :

1er plat. *De* France, *au bâton péri en bande de gueules.*

Les deux λλ enlacés signifient : *Louise, Lorraine.*

Armes de Louise-Marguerite de Lorraine, qui sont :

2e plat. *De* Bourbon, *contre-parti de Lorraine-Guise.* L'écu entouré de la cordelière de veuve.

Les deux C et le λ entrelacés signifient : *Condé, Conti, Lorraine.*

BOURBON (Henri de), fils d'Henri IV et d'Henriette Balzac d'Entragues, évêque de Metz.

*De* France, *à la barre d'argent.*

BOURBON (Charles, dit le cardinal de), dont les ligueurs avaient fait un roi sous le nom de Charles X.

*De* France, *au bâton péri en cotice de gueules* (N° 1).

Tous les livres de ce grand bibliophile étaient reliés en maroquin rouge. La plupart portaient ses armes, et sur le dos on voyait un lis épanoui avec cette devise : *Superat candore et odore* (N° 2).

Ceux qui n'ont ni armes ni devise

se reconnaissent facilement par la reliure en maroquin rouge dont nous venons de parler, et par les filets sur le dos et sur les plats.

Ce prélat légua une partie de ses livres aux Jésuites, et la seconde partie à son neveu Henri IV. Plus tard, ils entrèrent presque tous à la Bibliothèque Impériale.

VALOIS (Louis-Charles de), comte d'Auvergne et duc d'Angoulême, fils naturel de Charles IX et de Marie Touchet. Né en 1572, mort en 1670.

*De* France, *au bâton péri en barre de gueules.*

Les livres de ce prince, qui, indépendamment de ses armes, portent encore son chiffre, composé de deux C entrelacés (nº 1), ont été souvent attribués à César, duc de Vendôme, fils naturel de Henri IV et de Gabriel d'Estrées.

Le duc d'Angoulême avait une assez nombreuse bibliothèque que son fils, Louis de Valois, comte d'Alais, légua au monastère de la Guiche, en Charolais (Saône-et-Loire).

(1)

Le comte d'Alais mourut à Paris,

(2)

mais son corps fut transporté dans l'église des Minimes, où étaient les tombeaux de la famille de sa femme, Henriette de la Guiche.

Les livres du duc d'Angoulême ont été dispersés à la Révolution, lors de la suppression des couvents; il en a été recueilli un certain nombre dans la bibliothèque de Châlon-sur-Saône.

Nous en avons aussi trouvé dans la bibliothèque de Saint-Mihiel, portant de plus comme ornement une croix sur laquelle repose l'écu (n° 2).

ORLÉANS (J.-B. Gaston de France, duc d'), frère de Louis XIII.

Gaston possédait deux bibliothèques: l'une à Paris, l'autre à Blois, et toutes deux d'une grande richesse. Celle de Paris, qui se trouvait au Luxembourg, à l'extrémité de la galerie de Rubens, se distinguait surtout et par l'importance du fonds et par la splendeur des ornements.

Tous ses volumes étaient habillés à peu près d'une manière uniforme, veau fauve, sauf quelques-uns en maroquin rouge ou violet pâle, au double G, avec ou sans couronne, sur les plats, aux angles et sur le dos.

Avant de mourir, ce prince donna à Louis XIV sa Bibliothèque du Luxembourg, composée non-seulement de livres tant imprimés que manuscrits, mais encore de médailles, de miniatures, d'estampes et de toutes sortes de curiosités. Il avait réuni 53 manuscrits, parmi lesquels se trouvait l'exemplaire original de l'*Histoire des Rois de France*, présenté par Du Tillet à Charles IX. Son médailler contenait des pièces rares et nombreuses; et si nous en croyons le P. Jacob, la numismatique lui était familière : «...Ny « Alexandre Sévere, dit-il, ny Atticus, « ny le très-docte Varron, n'ont eu « une cognoissance des médailles com- « me luy... »

Au milieu d'une vie la plus stérilement agitée, Gaston se prit tout à coup à aimer les plantes et les fleurs. Il commença d'abord par en faire cultiver à Paris dans le jardin de son palais du Luxembourg, puis à Blois. De plus, il fit dessiner et peindre les plus rares et les plus curieuses, afin de les avoir aussi dans son cabinet. Pour ce travail, il appela auprès de lui le célèbre miniaturiste Nicolas Robert, de Langres, dont personne, au dire d'Antoine de Jussieu, n'égala le pinceau. Au bout de quelque temps, Gaston fut en possession d'un grand nombre de portefeuilles pleins de dessins coloriés et enluminés. Ce sont ces *portefeuilles* qui furent l'origine de cette splendide collection dite *Vélins du Muséum*, et qui, en 1793, passa de la Bibliothèque Impériale, alors Nationale, au Jardin des Plantes.

Léopold Delisle, *Cabinet des Manuscrits de la Bibliothèque Impériale*. — *Journal des Savants*, année 1856. —Le P. Jacob, *Traité des plus belles Bibliothèques*.

CONDÉ (le grand), né à Paris, le 8 septembre 1621, mort à Fontainebleau, le 11 décembre 1680.

*De* France, *au bâton péri en bande de gueules.*

Le vainqueur de Rocroi avait commencé une bibliothèque, qu'il fit transporter à Chantilly, où il passa les dernières années de sa longue et glorieuse carrière. A sa mort, elle devint la propriété de son fils aîné Henri-Jules de Bourbon, qui suit.

BOURBON (Henri-Jules duc de), fils du précédent, né à Paris, le 29 juillet 1643, mort le 1er avril 1709.

*Comme ci-dessus.*

Ce prince continua avec beaucoup de soins, de savoir et de goût, la collection de son illustre père. Au dire de Le Gallois, dans son *Traité des plus belles Bibliothèques*, elle était devenue, entre ses mains, une des plus nombreuses de son temps, et contenait une grande quantité de manuscrits rares grecs et latins. Ajoutons que les

livres du fils se distinguaient de ceux du père par les ornements de l'écu.

BOURBON-CONDÉ (Louis-Henri de), né à Paris, le 18 août 1692, mort le 20 janvier 1740.

*Comme ci-dessus.*

BOURBON (Louis-Joseph de), prince de Condé. Il épousa en 1753 Charlotte-Godfride-Élisabeth de Rohan-

Soubise, fille du maréchal de Soubise, duc de Rohan-Rohan. Le duc de Bourbon mourut le 13 mai 1818, et son épouse le 4 mars 1760.

CONDÉ : *De* FRANCE, *au bâton péri en bande de gueules.*

ROHAN-SOUBISE : *Parti de trois traits, coupés d'un, ce qui fait huit quartiers; au* 1 *d'*ÉVREUX, *au* 2 *de* NAVARRE, *au* 3 *d'*ARAGON, *au* 4 *d'*ÉCOSSE, *au* 5 *de* BRETAGNE, *au* 6 *de* MILAN, *au* 7 *d'argent, à la bordure de gueules à la fasce de même; au* 8 *de* LORRAINE; *sur le tout de* ROHAN *parti de* BRETAGNE.

CLERMONT (Louis de Bourbon-Condé, comte de), troisième fils de Louis de Bourbon, 3e du nom, duc de Bourbon, et de Mlle de Nantes, fille de Louis XIV et de Mme de Montespan. Il naquit en 1709 et mourut le 16 juin 1771.

*De* FRANCE, *au bâton péri en bande*

*de gueules, chargé à la pointe supérieure d'un croissant d'argent.*

Cet arrière petit-fils du grand Condé, « moitié plumet, moitié rabat, » malgré toutes ses dissipations, avait encore eu le temps d'amasser une bibliothèque considérable. M. Jules Cousin, dans son intéressante publication sur ce curieux personnage, n'en parle pas; pourtant rien n'est plus vrai, ainsi que le prouve le Catalogue suivant :

*Catalogue* des livres de la Bibliothèque de feu S. A. S. Mgr le comte de Clermont, prince du sang... — *Paris, Prault fils aîné*, 1771, in-8, 111 pages.

Ce Catalogue mentionne 2,021 articles, mais il ne contenait pas tout. Il existait encore beaucoup d'ouvrages que le temps ne permit pas d'y insérer. De plus, la table des cartes géographiques, qui étaient fort nombreuses, ne fut pas imprimée.

BOURBON-BUSSET (Louis-Antoine-Paul de), né à Busset en Bourbonnais, le 19 novembre 1753, mort à Paris, le 9 février 1802.

*De* France, *à la cotice de gueules en bande, au chef de* Jérusalem.

*Catalogue* des livres de la biblioth. de feu le citoyen Bourbon-Busset, 20 nivôse an XI.—*Paris, Silvestre*, in-8.

BOURBON (Louis-François-Joseph

de), prince de Conti, mort en 1814. Il avait épousé Fortunée-Marie d'Est.

*De* France, *à la bordure de gueules, au bâton péri en bande de même; accolé d'*Est.

BOURBON (Louis-Auguste de), duc du Maine, grand maître et capitaine général de l'artillerie de France.

*De* France, *au bâton péri en barre de gueules.*

BOURBON (Louis-Alexandre de),

comte de Toulouse, grand amiral de France.

*De* France, *au bâton péri en barre de gueules.*

BOURBON (Louis-Joseph-Xavier de), duc de Bourgogne, mort en 1761.

*Ecartelé : au 1 et 4 de* France, *au 2 et 3, bandé d'or et d'azur, à la bordure de gueules qui est de* Bourgogne.

LOUIS-DAUPHIN, père de Louis XVI, mort en 1765.

*Ecartelé de* France *et de* Dauphiné.

ORLÉANS (Philippe d'), frère de Louis XIV, connu sous le nom de *Monsieur*.

Chiffre formé de deux P entrelacés et couronnés.

ORLÉANS (Philippe d'), régent.

(1)

*De* France, *au lambel à trois pendants d'argent.*

Les livres de ce prince portent tantôt seulement ses armes (n° 1); tantôt ses armes avec son chiffre aux angles, formé de deux P entrelacés et couronnés (n° 2); tantôt encore son simple

(1)

chiffre couronné, avec quelques différences dans la forme, comme dans le n° 3; enfin, on trouve aussi de ses

(3)

volumes dont les plats sont semés de fleurs de lys et des initiales PP.

ORLEANS (Louis, duc d'), fils du régent, mort en 1752, et Auguste-Marie-Jeanne, princesse de Bade, morte en 1726.

ORLÉANS : *Comme ci-dessus.*

BADE : *Tiercé en fasce : au* 1 *du chef, échiqueté d'or et d'azur ; au* 2, *d'or, au sanglier de sable posé sur une terrasse de sinople au chef d'argent, chargé d'une rose de gueules ; au* 3, *d'argent, au lion de gueules, la queue fourchée et passée en sautoir et couronné d'or. Au* 1 *du milieu, de gueules, au pal d'or chargé de* 3 *chevrons de sable ; au* 2, *d'or, à la bande de gueules, qui est de* BADE *proprement dit ; au* 3, *d'azur, au vol d'argent, chargé d'un croissant d'or. En pointe, quatre quartiers : le* 1 *coupé d'or et d'argent : l'or chargé d'un lion naissant de gueules, couronné d'or, la queue fourchée et passée en sautoir ; l'argent, de trois fasces ondées d'azur ; au* 2, *d'or, à la fasce de gueules ; au* 3, *d'or, au lion de sable, la queue fourchée et passée en sautoir, couronné du champ ; au* 4, *échiqueté d'or et de gueules.*

ORLEANS (Louis-Philippe, duc d'), né le 12 mai 1725, mort en 1785.

Orléans ; *Comme ci-dessus.*

*Catalogue* des livres... de feu S. A. S. monseigneur le duc d'Orléans, premier prince du sang, dont la vente se fera le 3 mai 1787.—*Paris*, in-8.

ORLÉANS-ÉGALITÉ (Philippe d').

Orléans : *Comme ci-dessus.*

ORLÉANS-ÉGALITÉ (Philippe d') et MARIE-LOUISE-ADÉLAIDE DE BOURBON-PENTHIÈVRE.

(1)

Orléans : *Comme ci-dessus.*

Bourbon-Penthièvre : *De* France, *au bâton péri en barre de gueules.*

(2)

Ces dernières armes étaient tantôt *accolées* (nº 1), tantôt *parties* (nº 2).

SAINT-ALBIN (Charles de), bâtard d'Orléans, fils de Philippe II, dit le Régent, et de Marie-Louise-Victoire le Bel de la Boissière; évêque de Laon, pair de France (1722), et évêque de Cambrai (1723-1784).

*De* FRANCE, *au bâton péri en barre de gueules, au lambel d'argent à trois pendants.*

Outre les armes ci-dessus, figurant sur les plats, on voit encore, au dos des volumes provenant de la bibliothèque de cet amateur, deux C entrelacés et couronnés.

*Catalogue* de la bibliothèque de Mgr de Saint-Albin, archevêque, duc de Cambray. — *Cambray*, 1766, in-8.

ORLÉANS (Jean-Baptiste, dit le chevalier d'), grand-prieur de France de l'Ordre de Saint-Jean de Jérusalem, abbé de Hautvilliers, grand d'Espagne et général de galère. Il était fils naturel de Philippe II, duc d'Orléans, dit le Régent, et de Marie-Louise-Victoire le Bel de la Boissière de Viry, comtesse d'Argenton.

*De* FRANCE, *au bâton péri en barre, au lambel d'argent à 3 pendants, au chef chargé de la croix de Malte.*

BEAUJOLAIS (Alphonse-Léodgar d'Orléans, comte de), mort en 1780.

ORLÉANS : *Comme ci-dessus.*

AUMALE (Henri d'Orléans, duc d').

Marque composée des lettres H et O entrelacées, accostées de deux fleurs de lys, traversées d'une épée, la pointe en haut, et surmontées d'une couronne ducale.

Au-dessous de la garde de l'épée, on lit : *J'attendrai.*

Les armes de France figurent au bas de la première page de chaque volume.

La bibliothèque de M. le duc d'Aumale est aujourd'hui l'une des plus splendides de l'Europe. Littérateur de goût autant que bibliophile éclairé, ce prince a réuni à Orléans-House (Middlesex) non-seulement les ouvrages les plus remarquables en tout genre et en toutes langues, mais encore les éditions les plus recherchées, les exemplaires les plus rares, et aux reliures les plus élégantes comme les plus riches. Ce qui domine surtout, ce sont les livres français : chaque jour il augmente ses trésors artistiques et littéraires des productions de sa patrie. En 1862, M. Reiset lui céda une suite précieuse de dessins de maîtres, et M. Silvestre une collection de dessins originaux qu'il avait formée pour l'exécution de son travail—resté inachevé—si connu parmi les savants sous le titre de *Paléographie universelle.* La collection de M. Silvestre se composait de 360 feuilles, dont 60 inédites, correspondant aux types persans, grecs, latins, portugais, français, anglo-saxons, allemands et slaves.

M. le duc d'Aumale a rassemblé encore un grand nombre de manuscrits rares et précieux, dont le plus remarquable est un *Roman d'Alexandre,* du xv<sup>e</sup> siècle, écrit sur vélin. Ce livre, orné de 84 miniatures de la meilleure école, et relié aux armes du prince Eugène, figurait dans la *Bibliotheca Heberiana,* puis fit partie de la merveilleuse collection Cigongne, que M. le duc acheta toute entière.

ROTHELIN (Charles d'Orléans, abbé de), né le 5 août 1691, mort le 17 juillet 1744. Il était fils de Henri d'Orléans, marquis de Rothelin,

issu du célèbre Dunois, et de Gabrielle-Eléonore de Montault de Navailles, seconde fille du maréchal duc de Navailles.

*Ecartelé : au 1 et 4, d'or, à la bande de gueules; au 2 et 3, d'argent, au pal de gueules chargé de trois chevrons d'argent, et sur le tout d'*ORLÉANS, *au bâton péri de gueules en bande.*

L'abbé Rothelin fut un des plus savants bibliophiles qui aient existé. Dès son enfance, il aimait les livres et les recherchait avec ardeur. Lorsqu'il put satisfaire sa passion dominante, il commença par ceux qui avaient trait à son état. Il rassembla les Bibles et les Liturgies en toutes sortes de langues, les ouvrages des Pères grecs et latins, ceux des Scholastiques et Canonistes, enfin ceux des Controversistes et des Hétérodoxes. Le tout formait un corps de théologie le plus complet et le plus nombreux qu'un particulier posséda jamais. Là se trouvait : l'édition originale de la *Missa latina*, de Flaccus Illyricus; la Liturgie suédoise; l'ancien Missel anglican; le Mombritius de 1480; l'ouvrage de Servet, *De Trinitate;* tous les livres de Bernardin Ochin; la suite complète des écrits de Guillaume Postel; celle des ouvrages de Giordano Bruno; en un mot, tout ce que l'on pouvait rencontrer de plus rare, de plus curieux et de plus singulier dans toutes les sciences théologiques.

Selon le témoignage du P. Lelong, une grande partie des manuscrits qui composaient la célèbre collection de Nicolas-Joseph Foucault passèrent dans celle de l'abbé Rothelin. En effet, dans son catalogue nous trouvons, comme ayant appartenu à l'ancien conseiller d'Etat, un recueil de pièces sur l'histoire, le droit public et l'administration de la France, formé d'environ 180 volumes in-folio, dont plus de 120 reliés en maroquin rouge; 13 volumes in-4° des « Chartes, titres et états concernant les bénéfices, abbayes et prieurés, etc., du Cotantin et autres lieux de Normandie »; les Mémoires sur Vire; l'Histoire latine de Toustain Billy; les titres de la terre de Guillaume de Vernon; un Diogène; un Saint-Jérôme; un Josephe orné de splendides miniatures; la Bible de Charles V; le Missel de Sherbourne, qui l'emportait encore sur le *Josephe*, par la richesse et l'élégance des ornements, et que lui avait donné, en 1703, François Goyon de Matignon, évêque de Lisieux; les Cartulaires des abbayes d'Acey et de la Trinité de Caen. Enfin, les Heures si riches et si curieuses de René d'Anjou, que Foucault avait eues en don du duc de la Trémoille, et qui appartinrent ensuite à Cangé, à l'abbé de Rothelin, au duc de La Vallière, aujourd'hui à la Bibliothèque Impériale, où elles figurent sous le n° 17,332 du fonds latin.

Quoique recherchant les bons ouvrages, les compositions rares et curieuses, manuscrites ou imprimées, l'abbé Rothelin ne négligeait ni les belles éditions, ni les belles reliures : chez lui le beau marchait de pair avec l'utile et le singulier. Il avait réuni dans sa Bibliothèque un grand nombre de livres en grand papier, réglés et lavés, et habillés soit en veau, soit en maroquin, par des artistes tels que Boyer, Duseuil, Padeloup, Anguerran, etc. Ceux qu'il avait fait relier lui-même portaient sur les plats les armes ci-dessus.

Cet amateur s'était en outre composé un cabinet dont la splendeur le disputait à celle de sa Bibliothèque. On y voyait une suite non interrompue de médailles impériales en argent, au nombre de 2,000 environ, depuis Pompée jusqu'aux derniers empereurs de Constantinople, plus de 300 médaillons impériaux, 400 médaillons de rois et de villes grecques, et près de 900 quinaires, dont quelques-uns en or. Il avait encore une série de 9,000 médailles impériales, *petit-bronze*, qu'il donna quelques mois avant sa mort.

L'abbé Rothelin possédait aux environs de Paris une maison de campagne, dans laquelle il avait fait transporter une grande partie de ses richesses numismatiques et littéraires. C'est là, pour la plupart du temps, qu'il recevait les savants, que sa réputation d'antiquaire et de bibliophile attirait de tous les points de l'Europe. Cette résidence est décrite avec tant de charme et d'esprit dans les *Lettres d'une jeune Veuve*, 1769, p. 135, que nous ne pouvons résister au plaisir d'en faire part au lecteur :

« ...Je ne la donnerois pas, cette « maison, pour Versailles, Trianon, « etc.; c'est le plus joli champêtre, le « séjour le plus délicieux; point de ces « jardins plats tirés à quatre épingles « et de ces sottes figures qui vous « offrent des fleurs sèches comme des « pierres qu'elles sont; de ces petits « enfants mal élevés... qui montrent « leur cul croyant parer un parterre. « Mais des allées sans savoir où elles « vont, de la vue, point de vue, des « recoins à cent lieues de l'univers, de « l'ombre, du murmure, de toutes ces « beautés qui font tant de bien à « l'âme... »

A la mort de cet illustre bibliophile, sa Bibliothèque fut vendue et dispersée. Presque tous ses manuscrits et un grand nombre de ses livres imprimés entrèrent à la Bibliothèque Impériale. Quant au médailler, — excepté les *petits-bronzes*, — il passa tout entier dans le musée de l'Escurial.

*Catalogue* des livres de feu M. l'abbé d'Orléans de Rothelin, par G. Martin. *Paris, G. Martin*, 1746, in-8. Ce catalogue est un des plus estimés des 148 que G. Martin avait dressés d'après la méthode de P. Jean Garnier. — LÉOPOLD DELISLE, *Cabinet des Manuscrits de la Bibliothèque Impériale.* — *Mém. de l'Académie des Inscript. et Belles-Lettres*, t. XVIII.

LORRAINE (Léopold duc de) et Élisabeth-Charlotte d'Orléans, présents au sacre de Louis XV, en 1722.

*Grands quartiers de* LORRAINE, *accolés à l'écu de la maison d'*ORLÉANS.

BERRY (Charles-Ferdinand d'Artois, duc de), mort le 13 février 1820.

*De* FRANCE, *à la bordure engrêlée de gueules.*

## PRINCESSES.

ANNE de BEAUJEU, régente de France, morte au château de Chantelle, en 1522.

*Parti : au 1 de* France, *à la cotice de gueules ; au 2 de* France.

ANTOINETTE DE VENDOME, grande-tante d'Henri IV, femme de

Claude de Lorraine, premier duc de Guise, née en 1494, morte au château de Joinville, le 18 janvier 1583.

Cette princesse possédait une fort belle bibliothèque, dont les volumes, pour la plupart, avaient été reliés par Nicolas Ève. Quelques-uns portaient sur les plats son chiffre formé d'un V et d'un A entrelacés (*Antoinette de Vendôme*), cantonné d'un autre chiffre composé de deux λλ (*Lorraine*).

Les livres à cette charmante reliure sont excessivement rares aujourd'hui, et par conséquent fort recherchés des amateurs. Le seul exemplaire que nous ayons vu nous a été communiqué par M. Alfred Simonise, un des plus délicats bibliophiles de notre temps.

Voy. Claude de Lorraine.

BOURBON (Catherine de), duchesse d'Albret, sœur de Henri IV, née le 7 février 1558, mariée le 30 janvier 1599 à Henri de Lorraine, duc de Bar ; morte à Nancy le 13 février 1604.

Catherine de Bourbon avait une bibliothèque considérable. On y remarquait une belle collection de classiques grecs et latins, ce qui était assez rare pour cette époque. Elle avait en outre réuni plusieurs manuscrits de la plus grande rareté, avec une grande quantité de lettres autographes des principaux personnages de son temps.

La plupart de ses livres étaient reliés à la manière de Clovis Eve qui, bien certainement, a dû travailler pour elle. Beaucoup d'entre eux portaient sur les plats six doubles C entrelacés formant croix, avec une flamme au centre, le tout dans un ovale feuillé.

LONGUEVILLE (Anne-Geneviève de Bourbon, dite la duchesse de), née le 27 août 1619, mariée le 2 juin 1642 avec Henri II d'Orléans, duc de Longueville. Elle mourut à Paris le 15 avril 1679. Elle était fille de Henri II de Bourbon, prince de Condé, et de Charlotte-Marguerite de Montmorency, petite-fille du connétable, et, selon d'unanimes témoignages, la plus belle femme de son temps.

*De* FRANCE, *au bâton péri en bande de gueules, au lambel d'argent à trois pendants.*

MAILLÉ (Claire-Clémence de), duchesse de Fronsac, fille du maréchal de Brézé, première femme du grand Condé. Elle mourut à Châteauroux le 16 avril 1694.

Nous ne savons si cette princesse avait une bibliothèque nombreuse. Tout ce que nous pouvons dire, c'est qu'elle devait aimer les belles reliures, si nous en jugeons par le spécimen que nous avons vu dans la collection Yemeniz (nº 3764 du cat.). C'est un manuscrit sur vélin, dû à la plume élégante de Jarry et relié par Le Gascon. Il est intitulé : *Temple de la gloire*, poëme composé, à l'occasion de la victoire de Nordlingen, par un nommé Bruc de Montplaisir. La reliure est en maroquin rouge, doublé de même et semé, tant à l'intérieur qu'à l'extérieur des plats, du chiffre formé des lettres C. M. entrelacées, initiales des noms de la princesse.

CHARLOTTE-ÉLISABETH DE BAVIÈRE, femme de Monsieur, frère de Louis XIV, née au château

d'Heidelberg, le 7 juillet 1652, morte à Saint-Cloud, le 8 décembre 1722.

*De* France, *accolé de* Bavière, *qui est losangé d'argent et d'azur de* 21 *pièces en bande.*

Sa bibliothèque était nombreuse et de bon goût. La majeure partie de ses livres sont aujourd'hui à la Bibliothèque Impériale.

MARIE-ANNE-CHRISTINE-VICTOIRE DE BAVIÈRE, morte en 1690. Elle avait épousé Louis-Dauphin, dit Montpensier, mort en 1742.

(1)

*Parti de trois et coupé d'un, ce qui fait* 8 *quartiers. Au* 1 *et* 6, *de* France; *au* 2 *et* 5, *de* Dauphiné, *qui est d'or, au dauphin d'azur; au* 3 *et* 8, *losangé d'argent et d'azur de* 21 *pièces en bande, qui est de* Bavière; *au* 4 *et* 7, *de sable, au lion d'or couronné de gueules, qui est* du Palatinat du Rhin. L'écu, soutenu de deux rinceaux croisés, est surmonté de la couronne des Dauphins (N° 1). Ces armes figurent presque toujours sur les livres appartenant à cette princesse Quelquefois aussi on y voyait seulement son chiffre, sous la couronne delphinale, formé des lettres

(2)

M. A. C. V., initiales de ses prénoms (N° 2).

MARIE-JOSÉPHE DE SAXE, mère de Louis XVI, fille de Frédéric-Auguste II, roi de Pologne, deuxième femme de Louis-Dauphin, fils de Louis XV, morte en 1767.

*Écartelé au* 1 *et* 4, *de gueules, à*

*l'aigle d'argent couronnée, membrée et becquée d'or, qui est de* POLOGNE; *au* 2 *et* 3, *de gueules ; au cavalier armé d'argent, tenant une épée nue à la main dextre, et en l'autre un écu d'azur, à une double croix patriarcale; le cheval bandé d'argent, houssé d'azur et cloué d'or ; sur le tout de* SAXE, *qui est burelé de sable et d'or de dix pièces; un crancelin de sinople brochant sur le tout.* L'écu accolé de celui de France écartelé de Dauphiné. Le chiffre formé des lettres M. J., initiales de ses prénoms, figure ordinairement aux angles des volumes.

CONDÉ (Louise-Françoise de Bourbon, dite Mlle de Nantes, princesse de), fille de Louis XIV et de la Montespan. Elle avait épousé, en 1685, Louis III, duc de Bourbon, prince de Condé. Elle mourut en 1743.

Deux écus accolés : Le premier, *de* FRANCE, *au bâton péri en barre de gueules, signe de bâtardise.* Le second, *aussi de* FRANCE, *au bâton péri en bande de gueules, qui est de* CONDÉ.

Dans le magnifique palais appelé *Palais-Bourbon*, qu'elle s'était fait bâtir, et où siége aujourd'hui le Corps Législatif, cette princesse s'était composé une bibliothèque des plus curieuses. Elle avait du reste un goût profond pour les lettres, les arts et les sciences, lisait beaucoup et annotait ses livres. Sa collection se distinguait par la splendeur des reliures, dont la plupart avaient été exécutées par Derome et Padeloup.

BOURGOGNE (Marie-Adélaïde de Savoie, duchesse de). Morte le 12 février 1712, âgée de 26 ans.

*De* FRANCE, *accolé de* SAVOIE.

MAINE (Anne-Louise-Bénédicte de Bourbon, duchesse du), petite-fille du grand Condé, née le 8 novembre 1676, mariée le 19 mars 1692 à Louis-Auguste de Bourbon, duc du Maine. Morte le 23 janvier 1753.

La duchesse du Maine avait fait mettre sur les livres de sa bibliothèque de Sceaux des *Abeilles d'or*, avec cette devise autour de leur ruche :

*Piccola. Si. Ma. Fa. Pur. Gravi. La.*

*ferite.* (Je suis petite, mais je fais pourtant de graves blessures.)

Cet emblême et cette devise faisaient allusion à l'Ordre galant de la *Mouche à miel*, que la duchesse avait fondé à Sceaux le 11 juin 1703.

BERRY (Marie-Louise-Elisabeth d'Orléans, duchesse de), fille du régent, née le 20 août 1695, morte au château de la Muette, en 1719. Elle avait épousé en 1710 Charles duc de Berry, 3e fils de Louis, dauphin de France, appelé le grand Dauphin, et de Marie-Christine de Bavière.

*De* France, *à la bordure engrêlée de gueules, qui est de* Berry, *accolé d'*Orléans.

Le dos des volumes porte, en outre, le chiffre de cette princesse, formé des lettres M. L. entrelacées.

La duchesse de Berry, si connue par ses goûts singuliers et l'excentricité de son caractère, aimait beaucoup les livres; mais elle n'eut guère le temps de les lire, tant, si l'on en croit les *Mémoires* de la princesse Palatine, sa grand'mère, elle avait besoin de di-

vertissements. Quoi qu'il en soit, ses livres étaient nombreux, choisis et bien reliés.

ARTOIS (Louise-Marie-Thérèse d'), dite Mademoiselle, née à Paris, le

21 septembre 1819. Elle était fille du duc de Berry, mort assassiné le 13 février 1820.

*De* France, *à la bordure crénelée de gueules.*

ORLÉANS (Philippe-Élisabeth d'), dite Mademoiselle de Beaujolais. Morte en 1734.

*De* France, *au lambel d'argent à trois pendants.*

L'écu en losange, surmonté de la couronne ducale.

MESDAMES DE FRANCE, à Bellevue, ADÉLAIDE, SOPHIE et VICTOIRE, filles de Louis XV. La première est morte le 25 février 1800; la seconde, le 3 mars 1782, et la troisième, le 7 juin 1799.

Chacune d'elles avait sa bibliothèque, aux mêmes armes, c'est-à-dire de France, tantôt en or, tantôt en argent, et l'écu en losange surmonté d'une couronne ducale. Seulement, leurs livres différaient par l'habit; ainsi, ceux de Mme Adélaïde étaient couverts en maroquin rouge; ceux de Mme Sophie en maroquin citron, et ceux de Mme Victoire en maroquin vert ou olive.

Ces trois bibliothèques contenaient des ouvrages d'un goût sévère. On n'y trouvait pas de ces sortes de productions si communes à cette époque, et dont

les plus grandes dames, voire des reines, composaient leurs collections intimes. Un grand nombre de volumes ayant appartenu à Mesdames, se trouvent aujourd'hui à la Bibl. Impériale.

ARTOIS (Marie-Thérèse de Savoie, comtesse d'), fille de Victor-Amé-

dée III, roi de Sardaigne; épouse

de Charles-Philippe d'Artois, qui fut plus tard Charles X. Elle mourut le 2 juin 1805.

*De* FRANCE, *à la bordure crénelée de gueules, accolé de* SARDAIGNE.

PROVENCE (Marie-Joséphine-Louise de Savoie, comtesse de), fille de Victor-Amédée III, roi de Sardaigne, épouse de Louis-Stanislas-Xavier, comte de Provence, qui fut ensuite Louis XVIII. Elle mourut le 13 novembre 1810.

*D'*ARTOIS, *accolé de* SARDAIGNE.

BERRY (Caroline-Ferdinande-Louise de Bourbon, duchesse de), fille du roi de Sicile. Après la mort du duc de Berry, elle se remaria au prince Luchesi-Palli.

*De* FRANCE, *à la bordure crénelée de gueules, accolé des* DEUX-SICILES.

Dans sa charmante résidence de Rosny, en l'Ile-de-France, la duchesse de Berry avait fondé une splendide bibliothèque, composée d'ouvrages remarquables par la beauté des éditions et le luxe de la reliure.

Elle renfermait une collection unique de manuscrits, dont la plupart provenaient des Pithou, de Marguerite de Valois, de Henri II, Louis XIII, Marie Leczinska, etc. Quelques-uns remontaient au VIIIe siècle, c'est-à-dire à une époque plus reculée que les monuments les plus anciens de Paris.

On y trouvait aussi un grand nombre de lettres autographes de Henri IV, de Fénelon, de Bourdaloue, et d'autres personnages illustres.

Aucune collection, depuis longues années, n'avait offert aux amateurs un ensemble de livres plus recommandables par la provenance et la richesse de l'ornementation, et qui présentât, en même temps, plus d'intérêt au point de vue de l'art. Parmi eux figurait l'incomparable *Livre d'Heures d'Henri II et de Catherine de Médicis.* C'est un petit volume en maroquin rouge, enrichi d'écoinçons fleurdelisés, d'attaches et de médaillons en or finement ciselés. Chacun de ces écoinçons porte en relief les lettres H et CC entrelacées, monogramme du roi et de la reine. Il contient cinquante-cinq miniatures d'une véritable valeur artistique, représentant les portraits des principaux membres de la famile royale. Vingt-un de ces portraits,—au grand détriment de la reliure, — furent intercalés vers le milieu du XVIIe siècle; mais les autres ont bien certainement été exécutés pour le manuscrit même.

*Catalogue* de la riche bibliothèque de Rosny... *Paris* (1837), in-8.

*Catalogue* des manuscrits très-précieux du XIIIe au XVIIe siècle... composant la collection de Madame la duchesse de B**** (BERRY), [par M. PAUL MEYER]... dont la vente aura lieu... le mardi 22 mars 1864... — (*Paris*, 1864), *in*-8°, 36 *pp*.

Ce *Catalogue*, tiré à très-petit nombre, est rendu excessivement curieux par les savantes notices que l'habile rédacteur a faites sur chaque manuscrit. La collection qu'il représente avait été distraite de la première. Elle ne renfermait que trente-cinq articles, et pourtant la vente produisit 98,075 fr. Il est vrai que le *Livre d'Heures* seul s'éleva à la somme de 60,000 francs. M. Barbet de Jouy s'en rendit adjudicataire pour le *Musée des Souverains*, où il figure aujourd'hui.

## BIBLIOPHILES OU AMATEURS DIVERS.

ABEILLE, avocat au Parlement de Bretagne.

Les volumes de ce Bibliophile portaient tous une abeille d'or sur le dos entre chaque nervure.

Vers 1788, le sieur Abeille vendit pour 6,000 livres, à la Bibliothèque du Roi, les documents que le commissaire Nicolas de la Mare avait recueillis pour son ouvrage sur la police.

ACHER, en Normandie.

*D'azur, à la fasce d'argent, accompagnée de trois écussons d'or, deux en chef, un en pointe.*

ACHEY (Claude d'), archevêque de Besançon, mort le 23 mai 1637.

*Ecartelé: au 1 et 4, de gueules, à deux haches d'or adossées, péries en pal, qui est d'*ACHEY; *au 2 et 3, vairé d'or et de gueules, qui est de* BAUFFREMONT.

ACIGNÉ DE CARNAVALET (Claude), conseiller du roi au Parlement de Bretagne, vers 1671.

*D'hermines, à la fasce de gueules chargée de 3 fleurs de lys d'or.*

AFFRE (Denis-Auguste), archevêque de Paris, né le 27 septembre 1793, mort le 27 juin 1848.

*D'azur, au dauphin soufflant de l'eau par ses évents, et nageant en une mer mouvante de la pointe, le tout d'argent; au chef cousu de gueules, chargé de trois étoiles d'argent.*

AGUESSEAU (Henri-François d'), Chancelier de France, né le 26 novembre 1668, mort à Paris, le 9 février 1751.

*D'azur, à deux fasces d'or, accompagnées de six coquilles d'argent, 3, 2 et 1.*

Le Chancelier d'Aguesseau s'était formé une des plus remarquables bibliothèques de son époque.

Tous les volumes portaient sur les plats les armes ci-dessus avec les insignes de sa qualité. Quelquefois les plats n'ont pas d'armes et ne se font reconnaître que par les coquilles mises aux angles, et les masses au dos. A sa mort, toute sa bibliothèque passa entre les mains de son second fils, qui suit.

*Inventaire* des manuscrits de M. le chancelier (Henri-François) d'Aguesseau. — *In-folio.*

Cet inventaire, aujourd'hui conservé à la Bibliothèque Impériale, mentionne, entre autres, plus de quatre cents volumes, dont soixante regardent l'histoire de France. L'ancien chancelier les eut, partie d'un sieur Rousseau, auditeur de la Chambre des Comptes de Paris, et partie de Loger, avocat au Parlement de la même ville.

AGUESSEAU (Jean-Baptiste-Paulin d'), second fils du Chancelier, mort le 8 juillet 1784, âgé de 83 ans.

*Comme ci-dessus.*

Les livres du fils se distinguent facilement de ceux du père par les ornements extérieurs de l'écu.

*Catalogue* des livres imprimés et manuscrits de la bibliothèque de feu Monsieur d'Aguesseau, doyen du Conseil, Commandeur des ordres du roi. — *Paris,* 1785, in-8.

AGUESSEAU (L'abbé Jean-Baptiste-Paulin d'), frère du Chancelier, mort à Paris, le 20 janvier 1723.

*Comme ci-dessus.*

AIGUILLON (Marie-Magdeleine-Thérèse de Wignerot, duchesse d'), pairesse de France, nièce du cardinal de Richelieu, et connue sous le nom de Madame de Combalet, morte en 1675.

*Ecartelé : au 1 et 4, d'argent, à trois chevrons de gueules, qui est* de Richelieu; *au 2 et 3, d'or, à trois hures de sanglier de sable, 2 et 1, qui est* de Wignerot.

*L'écu, en losange, sur un manteau de pair, surmonté d'une couronne ducale.*

AIMON (Gabriel), Conseiller au Parlement de Grenoble, vers 1680.

*De sable, au lion d'argent chargé d'un croissant montant de gueules, accosté de deux étoiles d'azur.*

ALBAN (Auguste-Casimir de Vergnette d'), page du roi, en la grande écurie, vers 1757.

*D'azur, au chevron d'argent chargé de trois étoiles de gueules, et accompagné de quatre étoiles d'or, trois en chef et une en pointe.*

ALBRET DE PONTS, comte de Miossins (César Phébus d'), maréchal de France, mort en 1676.

*Écartelé : au 1 et 4, de* FRANCE; *au 2 et 3, de gueules plein.*

Les militaires, en général, aiment peu les livres. Cette passion délicate, que l'on nomme *bibliophilie*, s'effarouche de la turbulence des camps. Aussi le maréchal d'Albret, lui, n'avait-il qu'un nombre fort restreint d'ouvrages, et qui tous n'étaient guère remarquables que par les armes dont ils étaient ornés.

ALÈGRE (Gabriel d'), prévôt de Paris, vers 1526.

*De gueules, à la tour d'argent crénelée de trois pièces, maçonnée de sable.*

ALÈGRE (Yves d'), baron de Tournel, chevalier de l'Ordre du Saint-Esprit, mort le 9 mars 1733.

*De gueules, à la tour d'argent crénelée de 3 pièces, maçonnée de sable, accostée de 6 fleurs de lys d'or mises en pal*, 3 *de chaque côté.*

La majeure partie des livres composant la bibliothèque de cet amateur de goût et de savoir avaient été reliés par Padeloup. Beaucoup d'entr'eux sont entrés à la Bibliothèque Impériale.

ALIGRE, comte de Maran (Etienne-François d'), premier président au

(1)

Parlement de Paris. Il naquit le 17 juillet 1727, et mourut hors de

France en 1798, laissant un fils unique, qui hérita de ses biens et de sa Bibliothèque. Ce dernier décéda en mai 1847.

(2)

Les volumes composant la collection d'Aligre avaient deux marques différentes. L'une (n° 1), aux armes simples des d'Aligre, qui sont : *Burelé d'or et d'azur, de 10 pièces, au chef d'azur chargé de 3 soleils d'or;* l'autre (n° 2), aux armes précédentes accolées de celles de Françoise-Madeleine Talon, première femme du comte de Maran. Les Talon portaient : *D'azur, au chevron d'or, accompagné de trois croissants montants d'argent, surmontés chacun d'un épi de même.*

ALIGRE (Charles d'), abbé de Saint-

Regnier en Ponthieu, conseiller d'État, mort le 20 mai 1695, âgé de 65 ans. Il avait abandonné à ses religieux les revenus de son abbaye, qui se montaient à 20,000 livres par an ; ils en firent bâtir une église.

*Comme ci-dessus.*

ALLEMAN (Pierre), conseiller au Parlement de Grenoble, vers 1667.

*De gueules, semé de fleurs de lys d'or, à la bande d'argent brochante.*

ALLEMAN DE MONTMARTIN (Ennemond), évêque de Grenoble, mort en 1719.

*Comme ci-dessus.*

Ce prélat avait une bibliothèque composée presque exclusivement d'ouvrages sur la théologie et la liturgie.

ALRIC (Charles-François), conseiller au Parlement de Grenoble, vers 1680.

*De gueules, au chevron d'or, au chef cousu d'azur chargé d'une étoile à huit raies d'argent.*

ALSACE (Thomas-Louis de Hennin-Lietard, primat des Pays-bas, archevêque de Malines, cardinal d'). Né à Bruxelles en 1680, mort le 6 janvier 1759.

*De gueules, à la bande d'or.*

Tous les bibliophiles connaissent l'amour que le cardinal d'Alsace avait pour les livres. Il recherchait avec passion les éditions de choix, et les faisait richement relier et orner.

AMANZÉ (d').

*De gueules, à trois coquilles d'or, 2 et 1.*

AMBOISE (Georges d').

Il y eut deux cardinaux d'Amboise, tous deux nommés Georges, et tous deux archevêques de Rouen. Le premier fut ministre de Louis XII, c'est le bibliophile. Il naquit en 1469, et mourut en 1510.

*Palé d'or et de gueules de 6 pièces.*

Au temps du cardinal d'Amboise, l'imprimerie venait de naître; les bibliothèques ou librairies, comme l'on disait alors, ne se composaient guère que de manuscrits. Sous ce rapport, celle que ce prélat s'était formée passait à juste titre pour l'une des plus remarquables qui eussent existé. Elle avait eu pour base une notable partie des manuscrits provenant de cette collection fameuse que les rois aragonnais de Naples fondèrent et entretinrent successivement depuis Alphonse le Magnanime jusqu'à Frédéric III, le dernier de ces princes.

Déjà en 1495, pendant son éphémère domination à Naples, Charles VIII avait entamé cette collection. » Il n'est « pas douteux, dit M. Léopold Delisle, « que ce monarque n'ait rapporté de « Naples un assez grand nombre de « livres qu'on distingue aisément parmi « les manuscrits de l'ancienne Biblio- « thèque de Blois... Toutefois, les « plus beaux manuscrits de la Biblio- « thèque Royale de Naples échappè- « rent à Charles VIII. »

Frédéric recueillit tous les débris de la collection de ses ancêtres, et, après la perte définitive de ses Etats, c'est-à-dire vers 1501, il les vendit au cardinal d'Amboise, Georges I^er^, archevêque de Rouen. Un inventaire du mobilier du cardinal, dressé en 1508, publié d'abord par l'abbé Langlois, ensuite par Deville, montre que le nombre des volumes acquis en cette circonstance s'élevait à cent trente-huit. Ce fut là le premier fonds de la librairie du château de Gaillon.

Dans la seconde partie, outre les livres imprimés, figuraient quatre-vingt-trois manuscrits de la plus grande beauté, et dont la plupart furent exécutés aux frais du possesseur. On ne se rend pas bien compte aujourd'hui de ce que pouvait coûter alors une collection de manuscrits un peu importante. Un exemple tiré des dépenses que ces manuscrits nécessitèrent pendant la seule année 1502-1503 pourra en donner une idée. Ainsi, dans le *Compte des dépenses du château de Gaillon,* nous voyons, pour cette année, que *la mise pour les livres que mon dit seigneur fait escrire* s'élève à 1,074 livres, 12 sous, 10 deniers tournois, environ 5,880 fr. de notre monnaie. Un seul volume, la *Fleur des Histoires,* coûta 1,728 fr. de nos jours.

Au dire du savant cité plus haut, le cardinal d'Amboise fut un de ceux qui contribuèrent le plus à introduire en France le goût des chefs-d'œuvre calligraphiques que l'on exécutait en Italie avec une si merveilleuse perfection depuis le milieu du XV^e^ siècle. Il trouva dans la ville de Rouen des artistes qui rivalisaient avec les artistes de Florence et de Naples. La Bibliothèque Impériale conserve un spécimen de l'habileté des écrivains rouennais à la solde du cardinal. Ce sont deux volumes de *Monstrelet.* (Manus. franç., n^os^ 2678-2679.)

Les manuscrits de cette seconde partie de la Bibliothèque du château de Gaillon se distinguent par les armes ci-dessus, dessinées dans l'intérieur du volume ou frappées sur les plats. Quelquefois l'écu est accompagné, tantôt de cette devise : *Domine, ab expectatione mea;* tantôt de la suivante, représentant à peu près le même sens : *Deus meus in te speravi, non confundar ;* tantôt encore de celle-ci : *Transivimus per ignem, et induxisti nos in refrigerium.*

On reconnaîtrait avec peine maintenant, sous leur habillement frustre, la splendeur avec laquelle quelques-uns de ces manuscrits avaient été ornés. Toutefois, tels qu'ils sont, « ils fournissent encore d'assez bons modèles de reliure en cuir rouge ou noir, à ouvrage doré à la mode d'Italie. »

A sa mort, le cardinal d'Amboise, par une disposition testamentaire, fit deux parts de sa librairie : les livres français et les livres latins. Les premiers furent légués à son petit-neveu, Georges d'Amboise, et dûrent être transportés dans l'ancien manoir patrimonial de Chaumont-sur-Loire. Plus tard, infère M. Léopold Delisle, après la mort du petit-neveu, tué à la bataille de Pavie en 1525, « ils devinrent la propriété de la famille de La Rochefoucauld, au droit d'Antoinette d'Amboise, femme d'Antoine de La Rochefoucauld. »

Quant aux livres latins, selon le vœu du cardinal, ils restèrent à son successeur, et formèrent la Bibliothèque des archevêques de Rouen dans le château de Gaillon. Cette splendide Bibliothèque, qui avait coûté tant de peines et de dépenses à son fondateur, fut en partie dilapidée sous les derniers Valois. Cependant, grâce aux efforts du cardinal de Bourbon, Charles II, archevêque de Rouen, elle parut se relever de ses ruines. Mais à la mort de ce bibliophile, elle ne tarda pas à se dissiper complétement; et les ouvrages, imprimés ou manuscrits, en passant par les mains de divers amateurs, vinrent presque tous grossir les richesses de la Bibliothèque du Roi.

LÉOPOLD DELISLE, *Cabinet des manuscrits de la Bibliothèque Impériale.* — DEVILLE, *Comptes et dépenses du château de Gaillon.* — LANGLOIS, *Recherches sur les Bibliothèques des archevêques de Rouen.*

AMELOT DE BEAULIEU (Jacques), président à la cour des Aides, mort le 11 avril 1668, dans sa 66e année.

Ce collectionneur, presque aussi savant que magistrat ridicule, avait réuni les éditions les plus belles et les plus rares des classiques anciens, et un grand nombre de manuscrits grecs, latins et français. Sa Bibliothèque contenait, en outre, une immense collection de copies manuscrites, de mémoires historiques du XVe au XVIIe siècle. De plus, on y trouvait presque tous les placards et plaquettes imprimés concernant les affaires publiques depuis 1568 jusqu'en 1640. Dans cette Bibliothèque furent fondues celle de Chénard, avocat au Parlement, et celle de Gilles de Souvré, évêque d'Auxerre.

*D'azur, à trois cœurs d'or surmontés en chef d'un soleil de même.*

AMELOT DE CHAILLOU (Jean), ministre de Louis XVI, mort en la prison du Luxembourg, en 1794.

*Comme ci-dessus.*

*Catalogue* des livres et de quelques manuscrits précieux composant la bibliothèque de feu le cit. Amelot, ancien ministre d'État...—*Paris, G. De Bure l'aîné*, 1797, in-8. La vente de cette intéressante bibliothèque produisit 17.842 fr.

AMPROUX, conseiller au Parlement de Paris, vers le milieu du 18e siècle.

*De sinople, à trois larmes d'argent.*

Ce magistrat avait une collection formée principalement d'ouvrages sur la jurisprudence.

AN-DER-ALLEMEND (Melchior-Georges-Joseph), seigneur de Baldégy, membre du conseil de Lucerne, en 1765.

*De gueules, à l'arbre de sinople, tigé et arraché d'or.*

ANDRAULT (Charles-Claude), marquis de Langeron, lieutenant-général des armées du roi, chevalier de l'Ordre du Saint-Esprit, le 1er janvier 1784.

*D'azur, à trois étoiles d'argent.*

La bibliothèque de cet amateur se faisait remarquer par une collection complète des classiques grecs, latins et français. On y comptait, en outre, un grand nombre d'Elzeviers.

ANDRÉ DE CHAMPCOURT, né vers 1770, mort en septembre 1823.

*D'argent, au chevron de sable accompagné, en pointe, d'un croissant d'argent, et sur les flancs de deux étoiles de même.*

Voy. : Bizeau

M. de Champcourt fit partie de l'armée de Condé. Rentré en France avec les Bourbons, il s'occupa de littérature. On a de lui : *Pièces fugitives et légères*; Paris, 1820, in-18. — *Histoire morale de l'éléphant*; Paris, 1821, in-18. — *Poésies légères*; Paris, 1822, in-12. Dans ce volume se trouve les *Rivaux de la Courtille*, tragédie burlesque en un acte. Tous ces ouvrages n'ont été tirés qu'à un très-petit nombre d'exemplaires : c'est là leur seul mérite.

ANGENNES (Charles), marquis de Rambouillet, grand maître de la garde-robe du roi, mort le 26 février 1652, âgé de 75 ans.

*De sable, au sautoir d'argent.*

ANGRAN, vicomte de Fonspertuis (Louis-Augustin), seigneur de Lailly. Il avait été bailli et capitaine des chasses du duché d'Orléans, comté de Baugency et pays de Sologne, pour le duc d'Orléans, régent. Il mourut à Paris, le 11 juin 1747, dans la soixante-dix-septième année de son âge.

Le vicomte de Fonspertuis avait amassé une Bibliothèque nombreuse et bien choisie. Les volumes qui la composaient étaient en général remarquables par leur rareté et l'élégance de leurs reliures. Il s'était aussi formé une magnifique collection d'objets d'art et de curiosité.

*D'azur, à trois chevrons d'or accompagnés de trois étoiles à cinq raies de même, 2 en chef, 1 en pointe.*

*Catalogue* raisonné des bijoux, porcelaines, bronzes, lacqs, de feu M. Angran de Fonspertuis... par E.-F. Gersaint. — *Paris, P. Prault*, 1747, in-12.

*Catalogue* des livres de feu M. Angran de Fonspertuis, dont la vente commencera le lundi 5 février 1748. — *Paris, Barrois*, 1748, in-12.

*Mercure de France*, juin 1747, p. 214.

ANNET RANVIER, échevin de la ville de Lyon, vers 1694.

*D'azur, au croissant d'argent surmonté d'une étoile de même.*

APCHON (Claude-Marc-Antoine d'), archevêque d'Auch, né en 1721, mort en 1783.

*D'or, semé de fleurs de lys d'azur.*

La bibliothèque de l'archevêque d'Auch est une preuve de plus de ce goût particulier que l'on avait au XVIII<sup>e</sup> siècle pour les livres et les reliures. Ce prélat avait réuni une collection embrassant presque toutes les branches des connaissances humaines; les manuscrits les plus précieux, les incunables, les impressions sorties des plus célèbres typographies y figuraient en grand nombre; et la magnificence de l'habillement ne le cédait en rien à la beauté des éditions.

AQUIN (Louis d'), évêque de Séez, mort le 22 mai 1710.

*De gueules, à trois bandes d'or, au chef d'azur chargé d'un lion passant d'or.*

ARCHAMBAULT (François), secrétaire du roi, mort vers 1724.

*D'argent, à la bordure engrêlée de gueules, au sautoir d'azur chargé de cinq étoiles d'or, une sur chaque branche et la cinquième en cœur.*

Les livres de ce fonctionnaire n'étaient ni nombreux ni rares, quoiqu'ils fussent assez bien reliés et frappés à ses armes. Quelques ouvrages classiques et de jurisprudence en formaient, à peu près, le principal fond.

ARENBERG (Auguste-Marie-Raymond, prince d'), connu sous le nom de comte de la Marck, mort en septembre 1833.

*De gueules, à trois feuilles de néflier de cinq feuilles d'or, percées du champ, barbées de sinople.*

L'ami et l'un des exécuteurs testamentaires de Mirabeau, fut un des plus intrépides amateurs du siècle dernier. Son goût égalait son savoir, et les livres sortis de sa collection sont toujours une bonne fortune pour le bibliophile éclairé.

ARGENTRÉ (Hypolite d'), conseiller au Parlement de Bretagne, vers 1671.

*D'argent, à la croix pattée d'azur.*

ARGENTRÉ (Charles du Plessis d'), aumônier du roi Louis XV, évêque de Tulle, mort le 27 octobre 1740.

*De sable, à dix billettes d'or posées 4, 3, 2, 1.*

ARGOUGES (d'), premier président au Parlement de Bretagne vers 1671, et membre de la commission instituée par le roi pour la recherche de la noblesse.

*Ecartelé d'or et d'azur, à trois quintefeuilles de gueules brochant sur le tout, posées 2 et 1.*

L'ancien président au Parlement de Bretagne ne laissa pas une bibliothèque proprement dite. Il n'aimait les livres qu'autant qu'ils pouvaient lui être utiles, et les armes qui figurent sur quelques-uns des volumes lui ayant appartenu dénotent plus chez lui une idée de possession qu'un goût artistique.

ARLAY (Charles d'), conseiller au Parlement de Bourgogne, vers 1672; mort le 14 juin 1691.

*D'argent, à une fasce de sable.*

ARNAULD (Simon), marquis de Pomponne, secrétaire d'État, né en 1618, mort le 26 septembre 1699.

*D'azur, au chevron d'or accompagné, en chef de deux rinceaux, et en pointe d'une montagne, le tout de même.*

ARTHAUD (François-Bernard), conseiller au Parlement de Bourgogne, vers 1743.

*De gueules, à trois tours d'or.*

Cet amateur, dont le nom appartient aussi au Dauphiné, avait une fort belle collection. Quelques-uns de ses volumes se rencontrent encore aujourd'hui dans les Bibliothèques publiques de Dijon et de Grenoble.

ARVILLARS (le marquis d'), en Dauphiné.

*D'or, à l'aigle d'azur membrée, becquée et couronnée de gueules.*

La collection du marquis d'Arvillars était peu nombreuse, mais d'un choix exquis. On y remarquait des Elzéviers, des Foulis, des Gryphe, des Alde, et un grand nombre de manuscrits curieux du moyen âge.

ARZAC, en Dauphiné.

*D'argent, à trois bandes de gueules, au chef d'or chargé d'une aigle de sable.*

ASPREMONT DE LYNDEN, branche aînée des comtes de l'Empire.

*Ecartelé : au 1 et 4, de gueules, à la croix d'argent, qui est d'*Aspremont; *au 2 et 3, d'or, au lion de gueules, qui est de* Reckeim; *sur le tout, d'azur, à l'aigle d'argent becquée et membrée d'or.*

Nous n'avons pu déterminer le membre de cette illustre famille qui posséda les beaux livres portant les armes ci-dessus. Quel qu'il fut, il devait être un amateur de goût.

AUBERVILLE (Jean d'), procureur de la ville de Bourges, vers 1600.

*D'azur, aux initiales I D d'or, enlacées d'un cordon de même.*

AUBÉRY (Félix), marquis de Vastan, maître des requêtes, vers 1720.

*Ecartelé : au 1, d'or, à la bande de gueules chargée de trois besants d'argent ; au 2, d'or, au chef de gueules chargé au canton dextre de* Montmorency; *au 3, de* Montmorency; *au 4, d'or, à la bande d'azur, au chef d'argent chargé de deux merlettes de sable soutenues d'une fasce de sable chargée d'une merlette d'argent ; et sur le tout, d'or, à cinq trangles de gueules, qui est d'*Aubéry.

AUBESPINE (Gabriel de l'), évêque d'Orléans, mort en août 1630.

*Ecartelé : au 1 et 4, d'azur, au sautoir d'or cantonné de quatre billettes de même, qui est de* l'Aubespine; *au 2 et 3, de gueules, à la croix ancrée de vair, qui est de* la Chatre.

AUBUSSON, seigneur de la Borne (Jean d'), protonotaire apostolique, prieur de Blessac, vers 1540.

*D'or, à la croix ancrée de gueules.*

AUBUSSON DE LA FEUILLADE (Georges d'), évêque de Metz, mort en cette ville le 12 mai 1697.

*Comme ci-dessus.*

AUBUSSON DE LA FEUILLADE (Catherine-Scholastique Bazin de Bezons, comtesse douairière d'), fille de Jacques Bazin de Bezons, maréchal de France, gouverneur de Cambrai. Elle avait épousé Hubert-François d'Aubusson, comte de la Feuillade, mort en 1735.

*D'or, à la croix ancrée de gueules, qui est d'*AUBUSSON; *accolé de* BAZIN DE BEZONS, *qui est d'azur, à trois*

*couronnes ducales fleuronnées de cinq pièces d'or.*

AUBIGNÉ (d').

*De gueules, au lion d'argent semé d'hermines de sable, armé, lampassé et couronné d'or.*

AUMONT (Louis-Marie-Augustin, duc d'), pair de France, né le 28 août 1709, mort à Paris le 4 avril 1782.

La bibliothèque du duc d'Aumont avait été formée avec un soin et une patience dont la bibliophilie offre peu d'exemples. Elle contenait les meilleurs ouvrages français en tout genre et des plus belles éditions. La plupart des reliures, soit en maroquin, soit en veau marbré, sortaient des mains de l'habile Padeloup.

Cette magnifique collection fut dispersée, malgré les propositions d'un Anglais qui voulait, dit-on, l'acheter en bloc. Soit cupidité ou patriotisme, tous les trésors littéraires du duc d'Aumont restèrent à la France. La Bibliothèque Impériale en possède une très-grande partie.

*D'argent, au chevron de gueules, à 7 merlettes de sable, 4 en chef posées 2, 2; et 3 en pointe posées 1, 2.*

*Catalogue* des livres de la bibliothèque de feu M. le duc d'Aumont, dont la vente se fera en son hôtel, place de Louis XV, le mardi 7 janvier 1783... par Guillaume Debure, fils aîné. — *Paris*, *Debure*, 1782, in-8.

AUMONT DE VILLEQUIER (Louis-Marie, duc d'), mort en 1814.

*Comme ci-dessus.*

La collection du duc de Villequier était loin d'être aussi estimée que celle de son parent. Cependant, on trouve dans les ventes des livres à ses armes, qui dénotent chez le possesseur un véritable goût artistique.

AUTRY (le comte Goujon d'), mort le 9 août 1749, âgé de 70 ans.

*Ecartelé: au 1 et 4, d'azur, au chevron d'or accompagné de trois losanges de même, 2 en chef, 1 en pointe; au 2 et 3, de gueules, au sautoir engrêlé d'or cantonné de 4 fleurs de lys de même.*

Le comte d'Autry avait, pour ainsi dire, passé sa vie à amasser des livres. « Ce fut, dit la notice placée en tête de son catalogue, sa seule et unique passion. » Aussi, sa bibliothèque était-elle remarquable par le nombre, le choix et la variété des ouvrages qui la composaient. On trouva à sa vente beaucoup de volumes reliés par les Deseuil, Derome, Padeloup, et autres habiles artistes.

*Catalogue* des livres de feu M. le comte d'Autry, dont la vente se fera... mardi 7 avril 1750.—*Paris*, *G. Martin*, 1750, in-8.

AUTRY (Joseph-Adalbert d') DE LA MIVOYE, écuyer, originaire de la Champagne. Il avait épousé, le 13 juillet 1720, Elisabeth de Menou, fille de Charles de Menou, chevalier, seigneur de Luissi, brigadier des armées du Roi.

*D'azur, à la fasce d'argent accompagnée en chef de trois merlettes d'or, et en pointe d'une molette d'éperon de même.*

AUVRY (Claude), évêque de Coutances, mort subitement à Paris, le 9 juillet 1687, âgé de plus de 80 ans.

*D'azur, à une fasce d'or chargée d'une tête de lion arrachée de sable, lampassée de gueules et accompagnée de trois roses d'argent*, 2 *et* 1.

AUZOLES (Jacques d'), écuyer, sieur de la Peyre, né le 14 mai 1571, au château de la Peyre, en Auvergne, mort à Paris, le 12 mai 1641. Il devint secrétaire du duc de Montpensier. On doit à ce savant plusieurs ouvrages de chronologie, qui sont aujourd'hui complétement oubliés.

*D'azur, à trois épis d'or surmontés de trois besants de même.*

Devise : *Plus en effect qu'en apparence.*

Cri : OZOAAI (*Auzoles*).

AYROLDE.

*D'azur, à deux chevrons d'or.*

Les livres à cette marque sont asse fréquents. Cependant, nous n'avon pu déterminer quel était cet Ayrold à qui ils ont appartenu.

BACHELIER (Nicolas) du Pinier, conseiller au siége présidial de Nantes, 1671.

*D'argent, au pin de sinople planté sur un gason de même.*

BAILLET (René), chevalier, seigneur de Sceaux, de Tresmes et de Selly, d'abord avocat au Parlement de Paris, puis conseiller du roi et premier président du Parlement de Bretagne, mort en 1579. Il avait épousé Isabeau Guillart, fille de messire André Guillart, chevalier, seigneur de l'Isle, de l'Epichelière, etc., conseiller du Roi et maître des requêtes ordinaire de son hôtel.

*D'azur, à la bande de pourpre ou d'argent, accompagnée de deux amphistères ou serpents ailés d'or.*

BAILLET (Lazare), conseiller au Parlement de Bourgogne, vers 1704.

*D'argent, à trois chardons de gueules feuillés et soutenus de sinople.*

Devise : *Non omnibus idem.*

BAILLEUL (Nicolas-Louis de), marquis de Château-Gonthier, président à mortier au Parlement de Paris, mort le 17 avril 1714, âgé de 63 ans. Il avait épousé : 1°, en octobre 1678, Louise Girard, fille unique de Louis, seigneur de la Cour des Bois, Tillai, etc., doyen des maîtres des requêtes; 2° Charlotte du Fréne, veuve de Jacques le Noir, trésorier de France.

(1)

*Parti d'hermines et de gueules.*

Cet amateur portait sur ses livres, tantôt ses armes simples avec le mortier (N° 1), tantôt accompagnées de supports et du manteau de pair, l'écu timbré d'une couronne de marquis et d'un casque taré de face, surmonté du mortier, d'où sort un tête de griffon (N° 2).

BAILLON (Eléonor de), seigneur de Saillans, prévôt des marchands de la ville de Lyon, vers 1638.

*D'azur, au lion léopardé d'or tenant la patte droite sur un tronc écoté et alezé de même, mis en pal; accompagné de trois fleurs de lys d'or rangées en chef, et sommées d'un lambel de quatre pendants de même.*

BAILLY (François), conseiller au Parlement de Bourgogne, vers 1644.

*D'azur, à une fasce d'argent accompagnée de trois étoiles d'or en chef et d'un croissant en pointe de même.*

BALLESDENS, mort le 26 octobre 1675.

Sur des volumes, en général d'une belle apparence, remarquables quelquefois par la richesse et l'élégance de l'ornementation, on trouve souvent d'une écriture nette et soignée ce simple nom: *Ballesdens*. Quel était donc ce Ballesdens? Un bibliophile « sévère sur la forme et sur le fond, » au dire de Charles Nodier. Jean Ballesdens, prieur de Saint-Germain-d'Alluyé, secrétaire du chancelier Séguier, et membre de l'Académie française, s'était composé une bibliothèque qui, par le nombre, le choix et la beauté des éditions, était devenue la rivale de celle de son maître. S'il est aujourd'hui complétement oublié comme littérateur, il mérite pourtant une place dans le souvenir de tout bibliophile, à cause de son amour profond des livres. Deux ans après sa mort, c'est-à-dire en 1677, sa collection, amassée avec autant de patience que de goût, fut vendue et dissipée. On trouva à sa vente neuf volumes à la reliure de Grolier.

Avant de mourir, Ballesdens disposa de ses manuscrits en faveur de Colbert, à la charge par celui-ci de payer à l'Hôtel-Dieu de Paris une somme équivalant au prix de la collection. C'est par suite de cette disposition que les manuscrits de ce bibliophile entrèrent depuis à la Bibliothèque du Roi.

BALZAC (Charles de), évêque et comte de Noyon, mort en 1642.

*D'azur, à trois sautoirs d'argent alaisés d'argent, 2 et 1; au chef d'or, à trois sautoirs d'azur.*

BARADAT (Henri), évêque de Noyon, mort en 1660.

*D'azur, à une fasce d'argent accompagnée de 3 roses d'or feuillées de sinople, 2 et 1.*

Ce prélat avait-il une bibliothèque proprement dite? Pourtant le P. Jacob, dans son *Traité des plus belles Bibliothèques*, n'en fait pas mention. Il est probable que les livres que nous avons trouvés à ces armes n'étaient que des exemplaires de dédicace : par conséquent ils doivent être fort rares.

BARADEAU (Henri-François), chanoine de l'église de Paris, vers 1722.

*D'azur, à la fasce d'or accompagnée de trois roses de même, 2 en chef, 1 en pointe.*

BARBERYE DE SAINT-CONTEST (Michel), maître des requêtes, mort vers 1692.

Dans les *Portraits des membres du Parlement de Paris*, publiés par Duleau, on lit : « Barberye de Saint-« Contest.—Nouveau venu; de parenté « médiocre, mais riche et dans le des-« sein de travailler. A de grands procès « en la chambre de l'Edict contre ses « proches. » L'ancien maître des requêtes ne fut pas le seul bibliophile de sa famille, car l'on rencontre des volumes reliés à ses armes et d'une date bien postérieure à celle de sa mort. Il est très-probable que sa Bibliothèque fut conservée pendant quelque temps dans la ligne directe, et que le même fer servit pour les uns comme pour les autres.

*D'azur, à trois têtes d'aigle arrachées d'or.*

BARCILLON DE MOUVANS (Jean), consul d'Aix, 1590.

*De gueules, à trois coquilles d'argent, 2 et 1.*

Nous n'avons rien trouvé, sur ce magistrat provençal, qui pût nous donner quelque connaissance de sa bibliothèque. Seulement, d'après l'exemplaire à ses armes que nous avons eu entre les mains, on peut inférer qu'elle devait être très-bien composée.

BARDIS (Côme de), évêque de Carpentras, mort le 18 avril 1631.

*D'or, à six losanges de gueules en bande, à la tour donjonnée de même en chef.*

L'évêque de Carpentras n'était ni un amateur, ni un collectionneur. Il avait peu de livres, et ceux portant ses armes sont des exemplaires de dédicace.

BARENTIN (Charles-Louis-François de Paule), garde des sceaux de France, né en 1738, mort à Paris le 30 mai 1819.

*D'azur, à trois fasces, la première d'or et droite, les deux autres ondées d'argent, accompagnées de trois étoiles d'or en chef.*

BARILLON DE MORANGIS (Antoine), maître des requêtes ordinaire du Roi, mort le 18 mai 1686.

*D'azur, au chevron d'or accompagné de deux coquilles en chef et d'une rose du même en pointe.*

L'écu est ordinairement accompagné d'un monogramme formé des lettres A. B. M. entrelacés (Ant. Barillon de Morangis).

Cet amateur possédait une riche Bibliothèque, dont la plus grande partie lui venait de son père, le président Barillon. Il l'augmenta encore de toute celle de son oncle, Barillon de Morangis, directeur des finances.

BARON (André), conseiller au Parlement de Paris, vers 1658.

*D'azur, à un arbre d'or.*

BARRAILLON (Gaspard), prévôt de la ville de Lyon, vers 1689.

*D'argent, au lion rampant de gueules, à la bande d'or brochant sur le lion.*

Ce magistrat de la commune lyonnaise avait formé une collection des plus importantes sur l'histoire de son pays. Tous ses livres étaient en parfaite conservation, et bon nombre portaient sur les couvertures les armes ci-dessus.

BARRAL (François), conseiller au Parlement de Grenoble, vers 1659.

*De gueules, à trois bandes d'argent, au chef de même, chargé de trois cloches d'azur, rangées, bataillées d'or.*

BARRÉ, auditeur des Comptes, mort vers 1743.

*Coupé d'argent et de gueules, l'argent chargé d'un lion léopardé de gueules, et le gueules chargé de trois bandes d'or.*

Barré était un bibliophile instruit et lettré. Il recherchait avec ardeur les traités singuliers en tout genre et les pièces rares et curieuses. Il avait annoté une grande partie de ses livres en tête de la première feuille de garde, soit pour en indiquer les vrais auteurs, soit pour rapporter quelques faits particuliers concernant les ouvrages. Il avait aussi formé plusieurs recueils de pièces fugitives qui n'avaient jamais été imprimées. On trouvait encore dans sa Bibliothèque la collection des *Elzeviers*, celle des *Variorum*, et quelques livres d'estampes du meilleur choix.

*Catalogue* de feu M. Barré, auditeur des Comptes, dont la vente se fera... lundy 13 février 1744... en la maison où il est décédé, rue des Bernardins. — *Paris*, *G. Martin*, 1743, 2 vol. in-8.

BARRES (Bernard des), conseiller au Parlement de Bourgogne, reçu en 1631.

*D'azur, à une fasce d'or.*

BARRIN DU BOISGEFFROY, conseiller au Parlement de Bretagne, vers 1630.

*D'azur, à trois papillons d'or*, 2 *en chef*, 1 *en pointe.*

On n'a aucuns détails concernant la Bibliothèque de cet amateur. Toutefois, le *Virgile* sur lequel figuraient les armes ci-dessus montrait, par la reliure et la netteté de l'impression, qu'elle devait être sinon luxueuse, du moins de bon goût.

BASCHET (Armand).

Marque : *Le lion de St-Marc.*

Ce littérateur, à qui l'on doit la *Diplomatie vénitienne,* le *Roi chez la Reine*, et autres publications intéressantes, s'était formé une bibliothèque qui contenait 1,240 ouvrages, la plupart en italien, relatifs à l'histoire d'Italie en général, et à celle de Venise en particulier. Les volumes qu'il avait fait relier avec beaucoup de goût, pour le dire en passant, portaient sur les plats la marque ci-dessus, sans doute en souvenir de la mission qu'il avait eue d'explorer les archives vénitiennes.

*Catalogue* de la bibliothèque de M. Armand Baschet, divisé en deux parties : la première comprenant des livres en tous genres, et la deuxième relative à l'Italie et à Venise.—*Paris, Bachelin-Deflorenne,* 1866, in-8°.

BASSET (Jean-Guy), conseiller au Parlement de Grenoble, né en 1598, mort vers la fin du XVII^e siècle.

Cet avocat distingué, qui plaida sa première cause à l'âge de dix-huit ans, était grand amateur de livres, et sa bibliothèque contenait des exemplaires choisis et rares.

*D'or, à une pomme de pin renversée*

*et feuillée d'or, au chef d'argent chargé d'une fasce de gueules.*

BASSOMPIÈRE (le maréchal François de), né le 12 avril 1579, mort le 12 octobre 1646.

*D'argent, à 3 chevrons de gueules.*

Le maréchal de Bassompière, dit le P. Jacob, « est en estime d'un esprit « tres accomply pour les sciences, car « son estude est continuelle, aussi bien « que le soin qu'il a de rechercher les « meilleurs livres pour enrichir sa célèbre bibliothèque, où sont conservez « plus de *quatre mille volumes.* »

Ce que le P. Jacob ne dit pas, c'est que la plupart de ses livres étaient fort bien habillés et frappés à ses armes.

*Inventaire* et prisée des livres trouvés en la Bibliothèque de messire

François de Bassompierre, par Sébastien Cramoisy, les 25, 26, 27, 29, 30 octobre et 4 novembre 1646, in-4° de 40 pages.

BASSOMPIÈRE (Louis de), évêque de Saintes, mort le 1er juillet 1676, fils naturel du précédent.

*Comme ci-dessus.*

BASTARD D'ESTANG (Dominique-François-Marie), comte, ancien député, pair de France, président de chambre à la Cour de cassation, grand-croix de la Légion d'honneur. Il naquit à Nogaro (Gers) le 31 octobre 1783 ; mort à Paris le 23 janvier 1834.

*D'or, à l'aigle de l'*EMPIRE*, mi-parti d'azur, à la fleur de lys d'or.*

Devise : *Cunctis nota fides.*

BAUDET (François), conseiller au Parlement de Grenoble, vers 1675.

*De gueules, à la croix ancrée d'argent.*

BAUDINOT (Palamèdes), seigneur du Breuil, écrivain moraliste, originaire du Charollais, vivait dans les premières années du XVIIe siècle. Il avait été avocat au Parlement de Dijon et juge de Paray. On a de lui: *Conseils et Sentences morales*; Dijon, Guyot, 1617.

*D'azur, à trois fasces d'or, accompagnées en chef de trois croissants montants de même mis en fasce.*

BAUDOIN, conseiller au Parlement de Paris, vers 1730.

*D'azur, à trois aigles éployées d'or, surmontées en chef d'un soleil du même.*

Ce magistrat posséda une Bibliothèque digne d'un grand seigneur. Sa passion pour les livres fut telle qu'il compromit, pour en acquérir, une belle fortune, et mourut, dit-on, dans un état voisin de la misère.

BAUDRY DE PIENCOURT (François-Placide de), évêque et comte de Mende, mort en 1707.

*De sable, à trois mains appaumées d'or, posées 2 et 1.*

BAULT (Hugues de), conseiller au Parlement de Bourgogne, reçu le 19 janvier 1528.

*D'azur, au chevron d'or, accompagné de trois roses d'argent.*

La collection de Hugues Bault était restreinte; mais les ouvrages qui la composaient étaient choisis et artistiquement reliés, comme l'indique le fer ci-dessus.

BAUME (Alphonse de la), conseiller au parlement de Grenoble, vers 1658.

*D'or, à la bande vivrée d'azur, accompagnée de deux mouchetures d'hermine de sable, 1 en pointe, l'autre en chef.*

BAUQUEMARE (Nicolas de), membre du Parlement de Paris, vers 1654.

*D'azur, au chevron d'or accompagné de trois têtes de léopard de même.*

Dans les *Portraits des membres du Parlement de Paris*, publiés par Duleau, on lit : « De Bauquemare : — « Homme sensé, de probité, aimé et « estimé des honnêtes gens du Palais; « assidu dans la Chambre et y est res« pecté... » Complétons ce portrait en disant que la Bibliothèque qu'il s'était formée indiquait un homme de goût et d'esprit.

BAUYN D'ANGERVILLIERS et N. MATHEFELON, sa femme.

*D'azur, au chevron d'or accompagné de trois mains dextres d'argent, 2 en chef, 1 en pointe; accolé de* MATHEFELON, *qui est : de gueules, à six écussons de sinople, 3, 2 et 1.*

BAY DE CURIS, intendant et contrôleur général de l'argenterie, menus-plaisirs et affaires de la chambre de Louis XV.

*D'argent, au cheval gai de gueules, au chef d'azur chargé de trois étoiles d'or.*

Bay de Curis n'était pas, à proprement parler, un amateur. Il collectionnait moins par goût que par ostentation. Cependant, disons-le, ses livres étaient nombreux et la plupart splendidement habillés.

BAYLE (Charles), échevin de la ville de Lyon, 1628.

*D'or, au chevron de gueules accompagné de trois trèfles de sinople; au chef d'azur, chargé d'un lion léopardé d'argent.*

BAZIN DE BEZONS (Jacques), maréchal de France, mort le 22 mai 1733, âgé de 88 ans.

*D'azur, à trois couronnes d'or*, 2 *et* 1.

BEAUHARNOIS, 1644.

*D'argent, à la fasce de sable surmontée de trois merlettes de même.*

MM. de Beauharnois, l'un lieutenant général de la ville d'Orléans, l'autre docteur de Sorbonne, selon le P. Jacob, avaient formé en commun une belle et bonne Bibliothèque, qu'ils entretenaient avec beaucoup de soins et de goût

BEAUMANOIR DE LAVARDIN (Philibert-Emmanuel), évêque du Mans, mort à Paris le 26 juillet 1671.

*D'azur, à onze billettes d'argent, posées* 4, 3 *et* 4.

BEAUMANOIR (Henri-Charles de), marquis de Lavardin, lieutenant-général au gouvernement de la haute et basse Bretagne, mort à Paris, le 29 août 1701, âgé de 57 ans.

*Comme ci-dessus.*

BEAUMONT (Christophe de), archevêque de Paris, né le 26 juillet 1703, au château de la Roque, en Périgord, où s'était transplantée depuis longtemps une branche de sa maison, originaire du Dauphiné. Il mourut le 12 décembre 1781.

*De gueules, à la fasce d'argent chargée de trois fleurs de lys d'azur.*

La collection de ce prélat, l'un des plus célèbres qui aient honoré l'épiscopat parisien, était considérable. La plupart des volumes frappés à ses armes sont aujourd'hui à la Bibliothèque Impériale.

BEAUMONT (Léon de), évêque de Saintes, mort en 1744.

*D'argent, au lion de gueules armé, lampassé et couronné d'or.*

BEAUNE (Renaud de), archevêque de Bourges, mort en 1606.

*De gueules, au chevron d'argent accompagné de trois besants d'or, 2 en chef, 1 en pointe.*

La Bibliothèque de l'archevêque de Bourges renfermait en grande partie des ouvrages de théologie. On y remarquait aussi les meilleures éditions classiques grecques et latines. De plus, la reliure frappée à ses armes était en maroquin rouge doré sur tranche.

BEAUPOIL DE SAINT-AULAIRE (Martial-Louis de), évêque de Poitiers, mort en 1790.

*De gueules, à trois couples de chien d'or en pal, posés 2 et 1.*

BEAUPOIL DE SAINT-AULAIRE (Marc-Antoine-François), échanson, 1722.

*Comme ci-dessus.*

Bibliothèque assez nombreuse, et qui contenait des manuscrits d'un grand intérêt. Cet amateur avait encore collectionné une notable quantité d'objets d'art et de curiosité.

BEAUREPAIRE, en Bourgogne.

*D'argent, au chevron d'azur.*

La collection de cet amateur peu connu renfermait spécialement des ouvrages sur la province de Bourgogne.

BEAUVEAU DE LA ROCHE-GUYON (Pierre), et JEANNE DE CRAON, sa femme, morts tous deux vers la fin du xv^e siècle.

*D'argent, à quatre lionceaux de gueules cantonnés, couronnés, armés et lampassés d'or, qui est de* BEAUVEAU; *accolé de* CRAON, *qui est losangé d'or et de gueules.*

BEAUVEAU DE RIVARENNES (Gabriel de), évêque de Nantes, sacré le 23 mai 1636, mort en 1667.

*D'argent, à quatre lions de gueules cantonnés, armés, lampassés et couronnés d'or, au bâton péri en bande d'azur.*

BEAUVEAU (Pierre-Magdeleine, marquis de), lieutenant-général.

*D'argent, à quatre lionceaux de gueules cantonnés, couronnés, armés et lampassés d'or.*

BEAUVEAU-CRAON (Anne-Marguerite-Gabrielle de Beauveau-Craon), veuve de Pierre-Charles de Lévis, duc de Mirepoix, maréchal de France, son second mari, qu'elle avait épousé le 2 janvier 1739.

*D'or, à trois chevrons de sable, qui est de* Lévis, *accolé de* Beauveau, *qui est d'argent, à quatre lionceaux de gueules cantonnés, couronnés, armés et lampassés d'or.*

Cette noble Dame avait amassé une Bibliothèque nombreuse, composée d'ouvrages richement habillés, avec les armes ci-dessus frappées sur les plats.

BEAUVILLE LA VERNY.

*De gueules, chargé de deux étoiles d'or en chef, et d'un croissant montant du même en pointe.*

BECEREL de la Bastie en Bresse (Charles de), doyen en l'église et comté de Lyon, 1650.

*D'argent, à la bande de gueules chargée de trois quinte-feuilles,* aliàs *fleurs de néflier des champs.*

BÉCHAMEIL DE NOINTEL (Louis), conseiller d'État ordinaire, ancien intendant dans les provinces de

Touraine, de Champagne et Bretagne, mort le 31 décembre 1718, à l'âge de 69 ans.

*D'azur, au chevron d'or accompagné de trois palmes de même*, 2 *en chef*, 1 *en pointe.*

BEGAT (Edme), conseiller-clerc au Parlement de Bourgogne, reçu le 22 mai 1543.

*De sable, à une croix engrêlée d'argent, cantonnée au* 1er *et* 4e *canton d'une étoile de même.*

BELLANGER, trésorier général du sceau de France.

La plupart des livres de cet amateur avaient été reliés en maroquin ou en veau, et dorés sur tranche par le célèbre Boyer, relieur du roi.

*D'argent, à la bande d'azur.*

*Catalogue* des livres de feu M. Bellanger, trésorier général de France, par G. Martin. — *Paris, G. Martin*, 1740, in-8

BELLAY (le cardinal Jean du), né en 1492, mort à Rome le 16 février 1560.

*D'argent, à la bande fuselée de gueules, accompagnée de six fleurs de lys d'azur posées en orle.*

Ce fut, dit Brantôme, « un des plus savants, éloquents, sages et avisés de son temps; qu'il était pour tout et un des plus grands personnages en tout, et de lettres et d'armes qui fût. »

BELLEGARDE (César-Auguste de), sieur de Termes, grand écuyer de France. 1633.

*Ecartelé : au* 1, *d'azur, au lion couronné d'or, qui est de* Saint-Lary ; *au* 2, *d'or, à* 4 *pals de gueules, qui est d'*Aragon ; *au* 3, *de gueules, au vase d'or, qui est d'*Orbessan ; *au* 4, *d'azur, à* 4 *demi-pals flamboyants d'argent partant du pied de l'écu, qui est de* Termes ; *sur le tout d'azur à la cloche d'argent, qui est de* Bellegarde, *au lambel de gueules posé en chef sur le tout.*

BELZUNCE DE CASTELMORON (Henri-François-Xavier), évêque de Marseille, mort en 1755.

*Écartelé: au* 1 *et* 4, *d'or, à deux vaches de gueules, accornées, accolées et clarinées d'azur, qui est de* Béarn ; *au* 2 *et* 3, *d'argent, à une hydre de sinople à sept têtes, dont l'une est coupée et tient encore un peu au col, avec quelques gouttes de sang qui coulent de la blessure.*

BELZUNCE (Henri-François-Xavier, vicomte de), et la LIVE d'ÉPINAY, sa femme, qu'il épousa en 1761.

Belzunce : *comme ci-dessus ; accolé de* la Live d'Épinay, *qui est d'argent, à l'arbre de sinople, le fût accosté de deux étoiles de gueules.*

BELZUNCE (Anne-Marie-Louise de), grande-prieure de l'abbaye de Saintes, puis abbesse de Roncerai, à Angers, vers 1709.

Belzunce : *comme ci-dessus.*

BENOISE (Charles-Auguste de), conseiller au Parlement de Paris, vers 1720.

*D'argent, à la fasce d'azur chargée d'une fleur de lys d'or, et accompagnée de trois roses épanouies de gueules.*

Benoise n'était pas, à proprement parler, un collectionneur. Il n'avait que quelques livres, mais reliés avec beaucoup de goût.

BÉRAULT DE LA HAYE DE RIOU.

*De gueules, au loup passant d'argent, la queue passant entre les jambes et remontant sur le dos, accompagné de 3 vannets de même, 2 en chef, 1 en pointe.*

BERBIS (Jacques), conseiller laïc au Parlement de Bourgogne, mort à Dijon le 5 avril 1705.

*D'azur, à un chevron d'or accompagné en pointe d'une brebis paissante d'argent.*

Ce conseiller au Parlement de Bourgogne avait amassé une grande quantité de pièces ou plaquettes curieuses sur l'histoire de France.

BERBISEY (Jean de), chevalier, baron de Vantoux, président à mortier au Parlement de Bourgogne, de 1716 à 1745, époque à laquelle il donna sa démission.

*D'azur, à une brebis paissante d'argent, sur une terrasse de sinople.*

La Bibliothèque de Berbisey était remarquable et riche surtout en ouvrages sur la théologie et la jurisprudence. La plupart des volumes étaient habilement reliés, et un grand nombre portaient sur les plats les armes ci-dessus

Vente de livres après décès à l'hôtel Berbisey... — *Dijon, L.-N. Frantin*, 1770, in-8°.

BERGER, seigneur de Malissol, en Dauphiné.

*D'azur, au chevron d'or accompagné de trois têtes de moutons d'argent.*

BERGHES (Guillaume de), quatrième archevêque de Cambrai, mort en 1509, âgé de 58 ans.

*De sinople, à trois macles d'argent, posées 2 et 1, qui est de* Boutersem ; *au chef d'or chargé de trois pals de gueules, au franc quartier de* Brabant. *Le tout surmonté, par concession, d'un chef d'or, à l'aigle à deux têtes, aux ailes éployées de sable qui est de l'*Empire.

Devise : *Ex momento æternitas.*

La théologie et quelques livres de science composaient seuls la Bibliothèque de l'archevêque de Cambrai.

BERINGHEN (Henri-Camille, marquis de), né le 1er août 1693, mort en février 1770. Il avait été nommé premier écuyer du Roi le 7 février 1724, chevalier de ses ordres en 1731, et gouverneur des châteaux de la Muette et de Madrid en 1734.

*D'argent, à 3 pals de gueules, au chef d'azur chargé de deux quintefeuilles d'argent.*

Le marquis de Beringhen était non-seulement un ardent bibliophile, mais encore un amateur d'objets d'art des plus distingués. Sa collection d'estampes forme aujourd'hui l'un des principaux fonds du cabinet des estampes de la Bibliothèque Impériale.

*Catalogue* raisonné des tableaux et des livres, après le décès de M. Beringhen, premier écuyer, par Pierre Remy ; vente à Paris, le 2 juillet 1770, in-12.

*Catalogue* d'estampes de feu M. le Premier (le marquis de Beringhen). — Gr. in-4°.

BERMONT (de), conseiller au Parlement de Paris.

*D'azur, au chef d'or chargé d'un lion issant de gueules.*

BERNAGE, seigneur de Vaux, conseiller d'Etat et prévôt des marchands de Paris, officier grand-croix de l'Ordre royal et militaire de Saint-Louis, mort vers 1779.

*D'or, à 3 fasces de gueules chargées chacune de cinq sautoirs alaisés d'argent.*

Notice des principaux livres qui composent la Bibliothèque de feu M. de Bernage, conseiller d'État. — *Paris, Gangnery* (1780), in-8°, 23 pages.

BERNARD (André), conseiller au Parlement de Bourgogne, 1686.

*De gueules, à une bande d'or chargée de trois étoiles d'azur, et accompagnée d'un cornet d'or embouché et virolé d'azur en chef à senestre.*

BERNARD DE RIEUX (Gabriel), président de la seconde chambre des enquêtes du Parlement de Paris, prévôt, officier grand-croix de l'ordre royal et militaire de Saint-Louis, 2ᵉ fils du célèbre banquier Samuel Bernard. Il mourut le 13 décembre 1745.

*D'azur, à l'ancre d'argent portant en chef, au canton senestre, une étoile de même dans une gloire d'or.*

*Catalogue* de la Bibliothèque de feu M. le président Bernard de Rieux. — *Paris, Barrois*, 1747, in-8.

BERNARD DE BOULAINVILLIERS (Anne-Gabriel-Henri), né le 10 décembre 1724, fils du précédent. Il succéda à son père dans la charge de président à la deuxième chambre des enquêtes du Parlement de Paris, et mourut vers 1765.

*Comme ci-dessus.*

BERNARD DE BOVES, membre du Parlement de Dijon, mort le 13 septembre 1626, dans sa soixante-quinzième année.

*D'azur, à la fasce d'or chargée de trois molettes de sable, accompagnée en chef de deux badelaires d'argent en sautoir, sur une hure de sanglier de sable, et d'une enseigne d'argent en pointe.*

Devise : *Et bello et pace.*

Bernard de Boves légua sa bibliothèque au collége des Frères Prêcheurs de Paris.

La plupart de ses livres, fort bien reliés du reste, sont aujourd'hui conservés à la Bibliothèque Impériale.

BERNARD DE RULLY, chanoine de l'église de Lyon.

*D'argent, au chevron de gueules accompagné de trois étoiles de même, deux en chef, et une en pointe.*

BERNARDON, dont un membre du Parlement de Bourgogne.

*D'azur, au sautoir d'or accompa-*

*gné en chef d'un croissant de même, et de trois étoiles aussi d'or, deux aux côtés et une en pointe.*

On trouvait dans cette Bibliothèque bon nombre d'ouvrages rares et curieux et bien reliés.

BERNIS (François-Joachim de Pierre de), cardinal et secrétaire d'Etat. 1760.

*D'azur, à la bande d'or accompagnée, au canton senestre, d'un lion de même armé et lampassé de gueules.*

BERRYER (Nicolas-René), garde des sceaux, mort le 15 août 1762.

*D'argent, au chevron de gueules accompagné en chef de deux quintefeuilles, et en pointe d'une aigle éployée, le tout d'azur.*

Cet amateur éclairé et délicat, et pourtant si peu connu des bibliophiles, avec un soin et une patience infatigables, avait recueilli les plus belles éditions de son temps. Lorsqu'il apprenait qu'un exemplaire plus beau, plus grand de marge, mieux conservé que celui qu'il possédait était en vente, il le faisait acheter à quelque prix que ce fût, et revendait le sien à perte. La majeure partie de sa bibliothèque fût ainsi renouvelée sept à huit fois. Il ne s'arrêtait qu'autant qu'il était sûr d'avoir en ses mains le plus bel exemplaire connu, soit par sa marge, soit par la force du papier, soit par la magnificence de la conservation et de la reliure.

Quant aux ouvrages d'éditions modernes, même celles faites en pays étrangers, Berryer en acquérait plusieurs exemplaires en feuilles, et s'en composait un seul pour ainsi dire unique par le choix des feuilles, la propreté du papier et la netteté de l'impression. Il collationnait ensuite cet exemplaire avec la plus scrupuleuse attention, puis le faisait relier en beau maroquin du Levant par les plus habiles artistes de son époque.

Il avait aussi amassé une collection d'estampes fort remarquables, avec une foule d'objets d'art et de curiosité.

A sa mort tout son cabinet passa dans la bibliothèque de Chrétien François II de Lamoignon, son gendre. — Voy. ce nom.

BERULLE (le cardinal Pierre de), né le 4 février 1575, mort le 2 décembre 1629.

Le cardinal de Berulle fut le fondateur de la fameuse Bibliothèque des Pères de l'Oratoire de Paris.

« La mémoire du cardinal de Berulle, dit le P. Jacob, sera à jamais en bénédiction pour avoir esté l'autheur de la congrégation de l'Oratoire, qui a donné diuers sçauans qui tous ont contribuez à l'establissement d'une insigne Bibliothèque, qui possède plus de six mille volumes; outre lesquels se void toute la theologie et philosophie des Hébreux, manuscrit qui a esté apporté de Constantinople par M. de Sancy, pour lors ambassadeur de nostre Roy... »

*De gueules, au chevron d'or accompagné de trois molettes d'éperon de même, deux en chef, une en pointe.*

BERULLE (de), président au Parlement du Dauphiné en 1789.

*Comme ci-dessus.*

BERTHAULT DE FREAUVILLE (François), conseiller honoraire du Parlement, mort en 1704.

*D'or, à la bande de sable chargée de trois losanges d'argent, accompagnée de 6 annelets de gueules mises en orle.*

BERTIER (Pierre de), évêque de Montauban, mort en juillet 1674, dans un âge fort avancé. Il était de l'illustre famille des Bertier de Toulouse. On doit à ce prélat le recueil qu'on a fait des évêques de Montauban, et plusieurs oraisons funèbres qui ne manquent ni de grandeur ni d'éloquence.

*D'or, au taureau effarouché de gueules, chargé de six étoiles d'argent posées en bande.*

BERTIER DE SAUVIGNY (Louis-Bénigne-François). Il était depuis 1768 intendant de la généralité de Paris, lorsqu'éclata la Révolution. Accusé d'avoir fait, avec son beau-père Foulon, des spéculations sur les blés par des accaparements ou monopoles, il fut massacré par la populace quelques jours après la prise de la Bastille.

*Comme ci-dessus.*

BERTIN (Henri-Léonard-Jean Baptiste), lieutenant général de police de la ville, prévôté et vicomté de Paris, ministre d'Etat, mort en 1792.

*Ecartelé : au 1, d'azur, à une épée d'argent garnie d'or, posée en pal, la pointe en haut ; au 2 et 3, d'argent, à une terrasse de sinople accompagnée de trois roses de gueules plantées sur la terrasse et tigées de sinople, au chef d'azur chargé de trois étoiles d'or ; au 4, d'azur, au lion d'or.*

C'est à ce savant et intrépide collectionneur que la Bibliothèque Impériale doit l'une de ses plus utiles créations, c'est-à-dire le *Cabinet* ou *le Dépôt des chartes.*

BERTIN, en Limousin.

*De gueules, au lion d'or adextré d'une épée d'argent.*

BESNARD DE REZAY (Cyprien), membre du Parlement de Paris, mort sous-doyen du Conseil d'État du Roi, le 10 décembre 1702, à l'âge de 87 ans.

*D'argent, à 2 fasces ondées d'azur, au chef de sable chargé de trois cavaliers d'échec d'or.*

Besnard de Rezay avait réuni un grand nombre d'ouvrages sur toutes les parties des sciences théologiques et juridiques. Bon nombre étaient splendidement reliés.

BETAULD DE CHÉMAULT (Hugues), conseiller au Parlement de Paris, mort le 2 mars 1712.

*D'azur, au lion d'or, à la bande de gueules brochante sur le tout, chargée de trois quinte-feuilles d'argent.*

Les livres de cet amateur étaient choisis et nombreux. La Bibliothèque du Louvre en possède quelques-uns.

BETHUNE, duc de Sully (Maximilien), maréchal de France, né le 15 décembre 1560, mort le 22 décembre 1641.

*D'argent, à la fasce de gueules.*

BETHUNE (Henri de), archevêque de Bordeaux, mort le 11 mai 1680, âgé de 76 ans.

*Comme ci-dessus.*

BETHUNE (Phil., comte de), père d'Hippolyte et frère de Maximilien, duc de Sully. Il mourut en 1649.

*D'argent, à la fasce de gueules, au lambel à trois pendants du même.*

Le comte de Bethune fut employé sous Henri IV et Louis XIII à diverses négociations diplomatiques. Dans ses voyages il ramassa toutes les pièces historiques qui lui tombèrent sous la main et en fit un recueil des plus curieux. On y comptait environ mille lettres originales de la plupart des rois, reines, princes et princesses et République de l'Europe, et de leurs grands officiers et ministres d'Etat; des négociations, des traités de paix, d'alliances; des instructions d'ambassades, et d'autres pièces intéressantes pour l'histoire depuis le XIV^e siècle jusqu'au XVII^e.

Michel de Marolles contribua beaucoup à l'enrichissement de ce recueil. En effet, dans l'article du catalogue de ses ouvrages il dit : « J'avais recueilli « avec grand soin plusieurs lettres, « négociations avec divers extraits, « copies et mémoires concernant les « curiosités de l'histoire de France, « qui ont passé depuis dans le cabinet « du roi par les mains du feu comte « de Béthune, qui les avait beaucoup « souhaités. »

A la mort de Philippe, son fils Hippolyte devint possesseur de toutes ces richesses historiques. Il les légua par testament, en 1658, au roi Louis XIV, avec beaucoup d'autres manuscrits, dont quelques-uns provenaient du célèbre bibliophile Louis de Bruges, seigneur de la Gruthuyse. Ce legs comprenait encore un grand nombre de tableaux originaux, de bustes en marbre et en bronze.

Presque tous les volumes étaient reliés en maroquin rouge aux armes des Béthune. Seulement, ceux qui avaient appartenu à Philippe portaient aux angles et sur le dos le chiffre ci-dessus formé des lettres PP entrelacées, surmonté de la couronne de comte.

Cette splendide collection avait attiré l'attention de la reine Christine de Suède. Désirant se l'approprier, elle fit, dans ce but, offrir à Hippolyte de Béthune trois cent mille livres, environ quinze cent mille francs de notre argent. Mais le généreux comte préféra doter son pays de tous les trésors littéraires que son père et lui avaient recueillis avec tant de peine et de dépenses. *La Muse historique* de Loret nous a conservé le souvenir de cet acte de désintéressement :

L'illustre reine de Suède,
Qui, comme chacun sçait, possède
Un esprit haut et généreux,
Des belles-lettres amoureux,
Ayant appris, des fois plus d'une,
Que le sieur comte de Béthune,
Dans son cabinet de Paris,
Avoit d'excellens manuscrits,
Comme aussi plusieurs antiquailles,
Sçavoir quantité de médailles,
Reliefs, portraits, crayons, tableaux,
Des plus rares et des plus beaux,
A fait propozer audit comte
Une somme d'argent qui se monte,
Tant en justes qu'en quart d'écus,
Justement à cent mille écus,
S'il vouloit vandre sa boutique
A cette reine magnifique,
Ou, pour parler un peu plus net,
Les pièces de son cabinet.
La propozition est forte,
Et pourtant l'histoire rapporte
Que ledit comte a refuzé
Ce grand prix d'argent propozé,
Aimant mieux ses portraits et livres
Que d'avoir trois cens mille livres.

*Mém. hist. sur la Bibl. du Roi*, p. XXV. — DELISLE, *Cabinet des manuscrits de la Bibliothèque Impériale*.

**BETHUNE, duc DE CHAROST** (Armand-Joseph), né le 1er juillet 1738, mort le 5 brumaire an IX (27 octobre 1800).

*Comme ci-dessus.*

Ce célèbre économiste était aussi un bibliophile de savoir et de goût. Il avait amassé une Bibliothèque où se trouvaient les livres les plus rares et les plus singuliers, surtout en économie politique. On y voyait en outre les éditions sorties des presses les plus renommées, avec plusieurs manuscrits d'une date fort ancienne. Ses livres étaient en général dans d'excellentes conditions; mais ceux qu'il avait fait relier lui-même se distinguaient surtout par l'élégance et la beauté de l'habillement. Sa collection, déjà si importante par elle-même, s'enrichit encore de toute celle du savant abbé Goujet, laquelle passait pour l'une des plus remarquables de son époque, tant par le nombre que par le choix des ouvrages qui la composaient. On peut s'en faire une idée exacte par le catalogue manuscrit conservé aujourd'hui à la Bibliothèque Impériale, et dont une copie existe à la Biblioth. du Louvre.

*Catalogue* des livres de la Bibliothèque de feu M. de Béthune-Charost. — *Paris Méquignon*, an X, in-8.

**BÉTHUNE DES PLANQUES** (Benoît), abbé de Saint-Bertin de Saint-Omer, 1677-1705.

*D'argent, à la fasce de gueules cantonné de* Saveuse, *qui est de gueules, à la bande d'or accompagnée de six billettes de même.*

Les volumes à cette marque sont des plus rares. On n'en trouve guère que dans les Bibliothèques du nord de la France.

**BIDE DE LA GRANDVILLE** (Louis), maître des requêtes au Parlement de Rennes.

*D'argent, au lion de sable armé et lampassé de gueules, accompagné en chef d'une étoile à dextre, d'un croissant montant à senestre, et en pointe d'une autre étoile, le tout de gueules.*

BIGNON (Jean-Paul), abbé de Saint-Quentin, en l'Isle, bibliothécaire du roi en 1718, membre de l'Académie française et des Inscriptions et Belles-Lettres. Il naquit le 19 septembre 1662, et mourut le 14 mars 1743.

Les volumes composant sa bibliothèque n'avaient pas d'armes proprement dites. Ils portaient tous sur les plats ces mots : BIBLIOTHEC. BIGNON, au milieu d'une sorte d'arabesque surmonté d'un soleil au milieu de deux têtes d'aigles affrontées. Au dos figuraient deux BB adossés.

BIGNON (Armand-Jérôme), neveu du précédent et son successeur dans la charge de bibliothécaire du Roi. Il naquit le 17 octobre 1711, et mourut le 8 mai 1772. Il avait été conseiller d'État, commandeur, prévôt et maître des cérémonies du Roi, prévôt des marchands de Paris, membre de l'Académie française et membre honoraire de celle des Inscriptions et Belles-Lettres.

Tous les livres que ce bibliophile avait fait relier étaient en maroquin rouge à tranche dorée, avec encadrement d'or sur les plats.

*D'azur, à la croix d'or coupée d'argent, accolée d'un cep de vigne de*

*sinople chargé de trois grappes de raisin d'or, et cantonnée de quatre flammes d'argent.*

BIGOT, en Normandie.

*D'argent, au chevron de sable accompagné de trois roses de gueules, 2 et 1.*

La bibliophilie semble avoir été une passion héréditaire dans cette ancienne et puissante famille. Depuis un temps immémorial, chacun de ses membres collectionnait manuscrits, tableaux, médailles et autres monuments de l'art. Mais celui qui le premier prit rang parmi les plus célèbres amateurs fut sans contredit Jean Bigot, sieur de Sommesnil et de Cleuville, doyen de la cour des Aides de Normandie. « Jean Bigot, écrit le « P. Jacob en 1649, a une grande co- « gnoissance des bons livres desquels « il a fait une magnifique bibliothèque, « composée de plus de six mille volu- « mes, entre lesquels il y a plus de « cinq cents manuscrits très-bons et « bien rares, lesquels il communique « facilement à ceux qui en ont besoin « pour le public, en quoy il sera à ja- « mais louable. »

Les livres imprimés qu'il avait réunis étaient tous remarquables par leur conservation et par le choix des exemplaires. Les lettres anciennes et modernes avaient une large part, et presque toutes sortaient des plus fameuses imprimeries. Il s'était particulièrement appliqué à la recherche des manuscrits et ne reculait devant aucuns sacrifices pour s'approprier ceux qui lui paraissaient avoir quelque valeur. Le plus grand nombre lui vint de quelques-uns de ses compatriotes savants et lettrés comme lui, tels que: Jean de La Lande; Guillaume du Chemin, de Rouen; Gabriel Dumoulin; G. de La Mare et Louis Martel. « Mais, dit M. Léopold Delisle, il « puisa surtout dans les bibliothèques « monastiques, qui, au commence- « ment du XVII<sup>e</sup> siècle, étaient en quel- « que sorte à l'abandon. Il fut assez « heureux pour acquérir beaucoup de « manuscrits de Fécamp, qu'un grand « prieur, nommé Campion, n'avait « pas craint de vendre à vil prix. Il « recueillit encore d'importants débris « des anciennes bibliothèques de Con- « ches, du Mont-Saint-Michel, de « Saint-Etienne de Caen, de Saint- « Taurin d'Evreux, de Valasse, de « Valemont, de Saint-Wandrille, du « prieuré de Bonne-Nouvelle, de la « cathédrale d'Evreux et de l'église « d'Ecouis »

Jean Bigot laissa de *Barbe Groulart*, sa femme, fille de *Claude*, premier président au parlement de Rouen: Jean, seigneur de Sommesnil, conseiller au parlement de Normandie; Nicolas, seigneur de Cleuville, qui succéda à la charge de son père, et Louis-Emeric que ses talents, son vaste savoir et son amour des livres illustrèrent au XVII<sup>e</sup> siècle. Emeric Bigot naquit au mois d'octobre 1626 et mourut le 18 décembre 1689. La bibliothèque de son père lui échut en partage, et ce riche dépôt s'augmenta considérablement entre ses mains. Il fit dans ce but de fréquents voyages en France, en Italie, en Hollande, en Allemagne et en Angleterre. Pour se livrer tout entier à ses goûts littéraires et scientifiques, il s'éloigna, au dire de Moréri, de toutes sortes d'emplois. Il fit de sa maison et de sa bibliothèque le rendez-vous de tous ceux qui cultivaient les lettres et les sciences. Là, savants et curieux se réunissaient, chaque semaine, pour traiter, sous sa présidence, des questions d'histoire, de philosophie et de littérature.

Afin d'empêcher la dissipation de sa Bibliothèque, que l'on estimait à près de 40,000 livres, Emeric Bigot la substitua dans sa famille. Par une disposition testamentaire il voulut qu'on réunît sa bibliothèque particulière à celle de son père, sans pourtant les confondre; et dans le cas où la première collection viendrait à être vendue, que la sienne propre appartînt intacte au chapitre de Rouen.

A sa mort, cette bibliothèque fut confiée à Robert Bigot, sieur de Montville, conseiller au parlement de Paris, avec un fonds considérable pour l'augmenter annuellement. Cependant, lorsque Robert Bigot vint à mourir, tous ces trésors littéraires amassés depuis longues années avec tant de soins, de labeurs, de goût et de persévérance, furent acquis en bloc par des libraires et vendus en détail en 1706.

A cette vente, l'abbé de Louvois, alors garde de la Bibliothèque du Roi, acheta pour cet établissement tous les manuscrits ainsi qu'un grand nombre de livres imprimés.

Les libraires insérèrent dans le catalogue que rédigea Gabriel Martin beaucoup d'ouvrages qui avaient appartenu à la famille de Mesmes. Afin de dissimuler leur supercherie, ils abîmèrent sans vergogne d'adorables et somptueuses reliures pour enlever des plats les armes de cette famille. — *Voy.* MESMES.

La Bibliothèque publique de Rouen conserve ce qu'on appelle les *Manuscrits Bigot*, 18 vol. in-f°, qui lui ont été légués par le marquis de Martainville. Ces Manuscrits contiennent des documents curieux non-seulement sur la famille Bigot, mais encore sur beaucoup d'autres membres du Parlement de Normandie, relatés jour par jour et appuyés de preuves.

Bibliotheca Bigotiana, seu catalogus librorum quos (dum viverent) summâ curâ et industriâ, ingenti sumptu, congessere viri clarissimi DD. uterque Joannes, Nicolaus, et Lud. Emericus Bigotii Domini de Sommesnil et de Cleuville, alter Prætor, alii senatores Rothomagenses... Horum fiet auctio die 1 mensis Julii 1706 et seqq. à primâ pomeridianâ ad vesperum. Parisiis, in regiâ Gervasianâ, viâ Fœneâ : vulgo *Collége de Me Gervais, rue du Foin. — Parisiis, Boudot, 1706, 5 parties en 1 vol. in-12.*

LÉOPOLD DELISLE, *Cabinet des manuscrits de la Bibliothèque Impériale.* — LANGLOIS, *Nouvelles recherches sur les bibliothèques des Archevêques de Rouen.* — MORÉRI, *Dictionnaire historique.* — MERVAL (DE), *Catalogue et Armorial du Parlement de Rouen.*

BIGOT, sieur de LA TURGÈRE (Guillaume), conseiller au Parlement de Rouen, vers 1647.

*D'argent, au chevron de sable, accompagné de trois roses de gueules posées, 2 et 1. Le chevron chargé au sommet d'un croissant d'argent.*

Bigot de la Turgère, collatéral des précédents, ainsi qu'on le voit par la brisure de ses armes, avait aussi une riche bibliothèque; mais il ne paraît pas qu'elle fût mêlée à celle de ses illustres parents. Toutefois, elle recelait des ouvrages que n'aurait certes pas dédaignés L.-E. Bigot, tels que des *Aldes*, des *Elzeviers*, et autres monuments des plus célèbres imprimeries. Elle contenait encore plusieurs manuscrits très-curieux et très-anciens, dont quelques-uns sont conservés aujourd'hui soit à la Bibliothèque de l'Arsenal, soit à la Bibliothèque Impériale.

BIRON (Louis-Antoine Gontaut, duc de), maréchal de France, arrière-petit-neveu du duc de Biron, exécuté sous Henri IV, et oncle de Biron-Lauzun, exécuté le 31 décembre 179...

*Ecartelé d'or et de gueules.*

La collection du duc de Biron était celle d'un grand seigneur : nombreuse et richement habillée.

BIZEAU (Claude-Gabriel), auditeur à la Chambre des Comptes, reçu en 1704, mort vers 1734.

*D'azur, à un chevron d'or, alias fasce, accompagné de 2 étoiles d'argent en chef, et d'un croissant montant de même en pointe.*

La Bibliothèque de cet amateur ne contenait guère que des ouvrages de droit et de science.

Voyez Poncin

BLACAS (le duc de), né à Aulps en 1770, d'une des plus nobles, mais des plus pauvres familles de la Provence. Il mourut à Vienne en novembre 1839.

*D'argent, à la comète de seize raies de gueules.*

Le duc de Blacas était membre associé libre de l'Institut : Académie des Inscriptions et Belles-Lettres. Il employa une partie de sa fortune à favoriser les arts, et surtout l'archéologie, qu'il cultivait lui-même. Sa Bibliothèque renfermait presque tous les ouvrages sur les beaux-arts, en toutes les langues.

Il avait en outre une collection de médailles, de pierres gravées, de figurines, vases, antiquités égyptiennes, grecques, étrusques, romaines et musulmanes. Rien, sous ce rapport, ne semblait avoir échappé à son attention éclairée. Aussi ce cabinet était-il un des plus célèbres de l'Europe. M. Reynaud, son collègue à l'Institut, en a fait connaître tout ce qui regardait les nations musulmanes dans un ouvrage intitulé : *Monuments arabes, persans et turcs du cabinet de M. le duc de Blacas...*; Paris, 1828, in-8. — Champollion le jeune lui a adressé ses *Lettres sur les Antiquités égyptiennes*.

BLANCHON (Henri), écuyer, receveur de la ville de Reims, vers 1720.

*D'azur, à trois cœurs d'or, 2 et 1.*

L'on rencontre assez fréquemment dans les ventes des livres à cette marque, remarquables par l'élégance de leur reliure. Cependant, nous avons fait de vaines recherches sur la Bibliothèque qui les contenait.

BLAZEUS (Jacques), évêque de Saint Omer, mort le 21 mars 1618.

*Coupé d'azur et de sable, au sautoir d'argent, accompagné en chef d'une couronne d'or, et en pointe d'un poignard de même.*

Devise : *Viget æternum.*

Les livres frappés aux armes ci-dessus sont assez rares. Nous n'en avons trouvé que dans les Bibliothèques de Douai et de Saint-Omer.

BLOUET DE CAMILLY (François), archevêque de Tours, né en Normandie, mort le 17 octobre 1723, dans la 60e année de son âge.

*D'azur, au lion d'or armé et lampassé de gueules, au chef cousu de gueules, chargé d'un cœur d'or accosté de deux croissants d'argent.*

La collection de ce prélat se composait en partie d'ouvrages sur l'Écriture sainte, la théologie, le droit canonique et civil et sur les Conciles.

Bibliotheca Camilliana : seu catalogus librorum bibliothecæ ill. eccl. principis D.D. Francisci Blouet de Camilly, archiepiscopi Turonensis... — *Parisiis, C. Osmont*, 1726, in-8.

BOCHART DE CHAMPIGNY (Jean), premier président au Parlement de Paris, mort le 27 avril 1630.

*D'azur, au croissant d'or, surmonté d'une étoile du même.*

BOCHETEL (Guillaume), seigneur de Sassy, Brouillamon et autres lieux. Il était fils de Bernardin Bochetel, secrétaire du roi, et de Catherine Babouin. Il fut nommé secrétaire des finances en 1547, charge qu'il exerça jusqu'à l'époque de sa mort, arrivée en 1558.

*D'azur, à 3 glands de chêne d'or.*

BOFFIN (Jean-Félicien de), conseiller au Parlement de Grenoble, vers 1680.

*D'or, au bœuf de gueules, au chef de même chargé de trois croix de calvaire d'or.*

La Bibliothèque de ce fonctionnaire contenait beaucoup d'ouvrages sur la jurisprudence, et presque tout ce qui avait été publié jusqu'à son époque concernant la province de Dauphiné.

BOHIER (Jean), frère d'Antoine Bohier, cardinal et chancelier de France. Il avait été chanoine et chantre de l'église de Paris, président des requêtes au Parlement de cette ville, puis évêque de Nevers. Il mo[illegible]

*D'or, au lion d'azur, au chef de gueules.*

MORÉRI, *Dictionnaire historique.* — *Gallia christiana*, t. XII, p. 655.

BOISSEL (Toussaint-Joseph-Pierre de), abbé de Bois-Boissel, chanoine et comte de Lyon. 1779.

*D'hermines, au chef de gueules, chargé de huit macles d'or.*

Devise : *Hæc soli gestant insignia fortes.*

BOISOT (Jean-Baptiste), prieur de la Loye, de Lachaux, et abbé de Saint-Vincent, né à Besançon, au mois de juillet 1638, d'une ancienne et illustre famille originaire de Dijon, mort le 4 décembre 1694.

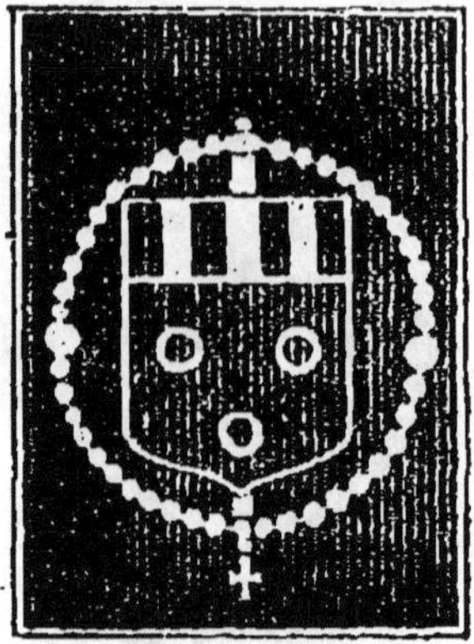

*De sable, à trois annelets d'argent, au chef d'or, chargé de trois pals d'azur.*

Si jamais quelqu'un mérita le titre de bibliophile, c'est à coup sûr l'abbé Boisot. Il ne vivait pour ainsi dire que pour les livres et par les livres. Aussi sa Bibliothèque jouissait-elle d'une réputation considérable parmi les savants et les amateurs. On y trouvait les ouvrages les plus importants, imprimés ou manuscrits, qu'il avait recueillis dans ses voyages en France, en Espagne et en Italie. Vers 1664, pendant qu'il représentait le clergé aux États de Besançon, il l'augmenta encore d'un grand nombre de volumes provenant de la belle collection d'Antoine Perrenot, cardinal de Granvelle. Il les avait acquis du comte de la Baume-Saint-Amour (Charles-François), colonel du régiment de Bourgogne, mort après 1707.

En mourant, le cardinal de Granvelle avait laissé, dans plusieurs coffres, une quantité prodigieuse de papiers concernant la presque totalité du XVIᵉ siècle, si fertile en grands événements. C'étaient des lettres d'affaires écrites en différentes langues, toutes notées, apostillées ou soulignées de sa main, avec plusieurs copies de ses réponses, que l'habile ministre de Charles-Quint avait réunies pendant le cours de sa longue carrière diplomatique. Ces précieux monuments historiques avaient été négligés, portés dans des galetas, et abandonnés à la merci du temps et des souris. « Au commencement, dit Boisot dans une lettre à « Pellisson, les domestiques, peu après les enfants du voisinage allaient « facilement prendre de ces papiers; « ensuite, comme on eut besoin de « cinq ou six caisses, un maître d'hôtel « habile, pour montrer qu'il ne laissait « rien perdre, vendit à des épiciers les « lettres qui étaient dedans. Enfin, on « se trouva si embarrassé de ces *paperasses inutiles* (on leur faisait l'honneur de les appeler ainsi), que, pour « s'en défaire peu à peu, on les abandonna aux dernières indignités. Ce « fut ce qui les sauva. »

C'est à Jules Chifflet, conseiller au Parlement de Dôle, mort le 8 juillet 1676, que l'on est redevable d'avoir arraché ces papiers à une inévitable destruction. Il s'en était fait apporter une certaine quantité, qu'il examina avec le plus grand intérêt. Pénétré de leur importance, il se proposait de les mettre en ordre et de les conserver, mais la mort le surprit avant d'avoir mis son dessein à exécution. L'abbé Boisot acheta alors, des héritiers de Jules Chifflet, tous les papiers que celui-ci avait pu réunir. Il y en ajouta beaucoup d'autres encore, détenus en différentes mains et qu'il obtint soit par don, soit par acquisition. Enfin, lorsqu'il crut tout avoir ou à peu près, il entreprit d'exécuter le projet conçu par Jules Chifflet, et qui consistait dans l'arrangement systématique de toutes les pièces, avec des notes sur chacune d'elles. Cette opération présentait des difficultés que l'amour de la bibliophilie pouvait seul lever. La plupart de ces pièces étaient écrites en chiffres, et il fallait les expliquer. « Je « ne serais jamait venu à bout de les « déchiffrer, dit-il, si, par le plus grand « bonheur du monde, une ligne mal « effacée ne m'eût aidé à deviner le « reste. » Enfin, après dix années consécutives d'un travail opiniâtre et assidu, le savant et courageux abbé parvint à former cette fameuse collection en quatre-vingt-deux volumes in-folio, connue aujourd'hui sous le titre de : *Mémoires du cardinal de Granvelle.*

Outre sa Bibliothèque, l'abbé Boisot possédait un cabinet qui renfermait des bronzes antiques, des médailles de toute espèce, des pierres gravées les plus précieuses, des tableaux de maîtres les plus recherchés, des productions de la nature les plus extraordinaires, enfin une infinité d'autres objets d'art et de curiosité.

Le 27 novembre 1694, quelques jours avant sa mort, par disposition testamentaire, il institua pour héritier son frère, Claude Boisot, président au Parlement de Besançon, et laissa aux Bénédictins de son abbaye une partie de ses richesses artistiques, la plupart de ses manuscrits et sa Bibliothèque tout entière, avec 2,000 écus pour l'augmenter et l'entretenir, à la condition expresse qu'elle serait publique deux fois par semaine. Cependant Claude Boisot, le 23 février 1699, offrit à la Bibliothèque du Roi, pour une somme de 15,000 livres, tous les manuscrits recueillis et mis en ordre par son frère. Mais cette proposition n'eut aucune suite, ne pouvant se concilier avec la volonté formelle du testateur. Les religieux de l'abbaye de Saint-Vincent restèrent donc possesseurs des livres imprimés et manuscrits provenant de l'abbé Boisot, sur la plupart desquels le magistrat de Besançon fit apposer le sceau de la cité. A la Révolution, toute la Bibliothèque dite de Saint-Vincent fut transportée à la Bibliothèque publique de la ville de Besançon, dont elle forme aujourd'hui le premier et l'un des plus précieux fonds.

MORERI, *Dictionnaire historique.*— Préface mise en tête du tome Ier des *Papiers d'État du cardinal de Granvelle.*—DELISLE, *Cabinet des manuscrits de la Bibliothèque Impériale.*

BOISSE (Pierre), échevin de la ville de Lyon. 1668.

*D'or, à l'arbre de sable, au chef de gueules, chargé d'un croissant d'or accosté de deux besants de même.*

Pierre Boisse était un véritable bibliophile, voire un bibliomane. Ses livres étaient nombreux, et la plupart d'une grande rareté.

BOISSIER (Guillaume), conseiller du Roi et maître ordinaire en sa Chambre des comptes, né vers 1632, mort à Paris, âgé de 93 ans. Il était fils de Guillaume Boissier, premier commis de M. de Châteauneuf, secrétaire d'État, et de Marie de Chaufourneau.

*D'or, au chevron de gueules, au chef d'azur, chargé de cinq étoiles d'argent.*

*Catalogus* librorum Bibliothecæ... Guillelmi Boissier, regi à consiliis et antiqui in suprema rationum curia magistri.—*Parisiis, G. Martin*, 1725, 3 parties en 2 vol. in-12. La pagination continue.

BOISSY (Melchior de), de la famille des fondateurs de l'ancien collége de ce nom, à Paris.

*D'or, à l'aigle de sable.*

BOISTEL (de), seigneur de Chastignonville, d'Ambrières, de Lauhaye, conseiller en la troisième Chambre des enquêtes du Parlement de Paris. Il mourut dans un âge très-avancé, vers le mois de février 1707, avec la réputation d'un magistrat intègre et d'un grand amateur de livres.

*D'azur, à la bande d'or, chargée de trois merlettes de sable, accompagnée de 2 lions passants d'or.*

BOIVEAU DE CIPIERRE, né dans le Mâconnais. Il fut nommé gouverneur de l'hôtel royal des Invalides en 1705.

*D'azur, à trois rencontres de bœuf, d'or, 2 et 1.*

BOLACRE (Henri), prévôt des marchands de Nevers en 1646.

*De sinople, au lion d'argent, armé, lampassé et couronné de gueules.*

Outre les armes ci-dessus, les plats des volumes appartenant à cet amateur contenaient son chiffre, composé des lettres H. B., répété nombre de fois, alternant avec un lion couronné.

BOLLIOUD-MERMET, né à Lyon, le 15 février 1709, d'une ancienne famille consulaire de cette ville. Il mourut en 1793, secrétaire perpétuel de l'Académie de Lyon, dont il était membre depuis le 12 avril 1736.

*D'argent, à la bande d'azur accompagnée en chef d'un lion rampant de gueules, et en pointe de trois roses de même.*

Bollioud-Mermet fut un bibliophile sérieux. Ses livres étaient tous bien choisis, et la plupart élégamment reliés. Il laissa entre autres écrits — assez médiocres du reste—un ouvrage intitulé : *De la Bibliomanie*, où, par une contradiction singulière, il critique cette passion même qui le recommande au souvenir des amateurs.

BOLLOGNE (le comte de).

*D'or, à trois tours de gueules.*

Notice des principaux articles de la bibliothèque de feu M. le comte de Bollogne, dont la vente se fera le mardi 23 novembre 1773... — *Paris, Mérigot*, 1773, in-8.

BOLOZON (Vespasien), échevin de la ville de Lyon, 1635.

*D'argent, à la fasce d'azur, chargée d'un soleil d'or.*

BONALD (Louis-Jacques-Maurice, de), archevêque de Lyon. 1839.

*Ecartelé : au 1 et 4, d'azur, à l'aigle d'or ; au 2 et 3, d'or, au griffon de gueules.*

BONGARS (Jacques), conseiller d'Henri IV, l'un des plus savants et des plus habiles critiques de son époque. Il naquit à Orléans, et mourut à Paris le 29 juillet 1612, âgé de 58 ans.

*Ecartelé : au 1 et 4, d'or, au pelican se becquetant l'estomac et nourrissant ses petits sur son aire, le tout d'azur, sous une nuée de même lançant des rayons et mouvante de la pointe dextre de l'écu; au 2 et 3, d'or, à cinq tourtaux de gueules, à la bordure de même.*

Devise : *Servire Deo regnare est.*

Doué de vastes connaissances bibliographiques, écrivain d'un rare mérite, passionné pour toutes les productions de l'intelligence, Jacques Bongars s'était formé une remarquable collection de livres manuscrits et imprimés.

Pendant les négociations diplomatiques en Allemagne, auxquelles il fut attaché de longues années pour Henri IV, il ramassa une foule de pièces historiques, lettres autographes et autres documents inédits, qu'il réunit en douze volumes in-folio.

Vers 1603, Bongars et Paul Pétau acquirent en commun des héritiers de Pierre Daniel (1), pour la somme de 15,000 livres, tous les manuscrits que celui-ci put sauver de la célèbre abbaye de Saint-Benoît-sur-Loire, pillée et saccagée dans les guerres de religion. La portion de Paul Petau fut laissée à son fils Alexandre, qui la vendit à la reine Christine de Suède; celle de Bongars fut portée à Strasbourg, où il résidait alors. Il recueillit en outre les manuscrits de la cathédrale de Strasbourg, tour à tour dévastée par les soudards des divers partis religieux.

Plus tard, il réunit à sa collection les débris de celle de Cujas, sous lequel il avait étudié le droit à Bourges. Il le dit lui-même dans une lettre datée du 19 janvier 1604, qui mérite d'être rapportée, parce qu'elle peint à la fois l'homme, l'écrivain et le bibliophile : « ...Tant que j'ai été dans « ce voyage, je n'ai pas pu vous écrire, « parce que j'étois tout appliqué à mes « affaires domestiques, auxquelles je

1. Pierre Daniel était avocat à Orléans et bailli de l'abbaye de Saint-Benoît-sur-Loire. Il mourut en 1602.

« devois tâcher de mettre quelque ordre « avant mon départ. Dans cette occu- « pation même, le plus grand de mes « soucis a été de chercher quelques « restes de la Bibliothèque de Cujas. « Vous rirez sans doute de bon cœur, « lorsque vous vous représenterez cette « foule de monde qui va à la Cour « comme à une foire pour y faire ses « affaires, et pour tâcher de tirer du « roi quelque argent ; et qu'en même « temps un homme de Cour comme « moi et qui n'est pas extrêmement « accommodé, s'enfuye en des lieux « écartés pour employer une partie de « son bien à acheter des livres et des « papiers en désordre et à demi rongés « des vers. Vous voyez par là si je suis « un homme avare. Lorsqu'il s'agit « des livres, ni la peine, ni la dépense « ne me sont rien. Plût à Dieu que je « fusse libre et en repos pour pouvoir « les lire ! Je n'envierois point alors ni « les richesses de M. de Rosny ni « les montagnes d'or de la Perse. » [*Bongarsii epistolæ. Ed. de la Haye*, 1695. *Lettre XXXV*, p. 99.]

A sa mort, Bongars légua tous ses manuscrits à un nommé René Gravisset, fils de son hôtesse à Strasbourg, qui, quelque temps après, les céda à la Bibliothèque publique de la ville de Berne.

Une version veut que ces manuscrits aient eu une autre destination. Ainsi Bayle, dans son *Dictionnaire historique et critique*, dit que l'Electeur Palatin, sur l'avis de Gruter, son bibliothécaire, les acheta et les fit transporter en son château de Heidelberg, pour ensuite aller grossir les richesses littéraires du Vatican. C'est là une erreur que Sinner a facilement démontrée dans la préface mise en tête de son *Catalogus Bibliothecæ Bernensis*, où il donne, des manuscrits même de Bongars, une description aussi complète que savante.

BONNE (Alphonse de), de Créquy, duc de Lesdiguières, pair de France, mort le 5 août 1711, âgé de 85 ans.

*De gueules, au lion d'or, au chef cousu d'azur, chargé de trois roses de gueules.*

Devise : *Nihil nisi a numine.*

BONNET DE SAINT-LÉGER (Edme), chevalier des ordres du Mont-Carmel et de Saint-Lazare, grand-maître des eaux et forêts de France au département du Poitou, premier valet de chambre du duc d'Orléans, régent. Il mourut en 1737.

*D'azur, à l'ancre d'argent.*

BONNIER DE LA MOSSON (Joseph), maréchal des camps et logis de la maison du Roi, et trésorier général des États du haut et bas Languedoc. Il mourut en 1744, âgé d'environ 42 ans.

*D'azur, à sept burelles d'or, accompagnées en chef de trois gerbes liées de même mises en fasce.*

*Catalogue* des livres de M. Bonnier de la Mosson, trésorier des Etats du Languedoc, dont la vente aura lieu le 26 avril 1745... — *Paris, Barrois*, 1745, in-8.

*Mercure de France*, juillet 1744, p. 1704.

BONVARLET.

*D'argent, à la croix de sable chargée de cinq annelets d'or, 1 à chaque branche et la 5e en cœur.*

BOSSUET.

*D'azur, à trois roues d'or.*

Il y eut deux prélats de ce nom : l'un évêque de Meaux, l'autre évêque de Troyes, et tous deux s'appelaient Jacques-Benigne de leurs prénoms. Le premier mourut en 1704, le second en 1743. L'évêque de Troyes, neveu de l'évêque de Meaux, hérita de la Bibliothèque de son oncle et l'augmenta considérablement.

Cependant ils n'étaient ni l'un ni l'autre ce que l'on appelle des bibliophiles. On ne trouve guère dans leur collection de ces livres que certains amateurs achètent à prix d'or; les éditions *princeps*, les *incunables*, et autres raretés bibliographiques, les touchaient fort peu. Tout entiers à la lutte qu'ils soutenaient contre l'ultramontanisme, ils ne s'étaient entourés, en grande partie, que de livres sur la théologie, le droit canonique et les conciles.

Le premier nom des Bossuet était Rouyer; de là les roues dans leurs armes.

*Catalogue* des bibliothèques de messieurs Bossuet, anciens évêques de Meaux et de Troyes... — *Paris, Gandouin*, 1742, in-8.

BOUCHER D'ORSAY (Charles), maître des requêtes et intendant de la généralité de Limoges, mort le 14 août 1730, âgé de 54 ans.

*De gueules, semé de croisettes d'argent, au lion d'or brochant sur le tout.*

BOUCHERAT (Louis), chevalier, comte de Compans, né à Paris, le 20 août, d'après la *Biographie générale*, et le 6 septembre 1616, selon Duleau; mort le 2 septembre 1699.

*D'azur, au coq d'or, crêté, becqué, barbé et membré de gueules.*

Devise : *Sol reperit vigilem.*

Boucherat succéda à Le Tellier, en 1685, dans la charge de chancelier de France. Son prédécesseur avait signé, quelques jours avant sa mort, la révocation de l'édit de Nantes; Boucherat fut chargé de l'exécution de cette malheureuse et cruelle mesure.

Dans les *Portraits des membres du Parlement de Paris*, publiés par Duleau, nous trouvons : « BOUCHERAT.— « A l'expérience des affaires; soubs « une fausse probité cache beaucoup « d'ambition, pour laquelle il s'entre« tient avec la caballe dévote, comme « un moyen de parvenir à ses affaires. »

Quoi qu'il en soit, il aimait les livres, et sa Bibliothèque était belle.

Vers 1686, il l'augmenta d'une précieuse collection de copies que M. Loménie de Brienne fit faire sur son propre recueil, aujourd'hui conservé à la Bibliothèque Impériale.

BOUCHET, marquis de Sourches (Louis-François du), 1er du nom, prévôt de l'Hôtel, conseiller d'Etat, gouverneur des provinces du Maine, de Laval et du Perche, mort le 4 mars 1716.

*D'argent, à deux fasces de sable.*

Outre ses armes, les livres de cet amateur portaient encore aux angles et sur le dos un monogramme formé des lettres L. F. B. D. S. entrelacées, initiales de ses noms et prénoms.

BOUCOT, garde-rôle des offices de France.

D'azur, au chevron d'or, accompagné en chef de deux roses, et en pointe d'une gerbe de même.

*Catalogue* de la Bibliothèque de défunt M. Boucot, garde-rôle des offices de France, composée de 18,000 volumes imprimés, de plus de 70,000 estampes, entre lesquelles il y a 17,000 portraits..., d'un très-grand nombre de livres d'art..., de médailles..., de planches, et autres remplis de figures, et de plusieurs manuscrits en vélin, ornés de très-belles miniatures. — *Paris*, 1699, in-12. A la suite se trouve le catalogue des estampes avec une pagination spéciale.

BOUFFIER (Gaspard), célèbre avocat au Parlement de Grenoble. 1629.

*D'azur, au lion d'argent, lampassé et armé de gueules, tenant de sa patte dextre une fleur de lys d'or.*

Devise : *Dextra lilium sustinet.*

Les armes ci-dessus, avec les ornements gracieux qui les entourent, montrent, à défaut de tout autre renseignement, que la Bibliothèque de cet habile avocat devait être riche et de bon goût.

BOUFFLERS (Louis-François, duc de), maréchal de France, si connu sous le nom du *Chevalier de Boufflers*. Né le 10 janvier 1644, mort le 22 août 1711.

*D'argent, à trois molettes d'éperon à six raies de gueules, posées 2 et 1, accompagnées de neuf croisettes recroisettées au pied fiché de gueules, rangées 3 en chef, 3 en fasce et 3 en pointe; ces trois dernières mises 2 et 1.*

BOUFFLERS (Joseph-Marie, duc de), pair de France, né le 2 mai 1706, mort le 2 juillet 1747.

Cette illustre famille fut en quelque sorte privilégiée. Elle a fourni non-seulement des hommes d'État et des guerriers, mais encore, ce qui est préférable, des poëtes et des bibliophiles.

*Comme ci-dessus.*

BOUHIER (Jean), savant et littérateur, président à mortier au Parlement de Bourgogne, membre de l'Académie française, né à Dijon, le 16 mars 1673, mort le 17 mars 1746. Il était fils de Bénigne Bouhier, aussi président au même Parlement.

*D'azur, au bœuf passant d'or.*

Le goût des lettres, l'amour du beau, les nobles jouissances intellectuelles furent en quelque sorte le trait caractéristique de cette illustre famille. Dès la fin du XV<sup>e</sup> siècle, au commencement du règne de Louis XII, l'on voit un Jean Bouhier, conseiller au Parlement de Dijon, collectionner médailles, livres et manuscrits.

Bénigne, son fils, et Jean, son petit-fils, réunissent respectivement de nombreux ouvrages, que Jean couvre de notes savantes.

Etienne, le fils de celui-ci, son droit fait, parcourt toute l'Italie, d'où il rapporte une grande quantité de volumes précieux dont il forme le noyau de sa Bibliothèque, qu'il augmenta considérablement ensuite. « Par le « catalogue que j'ai conservé, dit le « président Bouhier, l'on voit qu'elle « était nombreuse et très-bien choisie. « Je crois même qu'il y avoit alors peu « de particuliers qui en eussent de « semblables. »

Etienne mort, cette Bibliothèque est démembrée et répartie entre ses enfants. L'aîné, Jean Bouhier, conseiller au Parlement de Dijon, aïeul du président, entreprend de la reconstituer, et dans ce but n'épargne ni peines ni dépenses. Aux quelques volumes, portion de son héritage, il ajoute d'abord tout ce qui restait de la célèbre collection de Ponthus de Thyard, évêque de Chalon-sur-Saône, qu'il acquit vers 1642 de Ponthus et Louis de Thyard, héritiers et neveux du prélat. Puis, à force de persévérance, il finit par recouvrer la plupart des livres qui avaient été disséminés chez les divers membres de la famille lors de la dispersion de la Bibliothèque de son père. Non content des imprimés, il se met avec ardeur à la recherche des manuscrits, et en rassemble un nombre considérable des plus intéressants. Ceux qu'il ne peut avoir en original, il les fait copier à ses frais, et en copie lui-même plus de cinquante volumes.

Telle fut l'origine de cette Bibliothèque fameuse qui, renfermant les principales productions de la pensée humaine, depuis l'antiquité jusqu'alors, devait, de père en fils, subsister près d'un siècle et demi, et pendant ce long espace de temps exciter l'admiration des amateurs contemporains. En 1671, époque à laquelle mourut Jean Bouhier, elle passait déjà pour l'une des plus remarquables du temps.

Son fils, Bénigne Bouhier, la conserva et l'entretint avec un soin pieux, puis la transmit à Jean Bouhier, le président, celui qui devait être la gloire de sa maison par son talent, son caractère et ses vastes connaissances. Entre ses mains la collection paternelle prit un tel développement, qu'elle dépassa bientôt tout ce qu'on avait vu en ce genre jusqu'à ce jour chez un simple individu, tant par la richesse du fond que par la splendeur de la forme. On y comptait alors plus de 35,000 volumes représentant les ouvrages les plus rares et les plus habilement ornés. Là, sur des rayons en bois des îles, garnis de crépines, soie et or, dans leurs reliures à larges dentelles, se pressaient, austères, les Etienne, les Plantin, les Alde, les Sébastien Gryphe, les Michel Vascosan, les Wechel, les Antoine Verard, toutes les gloires de la typographie d'alors. On y trouvait aussi environ 2,000 manuscrits précieux à tous égards, et surtout pour l'histoire de la Bourgogne en général et de la ville de Dijon en particulier, et un grand nombre de cartons pleins d'estampes et de gravures des meilleurs maitres.

Le président Bouhier avait encore recueilli dans la succession de son grand-père un superbe cabinet d'antiquités de toute espèce : médailles romaines, grecques, hébraïques, de tout module; monnaies anciennes, or et argent, pierres gravées, agates, onyx, et autres objets de curiosité de tous les âges et de tous les lieux. Sans dédaigner l'art proprement dit, le président Bouhier, entraîné par sa passion dominante, la bibliophilie, se défit, en 1719, de ce cabinet pour enrichir sa Bibliothèque.

Cette Bibliothèque jouissait d'une réputation universelle. D'un bout à l'autre du monde savant, tout ce qu'il y avait de distingué dans les lettres, les arts et les sciences, se donnait rendez-vous dans les salles magistrales du magnifique hôtel (1) qui la renfermait. On parlait de Bouhier et de ses livres à Rome, à Venise, à Naples, à Leipsick, à Amsterdam, à Saint-Pétersbourg, comme à Dijon, à Aix et à Paris. Bernard de la Monnoye, un Dijonnais et un bibliophile aussi, voulait qu'on mît à l'entrée de ce pandémonium bibliographique le distique suivant que, dans son enthousiasme, il avait composé :

Hæc sacra qui lustras, Buhierum sedulus audi,
Omnibus hic libris, plura docere potest.

Le président Bouhier était le type du bibliophile, Il ne se contentait pas d'amasser des livres, mais il les lisait et faisait sur chacun d'eux des remarques qu'il consignait soit sur les marges mêmes des volumes, soit sur des feuilles détachées (2). De plus, lorsque sa collection fut composée à peu près comme il l'entendait, quand elle répondit à son idéal, seul, de sa propre main, avec une patience surhumaine, il en dressa le catalogue. L'imagination recule effrayée devant un pareil travail, et l'on se demande, non sans stupeur, comment au mi-

1. Rue Saint-Fiacre, à Dijon.

2. La Bibliothèque Impériale conserve 12 vol. in-f° mss, formés exclusivement de la correspondance de Bouhier et des remarques qu'il avait faites sur ses livres.

lieu de ses nombreuses exigences sociales, de ses travaux littéraires, des devoirs impérieux de sa charge et de la correspondance qu'il entretenait, active, avec tous les savants de son époque, il ait pu trouver encore le temps d'écrire ce gigantesque in-folio contenant deux mille quarante-huit colonnes! Son biographe et son ami, le P. Odin, en parle comme d'une œuvre cyclopéenne, et dans son étonnement il s'écrie : *Stupent exantlati operis molem, qui tot alia eodem exarata calamo volumina non inspexerunt.*

Cet inventaire, actuellement conservé à la Bibliothèque publique de Montpellier, contient en outre les additions faites par son gendre Chartraire de Bourbonne, quand celui-ci eut hérité de la Bibliothèque de son beau-père. Elles y forment, avec le fonds principal, un singulier contraste. Dans celui-ci, graves et majestueux, viennent les théologiens, les jurisconsultes, les mathématiciens, les philosophes audacieux, les penseurs en révolte : deux siècles géants, le XVI^e^ et le XVII^e^, se donnant la main. Dans celles-là, c'est le XVIII^e^ siècle, non ces Titans qui escaladèrent le ciel, mais des auteurs en jabots, des poëtes parfumés, des muses en falbalas, des prosateurs faisandés; des bouquets à Chloris, des bouts rimés, des opéras-comiques, des chants quintessenciés : toute cette littérature de boudoir qu'une société en décadence lisait, insoucieuse, en attendant le réveil de 89 !

Cette opposition de goût entre l'illustre magistrat et son successeur semble faire pressentir une dissolution prochaine : c'est ce qui arriva. A sa mort, Chartraire de Bourbonne laissa la Bibliothèque à son fils, président au Parlement de Bourgogne, qui, sans l'augmenter, la transmit au comte d'Avaux, son gendre. Ce dernier, si l'on en croit la chronique du temps, était loin de partager la passion de ses ancêtres pour les livres. En effet, dès qu'il fut propriétaire de cette Bibliothèque, sans rivale peut-être, qui avait été successivement possédée et augmentée par plusieurs générations de la même famille, il chercha à s'en débarrasser. Trois ans après la mort de son beau-père, en 1784, il la vendit à l'abbaye de Clairvaux, moyennant la somme de 135,000 livres, prix bien au-dessous de ce qu'elle valait réellement.

La vente de la collection Bouhier, qui semblait être le patrimoine naturel des compatriotes de l'illustre président, fit une impression pénible sur la partie éclairée de la population dijonnaise. On protesta tout haut et violemment. Bernard Piron, neveu d'Alexis, exprima son mécontentement par l'épigramme suivante :

> Adieu, riche Bibliothèque,
> Dépôt du génie et de l'art;
> Du grand prophète de la Mecque
> Va trouver les fils chez Bernard.
> Sur tes ballots je veux qu'on dise,
> N'en déplaise au fripier d'Avaux:
> Trésor livré par la sottise
> A l'ignorance de Clairvaux.

Cette épigramme n'est pas un modèle du genre, tant s'en faut, mais elle peint assez fidèlement l'indignation facile à comprendre des habitants de Dijon, quand ils virent s'éloigner de leur ville une collection de livres qu'ils considéraient, non sans raison, comme une des gloires de l'ancienne capitale de la Bourgogne.

En 1792, la collection du président Bouhier dut être transférée de Clairvaux à Troyes, mais elle n'y arriva pas intacte. Le pillage commença à Bar-sur-Aube, et, d'après nos renseignements, elle laissait dans chaque ville une partie de ses trésors. Arrivée au lieu de sa destination, elle se trouva considérablement diminuée. Plus tard, en 1804, les commissaires du gouvernement impérial, Prunelle et Chardon de la Rochette, en enlevèrent encore chacun une grande partie, qu'ils envoyèrent dans les diverses Bibliothèques des départements. Prunelle, lui, s'empara de presque tous les manuscrits, avec le catalogue de ceux-ci, pour la Bibliothèque de Montpellier. Outre un grand nombre d'imprimés, la Bibliothèque Impériale reçut plusieurs manuscrits précieux, entre autres les douze volumes in-folio dont nous avons parlé (p. 111, note 2), contenant toute la correspondance de Bouhier et les remarques qu'il avait faites sur les ouvrages composant sa Bibliothèque. De son côté, Chardon de la Rochette prit la plupart des éditions rares que son tact de bibliophile lui fit aisément découvrir. Mais ce qui fut plus grave et irréparable en même temps, c'est que vers 1820 la Bibliothèque de Troyes se dépouilla elle-même. En vertu nous ne savons de quel droit ou de quel ordre, et sous quel prétexte, on vendit « comme inutiles » des livres inappréciables, tant par la beauté de l'impression que par l'élégance de la reliure : « des incunables même furent vendus au poids ! » Néanmoins, malgré toutes ces dilapidations, ce qui resta forme encore aujourd'hui l'une des principales richesses de la Bibliothèque de la ville de Troyes.

Franciscus Odinus, *Commentarius de vita et scriptis Johannis Buherii*, 1746, in-4. — Des Guerrois, *Le président Bouhier, sa Vie, ses Ouvrages et sa Bibliothèque*. Paris, 1855, in 8. — Gabriel Peignot, *Souvenirs relatifs à quelques Bibliothèques particulières des temps passés*. Paris, 1836, in-8. — Abel Jeandet, *Pontus de Tyard*. Paris, 1860, in-8. — *Renseignements particuliers.*

BOULANGER (Auguste-Macé, le) baron de Mafflières, seigneur de Viarmes, maître des requêtes, reçu en 1658, et président au Grand Conseil, en 1675. Il mourut le 16 août 1712, âgé de 81 ans.

*D'azur, à la fasce d'or accompagnée de 3 étoiles de même en chef, et de 3 roses d'argent en pointe.*

BOULIN (François-Bernard), conseiller de la Cour des Aides, mort le 3 sept. 1755, âgé de 78 ans. Il avait épousé, le 11 septembre 1727, Anne-Radegonde Hénin, fille de Nicolas Hénin, conseiller au Grand Conseil.

*D'azur, au chevron d'or accompa-*

*gné de trois roses d'argent en chef, et d'une fleur de lys de jardin de même en pointe.*

La collection Boulin renfermait beaucoup de manuscrits, dont quelques-uns sont conservés à la Bibliothèque de l'Arsenal.

BOULLONGNE (Jean de), comte de Nogent, conseiller au Parlement de Metz, et conseiller d'État, né le 13 octobre 1690, mort le 21 févr. 1769.

*D'argent, à la cotice de sable accompagnée de trois lions de sinople, 2 en chef, 1 en pointe dans le sens de la bande, armés, lampassés et couronnés de gueules.*

Jean de Boullongne avait été commandeur des ordres du roi, contrôleur général des finances et membre honoraire amateur de l'Académie royale de peinture. « L'application, l'intégrité « et le zèle avec lesquels il a rempli les « emplois et les places qui lui avaient « été confiés, et son amour pour les « lettres et les arts, firent naître de « justes regrets de sa perte. » [*Mercure de France,* avril 1769, p. 212.] C'était en outre un bibliophile distingué. La plupart de ses livres, frappés à ses armes, sont aujourd'hui très-recherchés à cause du choix des éditions et de la richesse des ornements. Il avait aussi réuni quelques manuscrits d'un grand intérêt.

BOULON (Jean), seigneur de Velbeuf, conseiller laïc au Parlement de Bourgogne. Il fut pourvu et reçu au mois d'août 1584.

*D'azur, à une fasce ondée d'or, chargée en cœur d'une étoile de gueules, et accompagnée en chef d'un lambel d'argent.*

Nous n'avons pu découvrir aucuns renseignements sur la Bibliothèque de cet amateur. Ce que nous pouvons dire, c'est que ses armes figuraient sur un *Horace* richement orné.

BOURDIN (Jacques), seigneur de Villaines, secrétaire d'Etat sous les règnes de Henri II, François II et Charles IX. Il mourut le 6 juillet 1567. Jacques Bourdin avait épousé *Marie* BOCHETEL, fille de *Guillaume*, sous lequel il s'était formé aux affaires politiques.

*D'azur, à trois têtes de daim d'or,* 2 *et* 1.

La Bibliothèque de l'ancien secrétaire d'Etat n'était pas nombreuse. Toutefois, d'après sa marque, elle devait renfermer de beaux et bons livres.

BOURGEOIS (Claude), seigneur de Moleron et conseiller laïc au Parlement de Bourgogne. Il fut pourvu le 21 avril 1561.

*D'azur, à trois annelets mis en triangle, enlacés l'un en l'autre.*

BOURGEOIS (Philippe), échevin de la ville de Reims, en 1722.

*D'azur, au chevron d'or accompagné de trois cœurs d'or, 2 en chef, 1 en pointe.*

Bibliothèque peu importante, mais dont les livres étaient assez bien reliés, surtout ceux à la marque de l'auteur.

BOURGEOIS DE BOYNES, ministre de la marine, mort en 1783.

*D'azur, à la bande d'argent chargée de trois merlettes de sable.*

Bourgeois de Boynes, aujourd'hui complétement oublié comme ministre, mérite néanmoins une place dans l'histoire de la bibliophilie. Il avait amassé un nombre considérable de livres imprimés et manuscrits, où figuraient les meilleurs ouvrages, et dont la plupart étaient splendidement ornés et reliés.

*Notice* des principaux articles de la Bibliothèque de feu M. de Boynes, ancien ministre de la marine.—*Paris, le Boucher* (1784), in-8°.

BOURGEVIN DE MOLIGNY.

*D'azur, à la fasce d'hermine accompagnée de 3 coquilles d'or.*

*Catalogue* des livres rares et précieux du citoyen *** (Bourgevin de Moligny), dont la vente se fera le 13 floréal. — *Paris, G. Debure l'aîné,* l'an IIIe de la République, in-8°, 32 pages.

BOURLAMAQUE (Claude-Charles de), seigneur du Vivier et de Courtevron, ancien capitaine de cavalerie au régiment de Saluzy, mort en 1770.

*D'or, à la croix d'azur.*

M. de Bourlamaque passait, de son vivant, pour un homme de savoir et de goût. Il avait embrassé la carrière militaire, qu'il fut obligé d'abandonner à cause du mauvais état de sa santé. C'est à partir de ce moment qu'il composa sa Bibliothèque, où il avait rassemblé tout ce que les bibliophiles recherchent avec tant d'ardeur. A sa mort, on trouva plusieurs manuscrits de sa composition sur la philosophie, l'histoire et les antiquités. Aimant l'art sous toutes ses manifestations, il s'était en outre formé un cabinet de tableaux et de curiosités, dans lequel figuraient quelques toiles des meilleurs maîtres.

*Catalogue* des livres de la Bibliothèque de feu M. de Bourlamaque.— *Paris, Prault fils,* 1770, in-8°.

*Catalogue* raisonné du cabinet des objets curieux de feu M. de Bourlamaque, ancien capitaine de cavalerie, composé de tableaux, dessins, estampes, peintures à la gouache, miniatures et peintures chinoises, bronzes, ivoires; terres cuites et plâtres; coquilles; pierres fines, pierres gravées, et autres objets. Par Pierre Remy... *Paris, Vente,* 1770, in-18.

BOURNONVILLE (Alexandre-Albert-François-Barthélemy, duc et prince de), né à Bruxelles le 16 avril 1662, mort le 3 septembre 1705.

*De sable, au lion d'argent armé, lampassé et couronné d'or, la queue fourchue, nouée et passée en sautoir.*

Ce prince fut un grand amateur de livres, et, selon le P. Anselme, « il était savant dans la connaissance des médailles et très-curieux des antiquités. »

Sa Bibliothèque, indépendamment des imprimés, renfermait aussi un grand nombre de manuscrits, dont 34, les plus beaux, furent acquis à sa vente par le célèbre amateur Gaignières.

Fato functi Bournonvillii bibliographia... *Catalogue* des livres de feu M. le prince de Bournonville, sur toutes sortes de sujets d'histoire et de littérature, et des meilleures éditions. *Parisiis, Giffart,* 1706, in-12.

BOUTAULT (Gilles), évêque d'Évreux, mort à Paris le 11 mars 1661, dans la 66e année de son âge.

*D'azur, à trois chevrons d'or accompagnés de trois triangles de même renversés.*

Ce prélat avait réuni de bons livres en tout genre, et une collection de curiosités et objets d'art fort estimée. Il avait aussi un grand nombre de médailles.

BOUTHIER DE ROCHEFORT (Jean-Baptiste), né le 22 juillet 1737. Il fut reçu conseiller au Parlement de Bourgogne, le 23 juillet 1782.

*De gueules, au lion d'argent, au chef d'azur, chargé d'un croissant d'argent et soutenu d'une devise d'or.*

BOUTHILLIER (Léon de), comte de Chavigny, ministre d'État. Il fut reçu conseiller au Parlement de Paris à 19 ans, conseiller du roi à 21, et secrétaire d'État à 24. Mort dans la 44e année de son âge, le 11 octobre 1652.

*D'azur, à trois fusées d'or rangées en fasce.*

Léon de Bouthillier avait hérité de son père, Claude, aussi ministre d'État, mort le 13 mars 1652, d'une belle collection riche surtout en manuscrits. Elle renfermait, entre autres, 270 volumes in-folio de pièces inédites concernant tout ce qui s'était passé depuis 1628 jusqu'en 1652, époque de la mort de Léon. Ces volumes furent inventoriés par François de Bouthillier, évêque de Troyes, qui suit.

BOUTHILLIER DE CHAVIGNY (François de), fils du précédent, évêque de Troyes en 1678, mort le 15 septembre 1731, âgé de 90 ans. Il s'était démis de son siège épiscopal vers 1697, en faveur de son neveu DENIS-FRANÇOIS DE BOUTHILLIER.

L'évêque de Troyes fut un grand amateur de livres. Il avait conservé la Bibliothèque formée par son aïeul et continuée par son père. Il fit lui-même de sa propre main l'inventaire des pièces recueillies par eux, et contenues dans les 270 volumes cités plus haut.

*Comme ci-dessus.*

La plupart des manuscrits que renfermait la Bibliothèque des Bouthillier sont aujourd'hui disséminés. On en trouve dans les Bibliothèques publiques de Troyes et de Montpellier, et dans la Bibliothèque Impériale.

*Inventaire* des manuscrits de Claude Bouthillier, ministre et secrétaire d'État, et de Léon Bouthillier, comte de Chavigny, aussi secrétaire, dressé par François Bouthillier, fils de Léon, ancien évêque de Troyes, conseiller d'État au conseil de la Régence. — 2 vol. in-fol.

BOUTHILLIER (Louis de), marquis de Villesavin, 3e fils d'Armand-Léon de Bouthillier et d'Élisabeth Bossuet. Il fut institué par la maréchale de Clérembault, sa tante, morte en 1722, comme son légataire universel. Il épousa, le 9 juillet 1700, Antoinette le Gouz, fille de Benoît le Gouz-Maillard, second président du Parlement de Dijon, et d'Anne Berthier. Il fut d'abord colonel du régiment de Quercy, puis, en mai 1732, colonel du régiment de Cambrésis. Sa collection était remarquable, surtout par les manuscrits qu'elle recelait. La Bibliothèque Impériale en conserve quelques-uns.

*Comme ci-dessus.*

Devise: *Si Fortuna deest, probitas virtusque rependit.*

BOUTIN DE LA BOISSIÈRE (Denis), enseigne des Cent-Suisses. 1722.

*D'azur, à deux épées d'argent passées en sautoir, la garde d'or, accompagnées de quatre étoiles de même, disposées en orle.*

Boutin de la Boissière, dans les quelques loisirs que lui laissait sa position active, avait su réunir des ouvrages de choix et des manuscrits précieux.

BOUTRY (l'abbé Jean-Baptiste de), prieur de Saint-Sauveur d'Évreux.

*D'azur, à la croix d'argent accompagnée à chaque canton de trois étoiles du même.*

L'abbé Boutry était un amateur ardent et éclairé. Sa Bibliothèque renfermait des raretés, tant imprimées que manuscrites, dont on retrouve les exemplaires dans quelques Bibliothèques publiques et particulières de la Normandie.

BOUVARD DE FOURQUEUX (Michel), procureur général de la Chambre des Comptes, et conseiller en la Grand'Chambre du Parlement de Paris, mort en son château de Fourqueux, près Saint-Germain-en-Laye, le 18 juillet 1754, dans sa 68ᵉ année.

*D'azur, à trois fasces d'or surmontées d'un croissant montant d'or en chef, et accompagnées de trois étoiles du même en pointe.*

Cet amateur avait une magnifique collection dont la plus grande partie des volumes étaient habilement et richement reliés. Il laissa sa Bibliothèque à son fils, qui suit.

BOUVARD DE FOURQUEUX (Michel), IIᵉ du nom, fils du précédent, fut reçu conseiller au Parlement de Paris le 22 août 1738, ensuite procureur général en la Chambre des Comptes, et conseiller d'État en 1769. Il mourut vers 1776.

*Comme ci-dessus.*

La Bibliothèque du fils ne fut, à proprement parler, que la continuation de celle du père, qu'il augmenta d'un grand nombre de manuscrits fort estimés. De plus, il forma un cabinet d'objets d'art et d'antiquités, dans lequel on remarquait des bronzes de la meilleure école et des tableaux de grands maîtres. A sa mort, Bibliothèque et Cabinet furent vendus et dissipés. On distingue les livres du père de ceux du fils par la différence dans les ornements de l'écu.

BOVET (Jean-François de), conseiller au Parlement de Grenoble, 1684.

*D'azur, au taureau passant d'or.*

BOYLESVE (Gabriel). Il fut d'abord conseiller au Parlement de Bourgogne, puis reçu conseiller au Parlement de Paris le 19 décembre 1645; enfin évêque d'Avranches en 1651. Mort le 3 décembre 1667.

*D'azur, à trois sautoirs d'or, deux en chef et un en pointe.*

BRAGELONGNE (Thomas), chevalier seigneur d'Inginville, Issy, Pourpry et autres lieux, fut conseiller, puis président à la deuxième Chambre des enquêtes au Parlement de Paris, ensuite président au Parlement de Metz en 1674. Il mourut vers 1680, âgé d'environ 66 ans.

*De gueules, à la fasce d'or chargée d'une coquille de sable et accompagnée de trois molettes d'éperon, deux en chef, une en pointe.*

Dans les *Portraits des membres du Parlement de Paris*, on lit : « De « Bragelongne. — De médiocre suffi« sance, a bonne opinion de luy« mesme; grand parleur, cherchant « tousiours des nouveautez; amateur « de louanges; sans pouvoir, sans « suite... Donne tout-à-fait à la faveur « et aux ministres, defferre à Colbert. « N'est point seur, et est en quelque « manière intéressé... »

BRANCAS, IIe du nom (Louis de), duc de Lauraguais et pair de France, né le 5 mai 1714. Il avait épousé en secondes noces Diane-Adélaïde de Mailly, fille de Louis de Mailly, marquis de Nesles, morte le 30 novembre 1769.

Les meilleurs ouvrages de ce bibliophile passèrent dans la Bibliothèque de La Vallière.

*D'azur, au pal d'argent chargé de trois tours de gueules, accompagnées de quatre pattes de lion affrontées d'or mouvantes des deux flancs de l'écu, qui est de* Brancas; *accolé d'or, à*

3 *maillets de gueules, qui est de* Mailly.

BRANCAS (Louis de), des comtes de Forcalquier, marquis de Cereste, dit le *Marquis de Brancas,* né le 20 janvier 1672, mort le 9 août 1750. Il servit honorablement sur terre et sur mer, sous Louis XIV et sous Louis XV, et fut employé dans diverses ambassades. Il avait été nommé grand d'Espagne de première classe en 1750, et fait maréchal de France le 11 février 1741.

(1)

*Écartelé : au 1 et 4, comme le précédent; au 2 et 3, de gueules, à la croix vidée, pommetée et recercelée d'or, qui est de* Forcalquier.

Cet amateur eut deux marques bibliographiques : la première (nº 1), qu'il adopte à partir du moment où il fonde sa collection, et dont il se sert jusqu'en 1741. Alors, maréchal de France, il prend la seconde (nº 2), dans laquelle il fait entrer les insignes

(2)

de sa nouvelle dignité. Du reste, sa Bibliothèque était riche et assez bien choisie.

BRANCAS (Jean-Baptiste-Antoine de), docteur en théologie, agent général du clergé en 1722, aumônier du roi le 23 septembre 1717, abbé de Saint-Père de Melun le 6 novembre de la même année. Il avait été archevêque d'Aix, puis nommé à l'abbaye de Montmorel, dans le diocèse d'Avranches. Mort en 1770.

*Comme ci-dessus.*

BRANCION (Jacques, comte de). Le dernier rejeton mâle de cette maison, mort en septembre 1761, à Lons-le-Saulnier, âgé de 63 ans.

*D'azur, à trois bandes ondées d'argent.*

Cette Bibliothèque était assez remarquable. On y comptait quelques livres rares et de belles éditions. Mais ce qui la rendait précieuse au point de vue local, c'est qu'elle renfermait la plupart des ouvrages concernant l'ancien duché de Bourgogne.

BREBAN (Corrard de), ancien président honoraire à Troyes, vers 1730.

*D'argent, à trois merlettes de gueules et en cœur, une étoile de même.*

BREHAN (Jean de), seigneur de Gallinée, conseiller d'État et doyen du Parlement de Bretagne, vers 1671.

*De gueules, au léopard d'argent surmonté d'un lambel de même.*

BRETAGNE (Claûde), conseiller laïc au Parlement de Bourgogne. Il mourut doyen de la Cour, le 16 août 1614.

*D'azur, à une fasce ondée d'or, accompagnée de trois grelots de même en chef et d'un croissant montant d'argent en pointe.*

Devise : *Ne quid nimis.*

BRETEL, seigneur d'Auberbosc (Louis de), archevêque d'Aix en 1630. Il naquit à Rouen et mourut à Aix, le 27 mars 1644.

*D'or, au chevron de gueules chargé d'une fleur de lys d'or, et accompagné de trois molettes d'éperon de sable, au chef d'azur chargé d'un poisson d'argent.*

BRIANÇON (Laurent de), recteur de l'université de Valence en 1560, natif de Grenoble et l'un des plus célèbres avocats du Parlement de Dauphiné. Il est l'auteur des spirituels poëmes en langage du pays, intitulés: *Le batifel de la gisen, le banquet de le faye* et *la vieutenanci du courtizan.*

*D'azur, à la croix d'or.*

BRICHANTEAU (Louis Armand), marquis de Nangis, chevalier des Ordres du Roi, maréchal de France, gouverneur de Saluces en Roussillon, et chevalier d'honneur de la Reine. Il naquit le 27 septembre 1682, et mourut à Versailles, le 8 oct. 1742.

*D'azur, à 6 besants d'argent posés* 3, 2, 1.

BRIÇONNET (Guillaume), d'abord évêque de Lodève, puis président en la Chambre des Comptes le 14 août 1495, abbé de St-Germain-des-Prés en 1507, enfin évêque de Meaux en 1518. Il mourut le 24 janvier 1533.

*D'azur, à la bande componnée d'or et de gueules, le 2e compon chargé d'une étoile d'or accostée d'une étoile de même.*

La collection de ce bibliophile forma le premier fonds de la fameuse Bibliothèque de l'abbaye de Saint-Germain-des-Prés.

BRIÇONNET (François), seigneur de Millemont, conseiller au Parlement de Paris, reçu le 12 août 1630. Mourt le 25 décembre 1698.

*Comme ci-dessus.*

BRILHAC (Pierre de), conseiller au Parlement de Paris le 18 août 1624, en la quatrième Chambre des enquêtes.

*Écartelé : au 1 et 4 d'azur, à 3 fleurs de lys d'argent ; au 2 et 3 d'azur, au chevron d'or chargé de cinq roses de gueules, accompagné de trois étoiles d'or.*

« DE BRILHAC. — Très homme d'hon-
« neur, très particulier, confident de
« M. le président. Parent et familier
« de M. le chancelier (*Seguier*)...
« A crédit dans sa compagnie... n'est
« suject à aucuns intérests. L'on peut
« seurement se confier à luy... » [DULEAU, *Portraits des membres du Parlement de Paris.*]

BRINON DE CALIGNY, l'un des syndics de la Compagnie des Indes

*D'azur, au chevron d'argent, au chef endenché d'or.*

*Catalogue* des livres de la Bibliothèque de feu M. Brinon de Caligny, l'un des syndics de la Compagnie des Indes. — *Paris, J. Guérin*, 1739, in-8.

BRISARD-TIVILLE (Charles), conseiller au Parlement de Paris le 21 juin 1623 ; mort le 16 mai 1656.

*Fascé d'azur et d'argent de six*

*pièces, les fasces d'azur chargées chacune d'une aigle éployée accostée de deux lions affrontés d'or, enfermés dans des annelets enchaînés de même; celles d'argent chargées de neuf mouchetures d'hermines de sable*, 4, 3, 2.

« Brisard.—Homme obscur, froid, « sans communication, bon d'ailleurs; « de qualité fort médiocre.» [Duleau, *Portraits des membres du Parlement de Paris.*]

Malgré ce portrait peu flatteur, Brisard n'en était pas moins un excellent bibliophile. Il avait amassé une collection riche et nombreuse. Les volumes qu'il avait fait relier lui-même portaient sur l'un des plats ses armes, et sur l'autre un *semé d'aigles, d'hermines et de lions*, comme ci-dessous.

BRISSAC (Jean-Paul-Timoléon de Cossé, duc de), maréchal de France, né le 12 octobre 1698, mort le 17 décembre 1780.

C'est par erreur que la *Biographie universelle* le fait mourir en 1784. (V. la *Gazette de France*, année 1780, p. 476, 2e col.) Il avait été grand panetier. C'est ce qui explique les pièces mises de chaque côté au-dessous de l'écu, qui sont les insignes de cette dignité.

*De sable, à trois feuilles de scie d'or en fasce, les dents vers la pointe.*

BRISSART, secrétaire du roi en 1733, fermier général en 1737, mort vers 1753.

*D'argent, à l'arbre de sinople terrassé de même, au cerf passant d'or brochant sur le fût de l'arbre.*

*Catalogue* des livres et estampes de feu M. Brissart, secrétaire du roi, fermier général.... — *Paris, G. F. de Bure*, 1753, in-8.

BRISSON (Barnabé), chevalier seigneur de la Boissière, président à mortier au Parlement de Paris, et l'un des plus grands jurisconsultes que la France ait eus. Henri III avait coutume de dire qu'il n'y avait aucun prince de la chrétienté qui pût se vanter d'avoir à son service un homme aussi savant que son Brisson. Il naquit à Fontenay-le-Comte en 1532, et mourut à Paris le 15 novembre 1591, victime de la faction des Seize. Il fut pendu dans une des salles de ce palais même où sa voix éloquente avait si longtemps retenti.

*D'azur, à trois fusées d'argent posées en fasce.*

Dès son arrivée à Paris, c'est-à-dire en 1559, Brisson, sans négliger les devoirs de ses fonctions, s'adonna tout entier à son goût pour les antiquités, les livres, les manuscrits, les médailles, et autres monuments de toute espèce. Il parvint à s'en former une collection qui passait pour l'une des plus remarquables du temps. Après sa fin tragique, son cabinet, au dire de M. Benjamin Fillon, passa à sa fille Marie, qui le porta en mariage à François Myron, président au Grand Conseil, et lieutenant civil de la prévôté de Paris, mort le 4 juin 1699.

Les livres à cette marque sont fort rares, et par conséquent fort recherchés. Nous n'en avons trouvé dans aucune Bibliothèque publique de Paris.

BROC (Pierre de), évêque d'Auxerre, mort le 7 juillet 1671. Il était fils de François DE BROC, gentilhomme ordinaire de la Chambre du roi, et de Françoise DE MONTMORENCY, fille de Pierre DE MONTMORENCY, seigneur de Fosseux.

*Ecartelé : au 1 et 4, de sable, à la bande fuselée de 9 pièces d'argent, qui est de* BROC; *au 2 et 3, d'or, à la croix de gueules cantonnée de 16 alérions d'azur, 4 en chaque canton, qui est de* MONTMORENCY.

BRODEAU (Julien), avocat au Parlement de Paris, mort en cette ville le 19 avril 1653, à l'âge de 70 ans.

*D'azur, au chevron d'or, accompagné en chef de 2 roses tigées et feuillées, et en pointe d'un croissant montant, le tout d'or*

« Quoyque M. Julien Brodeau, dit le P. Jacob, soit en réputation pour la doctrine qu'il a fait paroistre dans les beaux arrests de la cour qui sont entre les mains de tous ceux de sa profession : toutefois l'érection qu'il a faite d'une curieuse bibliothèque ne luy cause pas une moindre gloire à la postérité. »

A la mort de l'illustre commentatateur de la *Coutume de Paris*, la plupart des manuscrits qu'il avait réunis, et dont quelques-uns provenaient de Grolier et de Louis Chaduc, passèrent dans le cabinet de Baluze et dans celui de Bouhier. Le 29 juillet 1699, le libraire Moette abandonna pour 95 liv., à la Bibliothèque Royale, treize manuscrits ayant appartenu à Julien et Jean Brodeau.

BRON (Jean-Baptiste-Marie), Lyonnais, chanoine de Saint-Paul de Lyon, évêque d'Égée.

*De gueules, au lion d'argent portant une gerbe d'or de ses pattes de devant, au chef cousu d'azur, à deux étoiles d'or.*

BROSSES (Charles de), premier président au Parlement de Dijon, né en cette ville le 17 juin 1709, mort le 17 mars 1777.

L'auteur des *Lettres historiques et critiques* était non-seulement un savant, un antiquaire et un historien, mais encore un vrai bibliophile. Sa collection se faisait remarquer par le choix des exemplaires et des éditions. Les livres qu'il avait fait relier étaient en maroquin, dorés sur tranche. On les reconnaît par les armes ci-dessous, mais le plus souvent par ses initiales placées aux angles ou sur le dos.

*D'azur, à trois trèfles d'or, 2 et 1.*

*Catalogue* des livres de feu M. de Brosses, premier président du Parlement de Dijon. — *Dijon, L. N. Frantin*, 1778, in-12.

BROSSIN DE MÉRÉ, chevalier des ordres du Mont-Carmel et de Saint-Lazare, 1672.

*D'argent, au chevron d'azur, l'écu entouré du collier des ordres.*

BRUC (Joseph-Benoît, comte de), conseiller de Grand'Chambre au Parlement de Bretagne, marié, en 1712, à Thérèse le Prestre, de Châteaugiron.

*D'argent, à la rose de gueules en cœur, boutonnée d'or.*

BRULART (Nicolas), marquis de Sillery, seigneur de Puysieux, chancelier de France, né en 1544 à Sillery, en Champagne, où il est mort le 1^er^ octobre 1624.

*De gueules, à la bande d'or chargée d'une traînée de cinq barillets de sable.*

Devise : *Animis illabere nostris.*

Cette marque, avec la devise qui lui sert de légende, se trouve sur des volumes conservés à la Bibliothèque de Douai.

BRULART (Louis-Philogène), dit le *Marquis de Sillery*, né le 12 mai 1702, mort le 8 décembre 1770. Il avait été successivement capitaine de cavalerie, ambassadeur de France auprès du roi des Deux-Siciles, ministre plénipotentiaire de France aux conférences de Breda, conseiller d'État d'épée à la place du marquis de Fénelon, secrétaire d'État pour les affaires étrangères, chevalier des ordres du Roi, lieutenant-général au gouvernement de la province du Languedoc, enfin gouverneur de la ville d'Épernay en Champagne.

*Comme ci-dessus.*

BRULART (Charles-Alexis), *comte de Genlis*, né le 21 janvier 1737,

mort en octobre 1793. Il avait épousé Stéphanie-Félicité Ducrest de Saint-

Aubin, l'aimable conteuse connue sous le nom de *Madame de Genlis*, morte à Paris, dans les derniers mois de 1830.

*Comme ci-dessus, accolé de* DUCREST, *qui est d'azur, à 3 bandes d'or, au chef d'argent chargé d'un lion issant de sable, armé et lampassé de gueules.*

BRUNEAU (Robert), conseiller au Parlement de Paris, mort le 15 avril 1713, âgé de 82 ans.

*D'azur, à la fasce d'argent chargée de 3 merlettes de sable et accompagnée de 3 étoiles d'or, 2 en chef, 1 en pointe.*

BRUNET (Pierre), baron de Chailly, seigneur de Sérigny, président en la Chambre des Comptes le 1er juin 1705, mort le 10 février 1740.

*Ecartelé: au 1 et 4, d'or, au levrier de gueules, à la bordure crénelée de sable; au 2 et 3, d'argent, à la tête de More de sable tortillée d'argent.*

BRUYÈRES-CHALABRE (de), en Languedoc.

*D'or, au lion de sable, armé et lampassé de gueules, la queue fourchée et passée en sautoir.*

*Catalogue* des livres imprimés et manuscrits et des autographes composant le cabinet de feu M. de Bruyères-Chalabre.—*Paris, Merlin*, 1833, in-8.

BRYAS (Jacques-Théodore de), d'une ancienne famille de l'Artois. D'abord évêque de Saint-Omer en 1671, puis archevêque de Cambrai en 1675. Il mourut le 17 novembre 1694.

*D'or, à la fasce de sable, accom-*

*pagnée de trois cormorans du même, becqués et membrés de gueules, rangés en chef.*

Les évêques de Cambrai portaient en outre, sur leurs écus, une aigle de sable éployée surmontant le chef, qui est de l'EMPIRE, par concession de Charles-Quint.

BUADE (Antoine), comte de Palluau, seigneur de Frontenac, conseiller d'État, capitaine des châteaux de Saint-Germain-en-Laye et premier maître d'hôtel du Roi, chevalier de ses ordres, mort après 1633.

*D'azur, à trois pattes d'aigle d'or, 2 et 1.*

La Bibliothèque du comte de Palluau avait été formée avec goût, et, sans être considérable, elle renfermait beaucoup d'ouvrages rares, et une certaine quantité de manuscrits précieux.

A la vente de sa collection, on trouva plusieurs reliures de Le Gascon et autres artistes du XVIIe siècle.

Cet amateur possédait en outre un grand nombre de bronzes antiques, des tableaux de maîtres, et un riche médailler.

BUEIL DE RACAN, en Touraine. Famille dont est issu le poëte Racan.

*D'azur, au croissant montant d'argent, accompagné de croisettes recroisettées au pied fiché d'or, trois en chef et trois en pointe.*

BULLION (Claude), conseiller d'Etat, intendant des finances et président à mortier au Parlement de Paris, chancelier des ordres du Roi en 1633. Il mourut le 22 décembre 1640.

*Ecartelé: au 1 et 4, d'azur, à trois fasces ondées d'argent, au lion naissant d'or, qui est de* BULLION; *au 2 et 3, d'argent, à la bande de gueules accompagnée de 6 coquilles de même en orle, qui est de* VINCENT.

Cet amateur avait une riche et nombreuse collection, composée de livres tant imprimés que manuscrits. La plupart des volumes étaient habilement reliés, et l'on en trouve un grand nombre à la Bibliothèque Impériale.

BULLION (Auguste-Léon), marquis de Bonnelles, mestre de camp d'un régiment de dragons. Il devint prieur de l'ordre de Malte, dont il fut nommé chevalier en 1697.

*Comme ci-dessus.*

BULLION (Anne-Jacques de), marquis de Fervaques, maréchal de camp, gouverneur du Maine, chevalier des ordres du Roi, connu sous le nom de *Marquis de Bonnelles,* né le 31 décembre 1679, mort à Paris, le 23 avril 1745.

*Comme ci-dessus.*

BULTEAU (Charles), secrétaire du Roi. Né à Rouen en 1627, mort à Paris, le 28 mai 1710, âgé de 83 ans. Il est auteur d'un *Traité de la préséance des rois de France sur les rois d'Espagne.* Paris, 1674, in-4. —On lui doit encore : 1° les *Annales Bultellani;* 2° *Annales Francisci ex Gregorio Turonensi.*

*D'azur, au chevron d'or accompagné de 3 glands de chêne renversés de même, posés* 2 *et* 1.

Charles Bulteau avait réuni, avec autant de goût que de savoir, un grand nombre de livres. Il augmenta ensuite sa collection de toute celle que son frère, le savant Louis Bulteau, lui légua lorsque celui-ci se retira chez les Bénédictins. Son *Catalogue* accuse environ dix mille ouvrages. A sa vente, huit cent cinquante furent achetés par la Bibliothèque du Roi.

Bibliotheca Bultelliana, seu catalogus librorum Bibliothecæ V. Cl. D. Caroli Bulteau, regi à consiliis et secretariorum regiorum decani. Digestus et descriptus a Gabriele Martin, bibliopola parisiensi, cum indice authorum alphabetico. — *Parisiis, G. Martin,* 1711, 2 vol. in-8.

BURGAT (Claude), archidiacre de l'Eglise de Châlon-sur-Saône.

*D'azur, au château d'argent, au chef d'or chargé d'un rameau de laurier de sinople.*

Le livre sur lequel était frappé ce blason nous a été communiqué par Léon Russelli (Rousseau), l'auteur des *Suivantes de Jésus*. Il portait au premier feuillet de garde une note manuscrite indiquant les nom, prénom et qualité du possesseur.

BUSSY (François), chevalier de l'ordre du collier de Savoie.

*Ecartelé d'argent et d'azur.*

BUSSY-RABUTIN, en Charolais.

*Cinq points d'or équipolés à quatre de gueules.*

Ces armes figuraient sur les plats d'un *Cicéron* in-folio richement orné. Est-ce la marque bibliographique du célèbre auteur de l'*Histoire amoureuse des Gaules?* C'est ce que nous ne saurions affirmer. — Communiqué par M. Firmin Maillard.

BUTARD DES MONTOTS (Louis), conseiller au Parlement de Bourgogne, né le 9 septembre 1715, mort à Dijon le 6 janvier 1805. Sa famille est éteinte aujourd'hui. Il avait épousé Charlotte, fille de Philippe Suremain de Flamerans, conseiller au même Parlement.

*D'argent, à l'aigle de sable.*

Le président de Brosses, dans ses *Lettres écrites d'Italie*, a fait un si charmant portrait de Madame des Montots, que nous croyons être agréable aux lecteurs en le reproduisant ici : « Ce serait bien en vain qu'on courrait « le monde pour trouver ailleurs un « cœur aussi sensible et aussi vrai, « une âme plus pure et meilleure, un « caractère aussi égal, aussi sociable, « aussi doux. Qu'a-t-elle besoin d'une « aussi jolie figure? Elle devrait la « laisser à quelque autre; elle n'en a « que faire pour être universellement « chérie de tout le monde. Je lui passe « pourtant ses yeux si doux et si fiers, « parce qu'ils sont le miroir de la plus « belle âme qui fût jamais. »

Le célèbre président ne fait pas mention de la Bibliothèque de Butard des Montots, ce qui a lieu de nous étonner; car, si nos renseignements sont exacts, elle était importante et savamment composée.

CADEAU (Pierre-Christophe), maître des Comptes, mort à Paris, le 18 septembre 1630, âgé d'environ 70 ans.

*D'azur, à trois bandes ondées d'argent.*

CADIER DE VEAUCE (François-Claude de), seigneur de Saint-Augustin, né à Moulins, le 20 juillet 1723, mort en la même ville, le 28 février 1794.

*D'azur, au massacre de cerf ramé de dix cors d'or.*

Nous avons relevé cet écusson sur un bel exemplaire de Salluste, *Lutetiæ Parisiorum, Mich. Steph. David filii*, 1744, in-12, relié avec une rare élégance. Au bas du titre se trouvait écrit à la main le millésime de 1788. Si, comme nous le pensons, cette date est celle de l'acquisition, ce volume a dû appartenir à l'amateur ci-dessus dénommé.

CAILLET, membre du Parlement de Paris, vers 1725.

*D'azur, à trois molettes d'or.*

CAJOT, en Bugey.

*D'azur, à une fasce d'or surmontée en chef d'un croissant d'argent.*

Ces armoiries ornaient le dos d'un exemplaire des *Métamorphoses d'Ovide en rondeaux, par Isaac Benserade;* Paris, 1676, gr. in-4° relié en maroquin rouge, à tranches dorées. — Communiqué par M. le vicomte Oscar de Poli.

CALLOU (Thomas), conseiller, procureur du roi en la Cour des Monnaies de Reims. 1727.

*D'azur, au chevron brisé d'or, accompagné en chef de trois étoiles rangées en fasce, aux flancs de deux canettes, et en pointe d'une rose, le tout d'or.*

CAMPS (François de), nommé évêque de Pamiers le 12 novembre 1685, mort en 1723.

*D'azur, au lion d'or soutenant de ses deux pattes un écusson d'argent.*

CAMUS DE PONTCARRÉ (Nicolas), conseiller au Parlement de Paris le 3 avril 1636, mort vers 1660.

*D'azur, à trois croissants montants d'argent, à l'étoile d'or posée en fasce.*

Dans les *Portraits des membres du Parlement de Paris,* publiés par Duleau, on lit : « Camus de Pontcarré. —« Ne manque pas de suffisance et de « capacité ; cherchant les nouveautez ; « de belle humeur et de grande liberté « à parler ; est homme de parolle et « aymé en sa Chambre. A une très- « grande exactitude dans les affaires... « n'est pas intéressé ; aime la dignité « du Parlement... »

**CANAYE** (Jacques), seigneur des Roches, de Grandfond; d'abord conseiller au Grand Conseil, puis conseiller au Parlement de Paris le 30 décembre 1633, mort sous-doyen, le 29 septembre 1686.

*D'azur, au chevron d'argent accompagné de 2 étoiles en chef et d'une rose en pointe, le tout de même.*

Dans les *Portraits des membres du Parlement*, publiés par Duleau, nous lisons : « Canaye. — « Fort incommodé « en ses affaires, fort intéressé, hardy. « Va viste, a de la capacité dans le « Palais. Peut servir, et ne manque- « roit pas de le faire s'il avoit promis. « M. de Harlay, maistre des requestes, « l'a poussé; Perrochon l'a soutenu et « l'a sauvé, luy prestant de l'argent, et « de ce chef a tout pouvoir sur luy... »

Les livres de cet amateur étaient en fort bonne condition, et se faisaient remarquer par la beauté de la reliure.

Sa collection renfermait de nombreux manuscrits, dont quelques-uns sont conservés à la Bibliothèque de l'Arsenal.

Le fer dont il frappait les plats de ses volumes changea plusieurs fois en ce qui touche les ornements de l'écu. Nous avons reproduit ici le plus fréquemment employé.

**CANEL** (Claude), conseiller au Parlement de Paris vers 1680.

*D'or, au chevron d'azur, au chef de gueules, chargé de trois besants d'argent, 2 et 1.*

**CAPELET**, en l'Isle de France.

*D'azur, au chevron d'or accompagné de trois étoiles du même, 2 en chef, 1 en pointe.*

**CAPITAINE** (Ulysse), né à Liége, le 24 décembre 1828, administrateur du Comptoir d'escompte de la Banque nationale de Belgique, ancien membre du Conseil supérieur d'industrie, secrétaire général honoraire de la Société d'émulation et de l'Institut archéologique liégeois ; membre secrétaire de la commission administrative du Conservatoire royal de musique de Liége. Publiciste, archéologue et bibliographe, M. Ulysse Capitaine a fait paraître les travaux suivants :

*Recherches sur les journaux et les écrits périodiques liégeois.* Liége, 1850, in-12.

*Bibliographie liégeoise du seizième siècle.* Bruxelles, 1852, in-8.

*Notice historique sur la Franc-Maçonnerie à Liége.* Liége, 1867, 2 vol. in-18.

*Recherches sur l'introduction de l'imprimerie dans les localités dépendant de l'ancienne principauté de Liége et de la province actuelle de ce nom.* Bruxelles, Fr.-J. Olwier, 1867, in-8.

*Nécrologe liégeois.* Liége, 1851-1864, 14 vol. in-18.

M. Capitaine a commencé la publication d'une *Biographie liégeoise depuis les temps les plus reculés jusqu'en 1850;* les 200 premières pages ont paru.

Il a collaboré aux Bulletins du *Bibliophile belge*, de l'*Institut archéologique liégeois*, de la *Société liégeoise de littérature wallonne;* au *Messager des Sciences historiques de Belgique*, à la *Biographie nationale belge*, aux *Supercheries littéraires*, et aux derniers volumes de la *France littéraire* de Quérard, etc. Il a fondé, avec MM. Léon et Charles de Thier, le journal libéral *La Meuse*, feuille quotidenne qui paraît depuis 1856.

Son père, M. Félix Capitaine, né à Opleeuw (province de Limbourg), en 1804, est auteur de quelques travaux historiques et de nombreux rapports sur des questions commerciales ou sociales, imprimés de 1842 à 1867. M. Capitaine père a collaboré activement au *Journal de Liége*, de 1831 à 1850. Docteur en droit et industriel, il a occupé les fonctions de président de la Chambre et du Tribunal de commerce de Liége, de vice-président du Conseil supérieur d'industrie de Belgique, de conseiller provincial, de membre du Conseil communal de Liége, etc.

La Bibliothèque de ce bibliophile érudit a un caractère local. Elle comprend exclusivement : 1° les livres imprimés dans les localités dépendant de l'ancienne principauté de Liége ; 2° les livres publiés à l'étranger, et se rapportant à l'histoire, aux hommes et aux choses de ce pays. Elle contient, en outre, des collections de gravures, de cartes, de plans, de dessins et d'autographes formées dans les mêmes conditions.

Les deux marques ci-dessous servent l'une et l'autre aux livres de sa Bibliothèque.

La première (No 1) représente la

(1)

*colonne*, pièce principale qui figure dans les armes de Liége, adoptée ici comme symbole d'une collection se rapportant à cette principauté, avec une phrase d'Augustin Thierry prise pour devise : *L'histoire de la ville natale est celle où notre âme s'attache ;* au bas de la vignette, les initiales du possesseur.

La deuxième (N° 2) donne son monogramme formé de l'initiale de

(2)

son prénom et de toutes les autres lettres qui entrent dans son nom : U. C.A.P.I.T.A.I.N.E.

CAPPONI (de), en Bourbonnais.

*Tranché de sable et d'argent.*

Cet écusson nous a été communiqué, ainsi que beaucoup d'autres, par M. le comte de Soultrait, le savant auteur de l'*Armorial du Bourbonnais.*

CARDON (Horace), échevin de la ville de Lyon, 1610.

*D'or, à une fleur de cardon au naturel, tigée et feuillée de sinople.*

Nous avons vu peu de livres à cette marque ; mais tous étaient reliés avec goût, et provenaient la plupart des plus célèbres imprimeries. On trouvait dans la collection de cet amateur beaucoup de manuscrits se rapportant à l'histoire de la ville de Lyon.

CARMONNE (Hubert de), conseiller au Parlement de Bourgogne. Mort le 25 octobre 1527.

*D'azur, à trois coquilles d'or.*

CARPENTIER, sieur des Tournelles, conseiller-auditeur de la Chambre des Comptes de Paris, reçu en 1699, mort vers 1739.

*D'azur, au chevron d'or accompagné de 2 étoiles de même en chef, et d'un croissant montant d'argent en pointe.*

*Catalogue* des livres.... de feu M. Carpentier, sieur des Tournelles, auditeur des Comptes.... — *Paris, Prault fils*, 1739, in-12.

CARPOT (Michel-François-Louis), écuyer, conseiller secrétaire du Roi, maison, couronne de France et de ses finances en la grande chancellerie; ancien officier syndic de la Compagnie, mort le 17 avril 1729, âgé de 68 ans.

*D'or, au cep de vigne de sinople, à la fasce d'hermine brochante.*

CARRELET DE LOISY.

*D'azur, au lion d'or, au chef cousu de gueules, chargé de trois losanges d'argent.*

Cette marque accompagnait une reliure du célèbre Derome. Nous avons rarement vu un aussi joli travail dans l'ensemble et plus de délicatesse dans les détails.

CARRION DE NISAS (Henri de), lieutenant-général des armées du Roi, mort le 15 novembre 1754, âgé de 94 ans.

*D'azur, à une tour d'argent donjonnée de trois tourelles du même, crénelées et maçonnées de sable.*

Voy. le *Catal.* Dinaux, 1re partie, no 213.

CASTAGNÈRES (Pierre-Antoine de), marquis de Châteauneuf et de Marolles, conseiller d'Etat. Il fut reçu prévôt des Marchands de Paris le 4 juillet 1720, en remplacement de Charles Trudaine. Mort vers 1725.

*D'or, à un châtaignier arraché de sinople.*

CASTANIER D'AURIAC (Guillaume), conseiller d'Etat et premier président au Grand Conseil, né en 1702, mort à Fontainebleau, le 3 décembre 1765.

*D'argent, au châtaignier de sinople, fruité d'or, sur un tertre du premier, un chef d'azur chargé d'un croissant montant, accosté de deux étoiles, le tout d'argent.*

CASTELLANE (François-Adhémar de Monteil de Grignan de), archevêque d'Arles, né le 27 août 1603, mort le 9 mars 1689.

*Ecartelé: au 1, d'or, à trois bandes d'azur; au 2, de gueules, à un château d'or sommé de 3 tours d'argent, qui est de* CASTELLANE ; *au 3, de gueules, au lion d'argent, au franc quartier d'hermine; au 4, de gueules, à la croix alaisée d'or, cantonnée de 4 quintefeuilles de même.*

CATHERINOT (Nicolas), jurisconsulte et philologue, né au château de Susson, près Bourges, le 4 novembre 1628, mort dans cette ville, le 28 juillet 1688.

*D'argent, au chevron d'azur accompagné de trois merlettes de sable, 2 en chef, 1 en pointe.*

Cet amateur s'était composé une Bibliothèque comprenant presque tous les ouvrages se rattachant à la province du Berry, dont il voulait écrire l'histoire. On ignore s'il avait un grand amour pour les livres des autres, mais l'on sait, par le *Ménagiana*, quels soins il prenait pour se débarrasser de ceux qu'il produisait. « Comme ils « n'étaient pas d'un grand débit, et « qu'aucun libraire n'eût voulu s'en « charger, M. Catherinot, quand il « venait à Paris, emportait avec lui « quantité de ses exemplaires brochés, « et passant par les quais, il faisait « semblant de regarder les vieux livres « et les brochures qu'on y étale, et « tirant de sa poche cinq ou six de ses « exemplaires, il les mettait parmi les « autres. C'est la méthode qu'il avait « inventée et qu'il a continuée jusqu'à « sa mort pour immortaliser son nom.»

CATINAT (Pierre), seigneur de la Fauconnerie, père du célèbre maréchal de ce nom. Il mourut doyen des conseillers au Parlement de Paris, en 1673 ou 1676, et fut enterré en l'église de Saint-Benoît, dont il avait été premier marguillier vers 1629.

*D'argent, à la croix de gueules chargée de neuf coquilles d'or.*

Dans les *Portraits des membres du Parlement*, publiés par Duleau, on lit : « CATINAT.—Homme d'honneur, très-« capable, hors d'intérests, a grande « probité, a grande créance en la « Chambre... »

CAULET (Jean), aumônier du Roi, évêque et prince de Grenoble, doyen du decanat de Savoie, abbé de Castries, de Saint-Martin, de *Miserere*, de Saint-Thiers de Saôu, de Notre-Dame de Chartres et de Saint-Nicolas-des-Prés, prieur commandataire de Saint-Robert de Cornillon, mort en cette ville, le 27 septembre 1771, âgé de 68 ans.

*De gueules, au lion d'or, à la fasce de gueules brochante chargée de trois étoiles d'or.*

La Bibliothèque de ce prélat était considérable. Elle renfermait une collection des Elzevier et beaucoup d'autres ouvrages provenant des plus célèbres imprimeurs. Il avait, en outre, rassemblé un grand nombre d'objets d'art et de curiosité, tels que tableaux, bronzes, estampes, vases antiques, pierres précieuses, médailles, etc.

*Mercure de France*, novemb. 1771, p. 212.

CAUMONT (Henri-Jacques-Nompar de), duc de la Force, pair de France, né le 5 mars 1675, reçu le 28 janvier 1715 membre de l'Académie française, mort le 22 juillet 1726.

*D'azur, à trois léopards d'or l'un sur l'autre, couronnés, armés et lampassés de gueules.*

Devise : *Ferme Caumont.*

Ces armes sont ordinairement accompagnées d'un chiffre composé de deux C. entrelacés comme il suit.

Bibliotheca Fortiana, seu catalogus librorum bibliothecæ... Henri Jacobi Nompar de Caumont, ducis de la Force et paris Franciæ. — *Parisiis, J. A. Robinot*, 1727, in-12.

CAVERSON (Guillaume), chanoine d'Utrecht.

*D'azur, au dauphin couronné d'or allumé de gueules.*

*Bulletin du Bibliophile belge*, 2e s., t. V, p. 260.

CHABENAT DE BONNEUIL, en Berry.

*D'argent, à la fasce en devise de gueules soutenue de trois pensées au naturel, feuillées de sinople, 2 et 1 ; au chef d'azur chargé d'un soleil d'or.*

Le fer de ces armes, conservé au musée de Bourges, sans aucun doute a servi à marquer les livres d'une Bibliothèque particulière. Mais à quel membre de la famille Chabenat a-t-il appartenu ? C'est ce que nous n'avons pu découvrir.

CHAMBELLAN (Guillaume), conseiller au Parlement de Bourgogne, reçu le 15 juin 1496.

*D'azur, à deux pattes de griffon d'or en chef, et en pointe une tête de léopard arrachée de même, lampassée de gueules.*

CHAMILLART (Michel de), né en 1651 d'une famille bourgeoise, mort à Paris, le 14 avril 1721.

*D'azur, à la levrette passante d'argent, accolée d'azur, au chef d'or chargé de trois molettes d'éperon du champ,* aliàs *de sable.*

Chamillart fut d'abord contrôleur général des finances, en 1699, à la place de Pontchartrain ; puis ministre de la guerre en janvier 1700, en remplacement de Barbezieux, fils de Louvois. Cinq ans après, Louis XIV le nomma grand trésorier de ses ordres Il obtint en outre la réunion des seigneuries de Courcelles, Château-Sénéchal, Verron et autres châtellenies au comté de la Suze (Sarthe), dont l'érection fut renouvelée en sa faveur par lettres-patentes du mois de mai 1720. Chamillart est le type du ministre sous un gouvernement personnel. Sans aucune espèce de talent, il s'éleva, comme on vient de le voir, aux plus hautes dignités. On a dit qu'il ne devait son étonnante fortune qu'à sa grande habileté dans tous les jeux, et particulièrement au jeu de billard, que Louis XIV aima passionnément de longues années. Bien que rien ne puisse nous étonner de l'homme qui signa la révocation de l'édit de Nantes et provoqua les dragonnades, il nous est difficile d'admettre que, pour un motif aussi puérile, le « grand roi » ait pu confier à Chamillart d'aussi importantes fonctions. La cause réelle de son avancement est peut-être dans son incapacité même. Il n'était ni politique, ni guerrier, ni administrateur, ni financier. Son mérite, si c'en est un, consistait dans la possession de ces qualités négatives que les grands aiment et recherchent tant chez leurs inférieurs : l'honnêteté, la modestie, la douceur et la soumission. « C'était, dit Saint-Si« mon, un homme aimable, obligeant, « modeste, compatissant, doux dans le « commerce et sûr, jamais enflé, en« core moins gâté par la faveur et « l'autorité, d'abord facile et honnête « à tous, mais à la vérité *impar oneri*, « peu d'esprit et de lumière, peu de « discernement, aisé à prévenir, à « s'entêter, à croire tout voir et tout « savoir... » Dans tous les actes de son administration, il était guidé et soutenu par les conseils de son puissant patron, qui en cela trouvait lui-même la satisfaction de son immense amour-propre. Par hasard, faisait-il bien, le maître en recueillait tout l'avantage; si mal, l'élève supportait à lui seul tout le poids de l'animadversion publique. Quand sonna l'heure de sa chute, il rentra, calme, tranquille et sans haine, dans la vie privée, où il vécut depuis sans faste et dans la meilleure compagnie, passant son temps dans son hôtel à Paris, ou dans son château de Courcelles (Seine-et-Oise). C'est alors, comme tous les vaincus, qu'il chercha une compensation dans les choses de l'esprit. Il rassembla un grand nombre de bons et beaux livres, dont la plupart portaient ses armes frappées sur les plats. Il se composa, en outre, un cabinet d'antiquités et d'objets d'art d'une grande valeur, où il avait réuni des estampes, des gravures et des tableaux, dans le choix desquels il se montra un amateur de goût. A sa mort, les épigrammes tombèrent dru comme grêle. De toutes, nous ne citerons que la suivante, qui frappe à la fois et le maître et le serviteur :

Ci gît le fameux Chamillart,
De son roi le protonotaire;
Il fut un héros au billard,
Un zéro dans le ministère.

Chamillart avait épousé, le 28 novembre 1680, Isabelle-Thérèse Le Rebours, sa cousine germaine, fille de Jean Le Rebours, maître des Comptes, morte au château de la Suze, le 26 juillet 1731, âgée de 74 ans. Madame de Chamillart, dans son domaine de l'Étang-la-Ville (Seine-et-Oise), s'était formée une Bibliothèque fort remarquable et de beaucoup supérieure à celle de son mari, soit par le choix des ouvrages, soit par le luxe et l'élégance des ornements. Tous les volumes qu'elle avait fait relier elle-même étaient habillés en maroquin de différentes couleurs et doublés de même. On les reconnaît facilement par ses armes, tantôt frappées sur les plats, avec son chiffre aux angles — deux C entrelacés, — tantôt à l'intérieur, comme il suit.

*Comme ci-dessus*, *accolé de* Le Rebours, *qui est de gueules à sept losanges d'argent, posés* 3, 3 et 1.

Ces volumes sont aujourd'hui disputés avec ardeur par les bibliophiles. A la vente de la splendide collection Brunet, ils se sont élevés à des prix fabuleux. Nous en citerons quelques-uns pour montrer le goût du possesseur primitif.

Dans le *Catalogue* des livres de Brunet, nous trouvons : 1° un exemplaire des *Provinciales*, 1700, 2 vol. in-12, vendu 1,620 fr. à M. Potier, libraire de Paris; 2° un *Théâtre de Corneille*, 1706, 10 vol. in-12, reliés par Boyer, vendu 4,100 fr. au même libraire.

Dans le *Catalogue* des livres rares et précieux de M. J.-J. de Bure, Paris, 1853, in-8, sous le n° 47, on lit : « Heures pour madame Chamillart, « in-8, relié, maroquin, avec des fer« moirs, doublé de mar. v., dent., « tr. dor.—Manuscrit sur *vélin*, com« posé de 401 pages et le titre. Il est « orné d'une miniature à la page 32,

« et de vignettes, culs-de-lampe et « lettres initiales en or et en couleurs. « L'écriture en est très-belle. Le nom « du calligraphe, J Le Couteux, se « trouve à la page 368. — Ce joli ma- « nuscrit, fait pour madame de Cha- « millart, femme du ministre de ce « nom, est à ses armes. Cette Dame « possédait de très-jolis livres qui sont « actuellement fort recherchés... » Ce volume fut acquis 605 fr. par le célèbre bibliophile Hope. Il figure dans le *Catalogue* de cet amateur sous le nº 5.

Enfin, M. Bachelin-Deflorenne, notre éditeur, a vendu récemment, en vente publique, un livre aux armes de madame de Chamillart, intitulé : *Le Symbole des Apôtres, avec des explications pour servir de méditation aux âmes chrétiennes*, par le R. P. Perduyn, de la Compagnie de Jésus, à Bruxelles. C'est un volume in-12, relié en maroquin noir janséniste, doublé de maroquin rouge, avec bordures. Chaque feuille de vélin est encadrée d'or; les titres sont rouges, les majuscules sont ornées de peintures rehaussées d'or. Il est aujourd'hui en la possession d'un amateur qui descend de la famille des Chamillart.

Chamillart eut de sa femme trois filles, qui toutes trois professèrent pour les beaux livres le même culte que leur mère.

La première, Catherine-Angélique, morte le 19 février 1739, âgée de 50 ans, épousa, le 14 juin 1698, Thomas de Dreux, marquis de Brézé.

La seconde, Marie-Thérèse, morte sans enfants le 3 septembre 1716, fut mariée, le 24 novembre 1701, à Louis, duc de la Feuillade, maréchal de France, mort le 29 janvier 1725.

La troisième, Geneviève-Thérèse, morte le 31 mai 1714, avait épousé, le 14 décembre 1702, Guy-Nicolas de Durfort, duc de Lorges, dont elle fu la première femme,

Nous en parlerons aux noms res pectifs de leurs maris.

CHANLATTE, directeur du com merce des Indes, 1670.

*D'argent, au chevron d'azur accompagné de trois mouchetures d'her mine de sable, 2 en chef, 1 en pointe*

Les livres à cette marque sont asse: fréquents, et l'élégance avec laquelle il sont reliés fait supposer que la Biblio thèque dont ils faisaient partie devai être celle d'un bibliophile de goût.

CHAPPONAY (François de), prévô des marchands de la ville de Lyon 1627.

*D'azur, à trois coqs d'or, 2 et 1, membrés, becqués, barbés et crêtés de gueules.*

CHAPT DE RASTIGNAC (Louis-Jacques), archevêque de Tours, né dans le Périgord en 1684, mort le 2 août 1750.

*D'azur, au lion d'argent couronné d'or.*

L'archevêque de Tours avait réuni dans son palais épiscopal beaucoup de livres, en général classiques, qu'il avait fait relier avec une grande richesse d'ornementation. On y remarquait aussi bon nombre de manuscrits précieux, dont la plupart sont conservés aujourd'hui dans les différentes Bibliothèques de Paris.

CHARENCY (Guillaume), conseiller au Parlement de Grenoble, vers le commencement du XVIIe siècle.

*D'azur, à trois oiseaux d'argent, volant en bande.*

CHARPENTIER (Thierry), conseiller au Parlement de Metz, le 16 octobre 1637, puis au Grand Conseil, le 25 janvier 1644, conseiller au Parlement de Paris et commissaire aux requêtes du Palais, le 5 avril 1645, mort en 1681.

*D'azur, à la bande échiquetée d'or et de gueules de deux tires, accompagnée de deux licornes effarées,* alias *saillantes d'argent.*

Duleau, dans ses *Portraits des membres du Parlement de Paris*, dit : Charpentier. — « Fort facile à gouverner, quoyque en apparence d'humeur bizarre, critique et mélancolique; est fort attaché à ses interests, au sacq; seur à ses amys... Ne manque pas de capacité. » Ni de goût et de talents bibliographiques, ajouterons-nous, car les livres à cette marque que nous avons vus étaient habillés avec beaucoup d'élégance, et la plupart portaient des notes judicieuses tant sur le sujet propre, que sur l'édition. On trouvait dans sa Bibliothèque plusieurs incunables et quelques Livres d'Heures ornés de miniatures de la plus grande beauté. Les armoiries ci-dessus ont été prises sur un exemplaire de : *La Loy salique* de Guill. Postel. —*Paris, Séb. Nivelle*, 1552, in-16.

CHARRIER, sieur de La Roche (Jean-Baptiste), chevalier, né en 1734, président en la Cour des Monnaies de Lyon, lieutenant particulier de la même ville en 1755.

*D'azur, à la roue d'or.*

CHARRON, marquis de Menars (Jean-Jacques), président à mortier au Parlement de Paris, mort en sa terre de Menars-sur-Loire, près Blois, le 16 mars 1718, dans la 75e année de son âge.

*D'azur, au chevron d'or accompagné de trois étoiles du même, 2 en chef, 1 en pointe.*

« C'était, dit Saint-Simon, une très-« belle figure d'homme et un fort bon-« homme aussi, peu capable, mais « plein d'honneur, de probité et de « dignité, et modeste, prodige dans un « président à mortier. » Maupeou lui succéda dans la charge de président. Jean-Baptiste Colbert, depuis ministre de ce nom, mort le 6 septembre 1683, avait épousé sa sœur, Marie CHARRON.

Ce bibliophile, dont le cabinet était un des plus beaux de son époque, s'enrichit encore, vers 1679, de la presque totalité de la collection Thuanienne, qu'il sauva ainsi, pour le moment, d'une dispersion complète. Cet événement parut si heureux pour les lettres, que le poëte Santeul le célébra dans une très-belle élégie en vers latins sous le titre de *Bibliotheca Thuana, nunc Menarsiana.* En 1706, le président Menars céda au cardinal de Rohan, alors évêque de Strasbourg, pour la somme de 40,000 livres, toute la Bibliothèque des de Thou.

A sa mort, tout ce qui restait de sa collection et qui contenait encore tant de richesses différentes, comme on peut le voir par le *Catalogue* cité ci-dessous, fut transporté et vendu à la Haye. Seulement les manuscrits Dupuy, dont le nombre s'élevait à plus de 850 volumes de tout format, restèrent entre les mains de ses deux filles et héritières, Marie-Thérèse Charron de Neufville, et Marie-Françoise-Thérèse Charron de Nozieux. Le 10 avril 1720, ces manuscrits furent acquis, par le procureur général de Fleury, pour 25,000 livres, qui les céda, le 10 juillet 1755, à la Bibliothèque du Roi, moyennant la somme de 60,000 livres.

*Bibliotheca Menarsiana*, ou Catalogue de la Bibliothèque de feu messire Jean-Jacques CHARRON, chevalier, marquis de MENARS, baron de Conflans-Sainte-Honorine, seigneur de Neufville et autres lieux, conseiller du Roi en tous ses conseils, président à mortier en la Cour du Parlement de Paris... *Augmentée* et *embellie* d'un grand nombre de manuscrits, dont les uns sont considérables par leur *antiquité* et *conservation*, les autres par la délicatesse des *miniatures*; et en outre enrichie *de ce qu'il y a de recherché* en théologie, *de curieux* en jurisprudence et en philosophie, *d'intéressant et de beau* en histoire et en belles-lettres, *et de ce qu'il y a de rares éditions parmi les orateurs et poëtes*. Le tout très-bien conditionné, et quelques-uns en grand papier...— *La Haye, Abraham de Hondt*, 1720, in-8.

CHARTRAIRE DE BOURBONNE (Jean-François-Gabriel-Benigne), président à mortier au Parlement de Bourgogne, en 1735, né le 8 avril 1713, mort le 24 novembre 1760. Il avait épousé Jeanne-Guillelmine, fille du célèbre président Jean BOUHIER.

*De gueules, à la tour d'or.*

Chartraire de Bourbonne avait hérité, en 1746, de la célèbre Bibliothèque de son beau-père. Il la laissa à son fils, et celui-ci au comte d'Avaux, son gendre, qui la vendit, en 1784, à l'abbé de Clairvaux, au prix de 135,000 liv. Voy. BOUHIER.

CHASSEBRAS (Jean-Baptiste), ancien docteur et seigneur de Sorbonne, prieur de Saint-Pierre de Chaumont en Vexin. Il avait été d'abord chanoine de l'église de Chartres, puis, durant 35 ans, archiprêtre et curé de Ste-Marie-Magdeleine, à Paris. Mort en 1691, âgé de 77 ans.

*Coupé de gueules et d'or à trois roses, 2 en chef et 1 en pointe de l'un en l'autre.*

*Catalogue* des livres composant la Bibliothèque de feu J.-B. Chassebras, ancien docteur de Sorbonne. — *Paris*, 1693, in-8.

CHASSEPOT DE BEAUMONT (Jean-François), chevalier seigneur de Mennecœur, conseiller du Roi en sa cour de Parlement. Mort à Paris, le 10 février 1724, à l'âge de 78 ans.

*Ecartelé : au 1 et 4, d'azur, à la*

*fasce ondée d'or, accompagnée de 3 roses de même; au 2 et 3, d'azur, au chevron d'or accompagné en chef de deux molettes, et d'une tête de chérubin de même en pointe.*

CHASTELLUX, duc de RAUZAN (Henri-Louis de), ancien ministre plénipotentiaire. Il venait d'être appelé à l'ambassade de Turin lorsque la Révolution de 1830 éclata. A cette même époque, il était député de Saône-et-Loire. C'est à l'occasion de son mariage avec Mlle de Duras, que Louis XVIII lui accorda le titre de duc de Rauzan.

*D'azur, à la bande d'or accompagnée de sept billettes de même, posées droites, six dans la direction de la bande, et la septième à l'angle senestre supérieur.*

CHASTENET, comte de Puységur (Aimé-Jacques-Ladislas de), mort à Tours, le 2 mai 1844.

*Ecartelé: au 1, d'argent, au lion de gueules, à la bordure du champ, chargée de 8 écussons, surchargés chacun d'une fasce d'argent; au 2, de gueules, à 3 flèches d'argent futées d'or, posées en pal; au 3, de gueules, à 3 pommes de pin d'or; au 4, d'azur, à 3 étoiles d'or; et sur le tout, d'azur, au chevron d'argent abaissé*

*sous un chef d'or, et accompagné en pointe d'un lion léopardé du second.*

La Bibliothèque du comte de Puységur se faisait remarquer par le choix des livres, la beauté des éditions et le goût des reliures. C'est au comte de Puységur que M. d'Avaux, le dernier représentant de la famille de Mesmes, légua en mourant le fameux psautier d'Ingelburge, dont MM. de Sourdeval et Léopold Delisle nous ont donné la curieuse odyssée.

CHASTILLON, en Bresse et Bugey.

*Parti d'argent et de gueules, au lion passant de l'un en l'autre.*

CHATEAUNEUF DE ROCHEBONNE (Charles-François de), évêque et comte de Noyon en décembre 1707. Il assista au sacre de Louis XV, le 25 octobre 1722, et fut fait archevêque de Lyon en juillet 1731. Mort le 28 février 1740.

*De gueules, à trois tours donjonnées chacune de trois tourelles d'or ajourées et maçonnées de sable.*

CHAULNES (Michel-Ferdinand d'Albert d'Ailly, duc de), lieutenant-général des armées de Louis XV, membre honoraire de l'Académie des Sciences, né le 31 décembre 1714, mort le 23 septembre 1769.

*De gueules, l'écu diapré de deux rinceaux embranchés de laurier d'argent passés en sautoir, au chef échiqueté d'argent et d'azur de trois traits qui est d'*Ailly*; sur le tout d'or, au lion de gueules armé, lampassé et couronné d'or, qui est d'*Albert.

La Bibliothèque du duc de Chaulnes renfermait les ouvrages les plus rares et les plus curieux. Il avait aussi formé une splendide collection d'estampes.

La vente des livres produisit 41,123 livr., environ 225,163 francs de notre argent.

*Catalogue* des livres manuscrits et imprimés et des estampes de la bibliothèque de M. le duc de Chaulnes, dont la vente se fera en son hôtel, rue d'Enfer. — *Paris, Le Clerc,* 1770, in-8.

Cet amateur possédait en outre une seconde Biblioth. en son château de Chaulnes, composée de 1,105 vol., qui fut vendue à part, comme l'indique le catalogue suivant, toujours joint au précédent : *Catalogue* des livres de la Bibl. du château de Chaulnes, dont la vente sera indiquée par des affiches.

CHAUVELIN (Louis), seigneur de Grisenoy, président à mortier le 26 juin 1736, né le 23 janvier 1706, mort le 29 avril 1754.

*D'argent, au chou sauvage, pommé et arraché de sinople, entouré par le fût d'un serpent d'or, la tête en haut.*

*Catalogue* des livres de M. le président Chauvelin. — *Paris, Damonneville,* 1754, in-8.

CHAUVELIN, seigneur de Grosbois, (Germain-Louis), branche de Grisenoy, garde des sceaux de France le 17 août 1727, ministre et secrétaire d'État des affaires étrangères jusqu'au 20 février 1737, et secrétaire et commandeur des ordres du Roi le 1er août 1736. Il naquit le 26 mars 1685, et mourut le 2 avril 1762.

*Comme ci-dessus.*

Cet amateur, outre une fort belle Bibliothèque, avait réuni une collection très-estimée de tableaux, d'estampes et autres objets d'art.

Les livres à cette marque sont assez fréquents, et se font tous remarquer par leurs belles reliures.

*Catalogue* des livres de la Bibliothèque de feu messire Germain-Louis Chauvelin, ministre d'État, commandeur des ordres du roi et ancien garde des sceaux de France, dont la vente commencera jeudi 1er juillet 1762..., en son hôtel, rue de Varennes.—*Paris*, *Lottin*, 1762, in-8, avec une table des noms d'auteurs.

*Catalogue* des tableaux, estampes, livres... après décès, de Germain-Louis Chauvelin, ministre d'État, par Remy et Audran.—*Paris*, 1762, in-8.

CHAVANNES, en Bresse et Bugey.

*De gueules, à 3 croissants montant d'or, 2 et 1.*

CHAVAUDON (Louis-Guillaume, seigneur de), président au Grand Conseil le 31 mars 1728, maître des requêtes honoraire, puis Président au Parlement le 16 décembre 1740, né le 6 mars 1691, mort au château de Montmagny, le 16 juillet 1765. Il avait épousé, le 19 juin 1715, Anne-Élisabeth Masson, fille de Jean-François Masson, secrétaire du Roi et fermier général.

*D'azur, au chevron d'or accompagné de trois besants de même, posés 2 et 1.*

*Notice* des principaux articles de la

Bibliothèque de feu M. le président Chavaudon, après le décès de Mme la présidente de Chavaudon, son épouse. —*Paris, imprimerie de Didot*, 1772, in-8.

CHÉON (Guillaume), conseiller, échevin de la ville de Reims, vers 1720.

*D'argent, au chêne de sinople, au chef d'azur chargé d'une molette d'éperon d'or.*

CHERIN (Bernard), né à Abouville en Champagne, le 20 janvier 1718, mort à Paris, le 21 mai 1785.

*D'or, à trois chérubins de gueules, 2 et 1.*

Chérin avait été historiographe des ordres de Saint-Lazare, de Saint-Michel et du Saint-Esprit. Ce fut un généalogiste instruit, et, ce qui est rare, d'une haute probité. Sa Bibliothèque, considérable d'ailleurs, renfermait particulièrement des ouvrages manuscrits et imprimés sur toutes les familles nobles de France, et tous ses livres portaient les armes ci-dessus rapportées sur les titres. Son fils, Louis-Nicolas-Henri, mort le 14 juin 1799, généalogiste aussi, continua la Bibliothèque de son père avec la même marque. A sa mort elle fut dispersée, et l'on trouve aujourd'hui bon nombre de volumes ayant appartenu aux Chérin, dans la Bibliothèque Impériale.

CHEVALIER (Nicolas), président à la Cour des Aides, mort le 23 juin 1633.

*Ecartelé : au 1 et 4, d'azur, à la cordelière nouée d'or liant deux E gothiques d'argent; au 2 et 3, d'argent, au lion rampant armé et lampassé de sable ; et sur le tout de gueules, à la licorne saillante d'argent.*

Nicolas Chevalier était le petit-fils d'Etienne Chevalier, né à Melun vers 1410, mort le 3 septembre 1474, trésorier et ambassadeur de Charles VII, et ami particulier d'Agnès Sorel, qui le nomma son exécuteur testamentaire avec Jacques Cœur. Etienne Chevalier fut un bibliophile des plus ardents. Le petit nombre de manuscrits provenant de sa collection parvenus jusqu'à nous, et dont la plupart furent exécutés par Jean Fouquet, sont des chef-d'œuvres de calligraphie et de peinture. Il s'était fait construire à Paris, rue de la Verrerie, un hôtel que l'on voyait encore au XVIII^e siècle. C'est là que Nicolas Chevalier conserva longtemps les richesses littéraires de son parent, auxquelles il avait ajouté les siennes, qui se composaient de livres remarquables par leurs belles reliures, et, selon le P. Jacob, de « quelques manuscrits bien rares, couverts de velours bleu, » contenant des recherches généalogiques sur les familles nobles de France.

Les livres, imprimés ou manuscrits, portaient sur les plats tantôt un semé de fleurs de lys, tantôt les armes ci-dessus avec deux C entrelacés aux angles.

Selon M. Albert de la Fizelière, dans son édition de la *Rymaille des Bibliotières*, Paris, Aubry, 1869, la majeure partie de cette collection, à la mort de Nicolas Chevalier, passa par héritage au président Longueil de Maisons, son neveu.

*Recherches* sur Jean Grolier, par Le Roux de Lincy, p. XXXIV.

CHEVALIER (Jacques), seigneur du Plessis et du Coudrai, petit-fils de Nicolas Chevalier, né en 1626, mort en 1688. Il avait été nommé conseiller au Parlement de Paris le 22 août 1638.

*D'azur, à la tête de licorne coupée d'argent, au chef du second chargé de 3 demi-vols de sable.*

Le Roux de Lincy n'a pas cité ce descendant du célèbre bibliophile. Il est vrai que, de notre côté, nous n'avons trouvé que ses armes frappées sur les plats d'un ouvrage de jurisprudence.

CHEVALIER (Georges de), conseiller au Parlement de Grenoble, 1680.

*D'azur, au chevron d'or.*

CHEVALIER (Louis), président en la seconde Chambre des Enquêtes à la Cour des Aides de Paris le 19 août 1704, honoraire en 1714. Il naquit à Paris le 6 juin 1674, et mourut le 28 février 1756.

*D'azur, à la fasce d'or accompagnée en chef d'une molette, et en pointe de*

*deux glands de chêne tigés, le tout de même.*

Bibliothèque nombreuse, choisie, et dont la plupart des volumes étaient habilement reliés.

On trouve sur les livres de ce bibliophile tantôt la marque ci-dessus, tantôt la suivante.

La première a pour légende : *Lud. Chevalier presidis.* La seconde : *Ex lib. Lud. Chevalier præsidis.*

Nous n'avons pu déterminer quelle est celle qui a précédé l'autre. La dernière figure sur un volume intitulé : *La Sainte Bible;* Mans, 1703, petit in-16, artistiquement relié. Il est conservé à la Bibliothèque Impériale sous le n° Inv. A. 5891.

CHIVRON (Bénédict-Théophile de), archevêque de Tarentaise, né à Turin en 1585, mort le 16 juin 1658.

*D'azur, au chevron d'or accompagné de trois lions de même, deux en chef, un en pointe.*

CHOISEUL-BEAUPRÉ (Gabriel-Florent de), né à Dinant, diocèse de Liége, au mois de juillet 1685, sacré évêque de Saint-Papoul le 17 juillet 1718, nommé évêque de Mende en 1723. Il mourut vers 1767, doyen des évêques de France.

*D'azur, à la croix d'or cantonnée de 18 billettes de même, 5 en chaque canton du chef posées en sautoir, et 4 en chaque canton de la pointe, posées 2, 2.*

CHOISEUL, duc de PRASLIN (Renault-César-Louis de), né le 18 janvier 1735, à Paris, où il mourut le 7 décembre 1791. Il avait été député de la sénéchaussée d'Anjou aux Etats Généraux en 1789.

*Comme ci-dessus.*

*Catalogue* des livres... de M. de Choiseul-Praslin, dont la vente se fera en son hôtel rue de Bourbon, le 19 mai 1792... — *Paris, L. N. Pissot*, 1792, in-8.

*Catalogue* des tableaux précieux des écoles d'Italie, de Flandres, de Hollande et de France; figures et bustes en marbre, groupes et figures de bronze, vases, colonnes et coupes de matières rares.... Riches meubles.... Porcelaines... Coupes et échantillons précieux d'agate orientale... Figures de pierre gravées, miniature de Petitot, provenant du cabinet de feu M. Choiseul-Praslin, par A.-J. Paillet, peintre. —*Paris*, 1792, in-8.

CHOISEUL (Etienne-François, duc de), comte de Stainville, ministre et secrétaire d'Etat, chevalier des Ordres du Roi et de la Toison d'Or, né le 28 juin 1719, mort dans le mois de mai 1785.

*D'azur, à la croix cantonnée de 20 billettes de même, qui est de* CHOISEUL, *et portant en cœur, d'or, à la croix ancrée de gueules, qui est de* STAINVILLE.

Ce célèbre diplomate, malgré ses préoccupations politiques, sut encore trouver le temps de se composer un des plus riches cabinets bibliographiques et artistiques qu'on ait connus. La plupart des volumes à ses armes sont entrés à la Bibliothèque Impériale.

*Recueil* d'estampes gravées d'après les tableaux du cabinet de monseigneur le duc de Choiseul, par Basan.—*Paris*, 1771, in-4.

*Catalogue* des tableaux qui composent le cabinet de monseigneur le duc de Choiseul, dont la vente se fera le 6 avril 1772, en son hôtel, rue Richelieu, par J.-E. Boileau, peintre... *Paris, Prault*, 1772, in-8.

CHOISEUL (Léopold-Charles de), 17e archevêque de Cambrai, comte de Cambrésis et prince du Saint-Empire, frère du précédent, né au château de Lunéville, le 6 décembre 1724, mort le 4 septembre 1774.

*D'azur, à la croix d'or, cantonnée*

*de vingt billettes de même, cinq en chaque canton disposées en sautoir et*

*portant en cœur, d'or, à 3 lionceaux de sable, qui est de* CAMBRAI.

*Catalogue* des livres de la Bibliothèque de feu M*** (Léopold-Charles de Choiseul, archevêque de Cambrai), dont la vente se fera le lundi 6 février 1775... Les Livres de cette Bibliothèque sont très-bien conditionnés et reliés, la plupart en maroquin... — *Paris, Gogué et Née de la Rochelle,* 1775, in-8, 72 pages.

*Catalogue* de tableaux de Rubens, Van Dyck, Teniers, Pierre Neef et autres maîtres; miniatures, estampes en feuilles des diverses écoles, dont nombre gravées en manière noire..., après le décès de monseigneur Léopold-Charles de Choiseul, archevêque duc de Cambrai, prince du Saint-Empire, duc de Cambrésis... — *Paris, Pierre Remy,* in-12, 35 pages.

CHOISEUL-BEAUPRÉ (Claude-Antoine de), évêque, comte de Châlons-sur-Marne, pair de France, né le 1er novembre 1697, mort le 2 octobre 1763. Il était fils d'Antoine-Cleradius, comte de Choiseul, marquis de Beaupré, et de Anne-Françoise de Barillon de Morangis.

*D'azur à la croix d'or, cantonnée de 20 billettes de même, 5 en chaque*

*canton disposées en sautoir, et portant en cœur, d'azur, au chevron d'or accompagnée de 2 coquilles d'or en chef et en pointe d'une rose d'argent, qui est de* BARILLON DE MORANGIS.

CHOLIER, chevalier, comte de Cibeins (Louis-Hector de), baron d'Albigny, seigneur de Bailly, du Breuil, Layeux, Montroman, Misérieux, Sainte-Euphémie, etc., président en la Cour des Monnaies de Lyon, élu le 12 mai 1732, mort vers 1757.

*D'or, à trois bandes de sable, au chef d'azur chargé d'un lion d'or léopardé.*

La Bibliothèque de cet amateur contenait la *Polyglote* de Walton, le *Davila* de l'Imprimerie Royale, le *Virgile* d'Ogilvi, le *Phèdre* à l'usage du prince de Nassau, les *Capitulaires* de Baluze, les *Poëtes latins* de Londres, le *Joseph* d'Havercamp, le *Suidas* de Cambridge, les belles éditions de Glascow, et autres livres précieux tant par la date que par l'impression.

*Catalogue* des livres de feu M. Cholier de Cibeins, président en la Cour des Monnoies de Lyon...—*Lyon, Duplain,* 1758, in-8.

CIREY, dont plusieurs membres au Parlement de Bourgogne.

*D'azur, à deux levriers rampants et affrontés d'argent, accolés de gueules, bouclés et cloués d'or.*

CISTERNAY DU FAY (Charles-Jérôme de), capitaine aux Gardes-Françaises, né à Paris en 1662, mort en 1723.

*Ecartelé : au 1, d'azur, au dragon ailé d'or, armé et lampassé de gueules; au 2, bandé d'argent et de gueules de six pièces; au 3, d'azur, à la tour crénelée d'argent, ajourée et maçonnée de sable; au 4, d'argent, à 4 fasces vivrées de gueules, à la bande bro-*

*chante d'azur semée de fleurs de lis d'or, qui est de* Gencien.

« Cet amateur, dit Fontenelle, étant lieutenant aux Gardes, eut une jambe emportée d'un coup de canon, au bombardement de Bruxelles, en 1695. Il n'en quitta pas le service, et obtint une compagnie dans le régiment des Gaules; mais il fut obligé à y renoncer, par les incommodités qui lui survinrent, et par l'impossibilité de monter à cheval. Heureusement il aimait les lettres, et elles furent sa ressource. Il s'adressa à la curiosité en fait de livres, curiosité qui ne peut qu'être accompagnée de beaucoup de connaissances. Il rechercha avec soin les livres en tous genres, les belles éditions de tous les pays, les manuscrits qui avaient quelque mérite, outre celui de n'être pas imprimés, et se fit à la fin une Bibliothèque bien choisie et bien assortie, qui allait bien à la valeur de vingt-cinq mille écus. Ainsi il se trouva dans Paris un capitaine aux Gardes, en commerce avec tous les fameux libraires de l'Europe, ami des plus illustres savants, mieux fourni que la plupart d'entre eux des instruments de leur profession, plus instruit d'une infinité de particularités qui la regardaient. »

Tout le monde cependant ne partageait pas pour la Bibliothèque de Du Fay l'admiration du célèbre académicien. Le président Bouhier et l'avocat Marais, entre autres, n'avaient sur le goût et les connaissances bibliographiques de l'ancien lieutenant aux Gardes qu'une estime assez restreinte. En effet, Bouhier écrit à Marais, le 3 juillet 1725, après avoir lu le catalogue rédigé par G. Martin : « Cela sent moins le savant que le bibliomane. » Et Marais lui répond le 8 : « Le jugement que vous portez du catalogue de M. Du Fay est excellent : ce n'est pas une bibliothèque, c'est une boutique de livres curieux faite pour vendre et non pour garder. » Il faut dire qu'ils ne le jugèrent que d'après le catalogue, et se prononcèrent plus en savants qu'en amateurs : le sentiment bibliophilique leur échappa. La beauté des exemplaires, le choix du papier, la célébrité des typographes, la rareté des ouvrages, ces reliures qui, par la délicatesse, l'élégance et le bon goût de l'exécution, s'élèvent aux proportions de l'art, tout ce qui excite la fibre si délicate du collectionneur, les toucha fort peu. A travers les exagérations naturelles d'un *éloge* où l'on n'a d'autre but que de louer, l'on peut cependant discerner ce qu'il y a de vrai dans ce que dit Fontenelle au sujet de Du Fay. La collection de ce bibliophile se composait de 4,000 volumes. Ce nombre n'a rien de bien extraordinaire, et nous avons vu maintes Bibliothèques, autrement considérables par la quantité de livres qu'elles recélaient, et qui cependant étaient loin d'avoir l'importance de celle de Cisternay Du Fay. Celle-ci valait, selon Fontenelle, vingt-cinq mille écus, c'est-à-dire deux cent vingt-cinq mille francs de notre argent actuel. Il fallait donc au moins que la forme rachetât ce que Bouhier et Marais lui reprochaient sous le rapport du fond.

En tête des bons exemplaires de son catalogue, se trouvent deux portraits de notre bibliophile. L'un, dû à la pointe habile de Drevet, d'après Rigaud; l'autre, tout littéraire, laissé par son ami Martin Brochard, professeur au collége des Quatre-Nations. Tous deux se justifient réciproquement. Cisternay Du Fay était d'une physionomie agréable, d'une gravité sans affectation et peu causeur. D'un naturel doux et obligeant, il mettait avec courtoisie au service de ses amis toutes les richesses littéraires qu'il avait si laborieusement et si chèrement amassées.

Sa Bibliothèque fut vendue et dispersée en 1725. Les plus fins amateurs, et particulièrement le comte d'Hoym, y puisèrent à larges mains. On y trouva, dit Le Roux de Lincy, cinq volumes à la reliure de Grolier.

*Bibliotheca Fayana* : seu catalogus librorum bibliothecæ Caroli Hieron. de Cisternay du Fay, digestus et descriptus a Gabriele Martin, cum indice auctorum. — *Parisiis*, 1725, in-8.

FOURNIER, *Reliure en France*, p. 196.

CLAIRAMBAULT (Pierre de), généalogiste, de l'ordre du St-Esprit, né à Asnières (en Champagne), vers 1651, mort à Paris en 1740. Ce ne fut pas, à proprement parler, un bibliophile, quoique ses livres fussent en bon état et frappés à ses armes. Il ne collectionna, au point de vue de sa profession, que les ouvrages, imprimés ou manuscrits, se rattachant aux familles nobles de la France, dont il forma un recueil de deux cents volumes in-folio. Il s'était aussi composé un autre recueil de deux cent quarante volumes, relatifs à l'histoire de l'Ordre du St-Esprit, du même format. Ces deux collections sont aujourd'hui conservées à la Biblioth. Impériale.

*D'argent, à l'arbre arraché de sinople.*

CLARET DE FLEURIEU (Charles-Pierre), savant navigateur et géographe. Né à Lyon le 22 janvier 1738, d'une ancienne famille de cette ville, il mourut à Paris le 18 août 1810.

*Coupé au 1 d'azur, à un soleil d'or et une lune d'argent; au 2 de sinople, au compas d'argent, les pointes tournées vers le centre des astres.*

La Bibliothèque de Claret de Fleurieu n'était composée en grande partie que d'ouvrages relatifs à la navigation, sur laquelle il laissa des ouvrages estimés encore aujourd'hui. Lorsqu'il fut appelé aux affaires publiques, vers 1797, il se défit d'une partie de ses livres, et ne conserva que les choses les plus précieuses et les plus rares, et qu'à tout prix il n'avait voulu se séparer. Il possédait la plus riche collection de cartes géographiques et topographiques qu'on eût vue jusqu'alors. En 1782, il dressa de sa propre main le catalogue de tous ses livres. Deux copies autographes de ce catalogue existent à la Bibliothèque du dépôt général de la Marine, l'une en 2 vol. in-fol., l'autre en 1 vol. in-4. Outre ce catalogue on a encore les deux suivants, qui furent imprimés l'un lorsque Claret entra aux affaires, l'autre à l'époque de sa mort.

*Catalogue* des livres de la Bibliothèque du C*** (chevalier Claret de Fleurieu). — *Paris, Mauger,* an VI (1798), in-8.

*Catalogue* des livres de la Bibliothèque de feu M. le comte C.-P. Claret de Fleurieu, sénateur, grand officier de la Légion d'honneur.—*Paris, Th. Le Clerc,* 1810, in-8.

CLAUSSE DE MARCHAUMONT

(Henri), évêque et comte de Châlons, mort le 13 décembre 1640.

*D'azur, au chevron d'argent accompagné de trois têtes de léopard d'or bouclées de gueules.*

« Ce prélat avait érigé, dit le P. Jacob, une considérable Bibliothèque estant homme d'une grande doctrine. »

CLAUSSE DE MARCHAUMONT (François), grand maître des eaux et forêts en Bourgogne, mort sans enfants, le 18 décembre 1641.

*D'azur, au chevron d'argent, accompagné de trois têtes de léopard d'or bouclées de gueules, au lambel de même à 3 pendants.*

Devise : *Spes mea Deus.*

Ces armes figurent sur les plats d'un *Suétone*. Lyon, Jean de Tournes, 1556, in-4, conservé à la Bibliothèque Impériale. Au bas du titre se trouve cette note manuscrite : *Cosme, evesque de Chaalons, m'a donné à son frère Claude Clausse, qui m'a donné à François Clausse, son neveu.*

Toute la collection de cet amateur passa, par legs testamentaire, aux Feuillants de Paris, ainsi que le montre l'étiquette suivante, mise dans l'intérieur des plats de chaque volume lui ayant appartenu :

*Testamento dedit legavit monasterio Fuliensis SS. Angelum custodum nobilissimus juxta ac piissimus D. Franciscus Clausse de Marchaumont, obiit, Parisiis, 18 decembris 1641.*

Les armes sont ordinairement accompagnées du chiffre qui suit, formé des lettres grecques Φ K M, redoublées et enlacées, initiales de ses nom et prénoms.

CLERMONT (François-Guillaume de Castelnau, dit le Cardinal de), archevêque d'Auch, mort à Avignon, doyen des cardinaux, en 1540.

*D'or, à trois fasces de gueules, au chef d'hermines.*

La Bibliothèque de ce cardinal ne contenait guère que quelques manuscrits et un petit nombre d'imprimés.

CLERMONT D'AMBOISE.

*Ecartelé : aux 1 et 4 d'azur à trois chevrons d'or, le 1er brisé qui est de* CLERMONT ; *au 2 et 3, palé d'or et de gueules de 6 pièces, qui est* D'AMBOISE.

Cette marque se trouve sur un exemplaire des Commentaires de César, *Lug. Batav.*, 1713, in-8, conservé à la Bibliothèque Impériale, avec beaucoup d'autres volumes de la même provenance.

CLERMONT-TONNERRE (François de), évêque et comte de Noyon, pair de France, commandeur des ordres du roi, membre de l'Académie française. Mort en 1701.

*De gueules, à deux clés d'argent passées en sautoir.*

Saint-Simon dans ses *Mémoires*, en parlant de ce prélat, dit : « Toute sa maison était remplie de ses armes, jusqu'aux plafonds et aux planchers, des manteaux de comte et de pair dans tous les lambris; son chapeau d'évêque, des clés partout (qui sont ses armes), jusque sur le tabernacle de sa chapelle, des armes sur sa cheminée en tableau, avec tout ce qu'on peut imaginer d'ornements, tiares, armures, chapeaux, etc., et toutes les marques des offices de la couronne; dans sa galerie, une carte que j'aurais prise pour un concile, sans deux religieuses aux deux bouts : c'étaient les premiers et les successeurs de sa maison; et deux autres grandes cartes généalogiques avec le titre de : *Descente de la très-auguste maison de Clermont-Tonnerre d'Orient*, et à l'autre, *des empereurs d'Occident*. Il me montra ces merveilles que j'admirai à la hâte dans un autre sens que lui. »

Sa Bibliothèque, plus somptueuse que riche, ne lui servait, dit-on, pas à grand'chose.

CLIQUOT (Jean), conseiller-échevin de la ville de Reims, vers 1730.

*D'azur, au chevron d'or accompagné en chef de 2 étoiles de même, et en pointe d'un lis du jardin de sinople.*

CLOQUET (Louis), chanoine-diacre de l'église de Reims, vers 1719.

*D'azur, au chevron d'argent surmonté d'un croissant montant et accompagné de trois cloches, 2 en chef, 1 en pointe, le tout de même.*

Cette empreinte charmante nous a été communiquée par notre savant ami M. J.-F. Bladé, l'auteur des *Etudes sur l'origine des Basques.*

CLUGNET (Rigobert), baillif de l'abbaye de Saint-Rémy de Reims, vers 1720.

*D'azur, à la fasce d'or accompagnée en chef d'une ombre de soleil et en pointe d'un œil ouvert, le tout de même.*

CLUGNY (Etienne de), baron de Nuis-sur-Armançon, conseiller au Parlement de Bourgogne, né le 18 juillet 1691, mort le 21 juin 1746.

*D'azur, à deux clés d'or posées en pal et adossées, les anneaux en losanges pommetés et enlacés.*

Cette marque figurait sur un exemplaire de l'*Almanach royal*, année 1737, relié en maroquin rouge à tranches dorées.

COCHET DU MAGNY (Melchior-Benigne-Marie), prêtre, chanoine de la Sainte Chapelle du roi à Dijon. Mort en 1791. Il avait formé une très-belle Bibliothèque.

*D'argent, au coq de gueules.*

COEFFIER DE RUZÉ (Antoine), marquis d'Effiat, chevalier des Ordres du Roi, premier écuyer et premier veneur du duc d'Orléans, régent du royaume, bailli et gouverneur des ville et château de Montargis, mort le 3 juin 1719, âgé de 81 ans.

*De gueules, au chevron d'argent ondé d'azur, accompagné de trois lionceaux d'or, deux en chef, un en pointe.*

CŒURDEROY (Pierre-Anne), chanoine de l'église cathédrale de Dijon, né le 8 septembre 1747, reçu conseiller par le Parlement de Bourgogne le 11 janvier 1772.

*D'azur, au cœur couronné d'or, accosté de deux palmes de même.*

COIGNET (Julien-Denis), seigneur des Clayes, Vaucresson, etc., conseiller en la Grand'Chambre du Parlement de Paris, où il avait été reçu le 16 février 1707. Il mourut à Paris, le 2 mai 1742, âgé d'environ 58 ans.

*D'azur, à une gerbe d'or, accostée de deux moutons saillants d'argent.*

COIGNET DE LA THUILERIE (Mathieu), comte de Courson, conseiller d'État, mort en 1653, dans la 57e année de son âge. Il avait épousé en troisièmes noces, vers 1625, Anne l'Escalopier, fille de Jean, président au Parlement de Paris, et de Marie Gobelin, sœur aînée de la duchesse

de Bethune-Charost. Anne l'Escalopier mourut à Venise, le 26 novembre 1633, âgée de 22 ans.

*Ecartelé : au 1 et 4, d'azur, à 2 épées d'argent mises en sautoir, la pointe en haut, les poignées et gardes d'or, accompagnées de 4 croissants d'argent, qui est de* Coignet ; *au 2 et 3, de gueules, à la croix d'or cantonnée de 4 croissants de même, qui est de* l'Escalopier.

COISLIN DU CAMBOUT (Pierre de), évêque d'Orléans et abbé commendataire de Saint-Victor, né à Paris en 1636, mort à Versailles le 5 février 1706.

*De gueules, à trois fasces échiquetées d'argent et d'azur de 2 traits.*

L'évêque d'Orléans hérita de la fameuse collection du chancelier Séguier, par sa mère Marie Seguier, qui avait épousé Pierre-Çesar, marquis de Coislin, colonel général des Suisses, mort en 1641. On ne sait si ce prélat avait un grand amour pour les livres; tout ce qu'on peut dire, c'est que lorsqu'il mourut les ouvrages imprimés avaient complétement disparu. Les manuscrits passèrent à son neveu Henri-Charles du Cambout, duc de Coislin, évêque de Metz, pair de France et prince du Saint-Empire, qui les légua à l'abbaye de Saint-Germain-des-Prés. Une partie de ces manuscrits furent détruits par un incendie le 19 août 1794. Ceux que l'on put sauver sont aujourd'hui à la Bibliothèque Nationale. Quelques-uns de ces livres sont ornés des armes ci-dessus, frappées sur les plats, et tous les volumes provenant de la munificence de l'évêque de Metz portent au bas du premier feuillet l'étiquette imprimée qui suit : *Ex Bibliotheca Noss. Coisliniana, olim Segueriana, quam illust. Henricus du Cambout, dux de Coislin, par Franciæ, episcopus Metensis, etc., monasterio S. Germani a Pratis legavit. An. M.D.CC.XXX.II.*

Le P. Montfaucon, d'après l'ordre du duc de Coislin, avait dressé le catalogue des manuscrits grecs que renfermait la collection Seguier. Ce catalogue parut sous ce titre : *Bibliotheca Coisliniana, olim Segueriana, sive manuscriptorum omnium græcorum, quæ in ea continentur... descriptio... studio et opera D. Bernardi de Montfaucon...*—Parisiis, L. Guerin, 1725, in-8, 810 pag. *Voy.* Seguier.

L'évêque de Metz (1), lui, passait à juste titre pour un véritable bibliophile. Il avait formé à Paris une fort belle collection de livres que les gens de lettres pouvaient fréquenter à leur gré. Outre celle-ci, il en possédait encore deux autres : l'une en son palais épiscopal, composée d'environ douze mille volumes; l'autre, non moins considérable, dans le splendide château de Frescaty, près Metz.

Ses livres, habilement reliés et ornés par les plus célèbres artistes de l'époque, portaient en grande partie les armes du possesseur. Ces armes se distinguent des précédentes par les

(1) Né à Paris, le 15 septembre 1664, mort en la même ville, le 28 novembre 1732. Il avait été commandeur de l'ordre du Saint-Esprit, premier aumônier du Roi et membre de l'Académie française.

ornements de l'écu, comme il suit.

*Catalogue* des livres... de la Bibliothèque de feu... Henri-Charles du Cambout, évêque de Metz, prince du Saint-Empire, duc de Coislin, pair de France...—*Paris, J. de Nully*, 1736, in-12.

COISLIN (Pierre-Adolphe du Cambout, marquis de).

*Comme ci-dessus.*

Cette Bibliothèque, composée avec un goût éclairé, renfermait un Grolier (*Vico Æneas*), le *Imagini con tutti i riversi*... 1548, in-4, avec un grand nombre de reliures sorties des ateliers de Trautz et Bauzonnet, Duru et Niedrée. Les livres que cet amateur avait fait relier étaient habillés en maroquin vert avec ses armes sur les plats et le chiffre suivant formé des lettres

P. A. C. (Pierre-Adolphe Coislin), placé aux angles.

*Catalogue* des livres rares et précieux manuscrits composant la bibliothèque de M. le marquis de C*** (Coislin)... — *Paris, Potier*, 1847, in-8.

COISNARD (Étienne), seigneur de la Garenne, près Meulan, conseiller au Parlement de Paris, le 29 avril 1674, en la deuxième Chambre des enquêtes. Il naquit le 18 juin 1649, et mourut en sa terre de la Garenne, le 22 août 1722.

*Echiqueté d'argent et d'azur, à la trangle d'or sous un chef émanché d'argent et de gueules de 16 pièces.*

COLARD (Pierre), conseiller au Parlement de Bourgogne.

*D'argent, à deux étoiles d'azur en chef et une tête de lion arrachée en pointe de même.*

COLAS, seigneur des Francs, conseiller au Parlement de Paris.

*D'or, au chêne de sinople, au sanglier passant de sable en pointe de l'écu.*

COLBERT DE CROISSY (Charles), président à mortier au Parlement de Paris, le 26 août 1629, mort au château de Versailles, le 28 juillet 1696, âgé de 67 ans.

*D'or, à la couleuvre en pal tor-*

*tillée d'azur.*

COLBERT, marquis de Seignelay (Jean-Baptiste), le premier ministre de ce nom. Il naquit à Reims, le 29 août 1619, et mourut en la même ville, le 6 septembre 1683.

*Comme ci-dessus.*

Colbert, comme chacun sait, fut un habile organisateur. Ce que l'on sait peut-être moins, c'est qu'il a été l'un des plus ardents bibliophiles que l'on connaisse. A ce tact merveilleux qui lui faisait voir vite, net et bien le côté pratique d'une situation difficile, il joignait un goût profond pour les hautes manifestations de l'esprit. L'amour des livres le rendit presque aussi célèbre que ses talents administratifs. La

Bibliothèque qu'il s'était créée à l'aide du savant Carcavi, au milieu d'une vie si laborieuse et si agitée, dès 1662, jouissait d'une réputation telle que les savants de l'Europe demandaient comme une faveur insigne d'être admis à la visiter.

On y comptait plus de huit mille manuscrits des plus rares et des plus précieux, de toutes les époques et en toutes les langues. Parmi eux figuraient deux livres, aujourd'hui au *Musée des Souverains*, provenant des trésors inestimables que renfermait avant la Révolution la cathédrale de Metz : l'un, fait pour Charles le Chauve, et qui passait pour le Livre d'Heures de Charlemagne ; l'autre, la Bible connue sous le nom de *Bible de Charles le Chauve*.

La partie des imprimés était aussi très-considérable. Le catalogue qui en fut dressé lors de la vente mentionne dix-huit mille deux cent dix-neuf articles, dont la plupart sont doubles, triples et même quadruples ; et ce ne serait point une exagération que d'évaluer le nombre des volumes à cinquante ou soixante mille.

A la mort de Colbert, sa Bibliothèque passa entre les mains de son fils aîné, Jean-Baptiste Colbert, marquis de Seignelay, — né à Paris en 1651, mort le 5 novembre 1690,—qui devint ministre de la marine.

« Le marquis de Seignelay, dit « M. Léopold Delisle, n'avait pas « pour les livres la même passion que « son père. » Cependant, il la conserva avec beaucoup de soin et l'augmenta encore sous la direction de Baluze, qui avait succédé à Carcavi dans la charge de bibliothécaire.

Quand le ministre de la marine vint à mourir, la Bibliothèque Colbertine échut à Jacques-Nicolas Colbert, frère du précédent, archevêque de Rouen. Baluze fut alors remplacé par l'abbé Duchesne. Mais, selon le savant que nous venons de citer, l'administration Duchesne, pas plus que celle de Guillaume Milhet, son successeur, ne fut marquée par aucune augmentation.

L'archevêque de Rouen, appréciant tout le prix d'une pareille collection, et croyant suivre en cela la pensée paternelle, résolut de la substituer dans la famille, afin d'en prévenir la dispersion. En conséquence, par son testament daté du 5 décembre 1707, il disposa de la Bibliothèque Colbertine en faveur de son neveu Charles-Éléonor Colbert, alors abbé, depuis comte de Seignelay, qui mourut le 27 mars 1747. L'héritier direct était le frère aîné de celui-ci, Marie-Jean-Baptiste Colbert, mort en 1712. Ce prélat pensait tout naturellement que l'abbé, par état, conserverait mieux que tout autre un aussi important dépôt bibliographique. C'est ce qu'il ressort des termes même de son testament. Ainsi, il recommande à Marie-Jean-Baptiste de laisser à son frère puîné, Charles-Éléonor, « tous les li« vres manuscrits et autres qui com« posent sa Bibliothèque de Paris, « sans aucune réserve, pour la somme « de 60,000 livres, espérant ledit sei« gneur testateur que ledit seigneur « abbé de Seignelay, son neveu, dans « lequel il a toujours reconnu de bon« nes inclinations, conservera une « Bibliothèque qui convient à l'état « qu'il a embrassé, laquelle a été for« mée avec tant de soin par un père « si respectable, lequel a toujours « désiré qu'elle ne fut point dissipée, « et que dans cette vue le sieur abbé « de Seignelay, son neveu, prendra « des mesures pour la perpétuer dans « sa famille. »

Mais les goûts ne sont pas héréditaires. Vingt-un ans après cette transmission, Ch.-Éléonor Colbert ayant depuis longtemps abandonné la carrière ecclésiastique, songea à se défaire de la Bibliothèque fondée avec tant de peines et de dépenses par son aïeul, et si pieusement conservée et entretenue par ses deux oncles. En 1728, il fit une vente publique des livres imprimés. Quelque temps avant, il avait déjà vendu six cents manuscrits, pour la somme de 12,000 livres, à l'amateur Meigret de Serilly. Ce commencement de dispersion jeta l'alarme dans la République des lettres. Les réclamations surgirent de tous côtés en vue de conserver un cabinet dont la destruction était considérée par les travailleurs comme une perte publique. On demanda que tant de richesses fussent acquises par le gouvernement. Le comte de Seignelay, il faut le dire à son éloge, en fit lui-même la proposition par une lettre qu'il adressa au Roi, et dans laquelle il s'en remettait complétement à sa générosité pour l'indemnité qu'il avait droit d'espérer. Louis XV s'empressa de se rendre au vœu de tous, et signa en quelque sorte le contrat de vente par ces simples mots écrits de sa propre main, en marge de la lettre d'offre du comte de Seignelay : *Bon*, 300,000 *livres*.

C'est ainsi, qu'en 1732, la Bibliothèque du Roi s'augmenta de la plus précieuse et de la plus splendide collection de manuscrits qui jamais ait été formée par un particulier.

En 1748, les manuscrits qui avaient été cédés à Meigret de Serilly furent réunis au fonds commun, et aujourd'hui, à part quelques volumes disséminés çà et là dans des cabinets d'amateurs tant français qu'étrangers, la Bibliothèque Nationale possède la presque totalité des manuscrits amassés par Colbert.

La plupart des livres imprimés et presque tous les manuscrits portent sur leurs plats les armoiries du possesseur primitif. Ces armoiries, dont les fers ont été gravés en 1672 par un nommé Thomassin, varient quelquefois quant au module; mais le fond de l'écu, ainsi que les ornements qui l'accompagnent, restent toujours les mêmes. Le chiffre qui figure ordinai-

rement sur le dos des volumes, entre les nervures, se compose tantôt des simples lettres J. B. C. entrelacées et couronnées, tantôt de ces mêmes lettres, mais redoublées comme dessus.

DELISLE. *Cabinet des manuscrits de la Bibliothèque Impériale.*

LANGLOIS. *Nouvelles recherches sur les Bibliothèques des archevêques de Rouen.*

Bibliotheca Colbertina : seu Catalogus librorum Bibliothecæ quæ fuit primum... J. B. Colbert, regni administri; deinde... J. B. Colbert, march. de Seignelay; postea... J. Nic. Colbert, Rothomagensis archiepiscopi; ad demum... Caroli Leonori Colbert, comitis de Seignelay.—*Paris*, *J. Martin*, 1728, 3 vol. in-12.

COLBERT (Jacques-Nicolas), deuxième fils du précédent, d'abord abbé du Bec, ensuite archevêque de Rouen, et membre de l'Académie française. Il naquit à Paris en 1654, et mourut le 10 décembre 1707.

Ce prélat, recommandable par les éminentes qualités qu'il montra sur le siége épiscopal et par ses vastes connaissances littéraires, posséda, comme on vient de le voir, la Bibliothèque Colbertine. Mais il avait aussi la sienne propre à Rouen, où figuraient des ouvrages rares et datant du berceau de l'imprimerie. Les volumes de sa provenance se reconnaissent aux marques suivantes : la première, quand il n'é-

tait encore qu'abbé ; la seconde, après

qu'il fut élevé à l'épiscopat. Ces marques sont quelquefois accompagnées du chiffre composé des lettres I. N. C.

entrelacées, initiales de ses nom et prénoms.

Une partie de ses livres passèrent à sa mort dans la Bibliothèque de son père. Ainsi, la seconde marque est frappée sur un magnifique exemplaire in-folio vélin des *Annales des Gaules*, par NICOLE GILLES, Paris, Galiot Dupré, 1525, conservé à la Bibliothèque Nationale, que l'on retrouve dans la collection paternelle. (*Bibl. Colb.*, t. I, p. 179, nº 2585.)

COLBERT DE CROISSI (Charles-Joachim), évêque de Montpellier, appelant de la bulle *Unigenitus*. Il naquit le 11 juin 1738, et mourut le 8 avril 1783.

*Catalogus* librorum bibliothecæ...

Caroli Joachimi Colberti de Croissi, episcopi Montispessulani... (*S. l.*), 1740, 2 vol. in-8.

COLBERT (Michel-Édouard), doyen de l'Église d'Orléans en 1735, et abbé commendataire des abbayes royales de Saint-Mesmin et de Saint-Michel en Thierache.

COLBERT (Jean-Baptiste), marquis de Torcy, ministre secrétaire d'État, né le 14 septembre 1665, mort le 2 septembre 1746. Ce fut le quatrième et dernier ministre que cette famille donna à la France.

*Catalogue* des livres de M. le marquis de Torcy, ministre et secrétaire d'État.— *Paris*, *Barrois*, 1755, in-8.

COLBERT (Louis), marquis de Linières, maréchal de camp par brevet en date du 1er janvier 1748. Il naquit le 8 avril 1709, et mourut le 24 juillet 1761.

Ces armoiries sont frappées sur un exemplaire de : *Austria... illustrata*, 1722, in-folio, conservé à la Bibliothèque Nationale sous le n° M 131. On trouve encore au dos de ce volume le chiffre suivant :

composé des lettres L. C. entrelacées et couronnées, initiales des nom et prénoms de l'ancien possesseur.

L'on trouve beaucoup de volumes à cette marque dans les autres Bibliothèques de Paris, et presque tous sont reliés avec infiniment de goût et d'élégance.

COLIGNY (Gaspard-Alexandre, comte de). Il fut d'abord abbé de Saint-Denis de Reims, puis mestre de camp du régiment de Condé. Il mourut le 14 mai 1694, âgé de 32 ans.

*De gueules, à une aigle d'argent becquée, membrée et couronnée d'azur, armée et languée d'or.*

Devise : *Ie les épreuves tous.*

COLIN, conseiller au Parlement de Bourgogne.

*D'azur, à trois colonnes d'or mises en pals.*

CONFLANS (Godefroy-Maurice de), prieur de Vaisseaux en Vivarais, abbé d'Aiguebelle en 1608, grand vicaire de Soissons, sacré évêque du Puy le 20 juillet 1621, mort le 14 mars 1625, âgé de 49 ans.

*D'azur, semé de billettes d'or, au lion de même brochant sur le tout.*

COQUEBERT (Simon), écuyer trésorier de France, conseiller échevin de la ville de Reims. 1727.

*De gueules, à trois coqs d'or posés 2 et 1.*

COSNAC (Daniel-Joseph de), archevêque d'Aix en 1687. Il mourut, doyen des prélats de la Gaule, âgé d'environ 80 ans, le 21 janvier 1701.

Ce prélat avait une Bibliothèque remarquable par le nombre et le choix des ouvrages. Les reliures étaient belles, et la plupart portaient les armes suivantes sur les plats :

*D'argent, semé d'étoiles de sable, au lion de même, armé, lampassé et*

*couronné de gueules brochant sur le tout.*

COTTEREAU (Léon de), docteur de Sorbonne, prieur des Grands-Augustins de Paris, mort au mois de mai 1747, âgé de 67 ans.

*D'argent, à trois lézards de sinople mis en pal, 2 et 1.*

COUCY DE CHATEAUVIEUX (Louis), né le 16 août 1558, mort au mois de mars 1583.

*Écartelé : au 1 et 4, d'azur, à trois*

*fasces ondées d'or ; au 2 et 3, d'azur, à une fleur de lis d'or.*

COURCILLON (Philippe de), marquis de Dangeau, Grand-Maître des Ordres du Mont-Carmel et de Saint-Lazare. Il reçut ses provisions le 24 décembre 1693. Il avait été aide-de-camp du Roi depuis 1672 jusqu'en 1684, puis ambassadeur en Suède et deux fois en Angleterre, enfin chevalier des Ordres royaux et gouverneur de la Tourraine. Né le 21 septembre 1638, mort le 9 septembre 1720. C'est l'auteur du journal si connu sous le titre de *Journal de Dangeau.*

*D'argent, à la bande fuselée de gueules, accompagnée d'un lion d'azur en chef.*

COURTARVEL DE PEZÉ (Henri-Albert de), abbé commendataire de Notre-Dame de Beaupré. Il mourut au château de Montfort, près le Mans, en avril 1771, âgé de 91 ans.

*D'azur, au sautoir d'or accompagné d'un double orle de losanges de même.*

COURTENAI.

*D'or, à trois tourteaux de gueules,* 2 *et* 1.

Ces armes figurent sur un exemplaire des *Tableaux de la Révolution française*, conservé à la Bibliothèque Nationale du Louvre.

Quelques ouvrages à cette marque se rencontrent dans les ventes publiques.

COUSIN (Louis), président en la Cour des Monnaies et membre de l'Académie française. Il naquit à Paris le 12 août 1627, et mourut le 26 février 1707.

*D'azur, au chevron d'or accompagné de trois cœurs enflammés de même,* 2 *en chef,* 1 *en pointe.*

« C'était, dit le P. Niceron, un « homme d'une probité sans égale, « d'une justesse d'esprit admirable, « d'un jugement droit et sûr. »

Il s'était composé une Bibliothèque remarquable, qu'il légua à l'abbaye de Saint-Victor, avec une rente de 1,000 livres, destinée à l'entretenir et à l'augmenter.

COUSSIN, conseiller au Parlement de Bourgogne.

*D'azur, à une étoile d'argent en cœur, accompagnée de 3 roses d'or.*

COUSTURES (des), en Bourbonnais.

*Pâlé d'argent et d'azur.*

Cette empreinte nous a été communiquée par M. Georges de Soultrait, le savant auteur de l'*Armorial du Bourbonnais.*

CRAMOISY (Sébastien), imprimeur ordinaire du roi, échevin de la ville de Paris. Il s'était distingué par son goût pour les belles éditions. Mort le 1er février 1669.

*D'argent, à l'ancre de sable, la trabe d'or, au chef d'azur chargé de trois étoiles aussi d'or.*

*Catalogue* de la Bibliothèque de Sébastien Cramoisy. — *Sens, Cramoisy*, 1659, in-4°.

CREIL (Jean-François de), chevalier, seigneur de Soisy, mestre des camps du régiment de Bassigny, brigadier des armées du Roi le 1er février 1719, capitaine lieutenant des grenadiers à cheval le 18 septembre 1730, maréchal des camps et armées du Roi le 20 février 1734, grand-croix de l'ordre militaire de Saint-Louis en mars 1743. Né en 1679, il mourut le 30 juillet 1753, âgé de 74 ans.

*D'azur, au chevron d'argent chargé de 3 molettes de sable, accompagné de 3 quintefeuilles d'or.*

Cette marque était frappée sur les plats d'un exemplaire de l'*Essai sur l'Homme*, de Pope, 1736. — Communiqué par M. Félix Grelot.

CRÉMEAUX (Hector de), doyen et

comte de l'Église de Lyon. 1622.

*De gueules, à trois trèfles au pied fiché d'or, au chef d'argent chargé d'une onde d'azur.*

CRÉMEAUX, marquis d'Entragues (Louis-César de), lieutenant général du Mâconnais, mort le 1er septembre 1747.

*Parti d'un coupé de deux, ce qui forme six quartiers. Au 1, d'argent, à une fasce ondée d'azur; au 2, d'or, à 3 sautoirs d'azur rangés en fasce; au 3, de gueules, à 3 trèfles au pied fiché d'or; au 4, d'azur, à 3 sautoirs d'argent, 2 et 1; au 5, de gueules, au lion naissant d'or d'une terrasse de sinople; au 6 et dernier quartier, d'or, à deux massues de sable passées en sautoir, liées de gueules.*

CROISET (Louis-Alexandre), seigneur d'Estiau en Anjou. Il fut reçu conseiller au Parlement de Paris le 2 septembre 1738, puis président à la Chambre des Comptes.

*D'azur, à la fasce d'or accompagnée en chef de 3 croisettes de même et d'un cygne d'argent en pointe.*

Communiqué par M. Gustave Flotard, auteur d'*Études littéraires sur le XVIe siècle.*

CROISMARE (Louis-Eugène, marquis de). Il fut reçu chevalier de Malte le 2 août 1712, lieutenant-colonel du régiment du Roi, maréchal de camp le 1er mai 1758, puis commandeur de l'ordre de Saint-Louis en juillet 1753.

*D'azur, au léopard d'or, armé et lampassé de gueules.*

CROIX DE CASTRIES (Marie-Louise-Angélique de Talaru de Chalmazel, marquise de la), née le 20 mars 1723, fille de Louis de Talaru-Chalmazel, chevalier des Ordres du Roi et premier maître d'Hôtel de la Reine.

Elle avait épousé, le 20 juillet 1741, Armand-François de la Croix, marquis de Castries, né le 18 octobre 1725, qui fut pourvu, après le décès de son père, du gouvernement de la ville, citadelle et diocèse de Montpellier. A sa majorité, on le nomma lieutenant au régiment du Roi, infanterie. Il mourut le 27 janvier 1743, à Châlons en Champagne, à son retour de Bohême où, selon La Chesnaye des Bois, « il avait essuyé toutes les fatigues de la guerre, et donné les marques de la plus grande valeur. »

La marquise de la Croix de Castries devint, en 1747, dame d'honneur de Mesdames Henriette et Adélaïde, filles de Louis XV.

C'était une femme aimable et spirituelle, et passionnée pour les arts et la littérature. Elle s'était formée un cabinet des plus curieux avec une bibliothèque composée de livres richement habillés et frappés pour la plupart à ses armes.

*D'azur, à la croix d'or, qui est de* La Croix de Castries; *accolé de* Talaru de Chalmazel, *qui est : parti d'or et d'azur, à la cotice de gueules brochante sur le tout.*

CROIX DE CASTRIES (Armand-Pierre de la), docteur de Sorbonne, abbé de Monestier, premier aumônier de la duchesse de Berry, nommé archevêqué de Tours, puis archevêque d'Alby. Il fut commandeur de l'ordre du Saint-Esprit en 1733, et mourut dans son diocèse le 15 avril 1747, âgé de 88 ans.

*D'azur, à la croix d'or.*

CROY DE RENTY (Charles, premier duc de), général des troupes de l'Empereur. Ce fut lui qui négocia la paix de Vervins. Il naquit le 1er juillet 1560, et mourut le 16 janvier 1612.

*Ecartelé : au 1 et 4, d'argent, à 3 fasces de gueules, qui est de* Croy; *au 2 et 3, d'argent, à 3 doloirs de gueules, 2 en chef, 1 en pointe, qui est de* Renty.

Ces armes sont accompagnées du monogramme suivant, répété plusieurs fois avec la devise : *J'y parviendrai. Croy.*

Dans ce monogramme on lit : CC. RR. EE. NN. YY. (Charles Croy Renty)—Voy. pl. XLV de l'*Histoire de la Bibliophilie.*

Charles, duc de Croy, prince du Saint-Empire et chevalier de la Toison d'or, était un grand amateur de livres et des choses d'antiquité. Juste Lipse, qui lui dédia son *Syntagma bibliothecarum,* le signale comme un des plus ardents archéologues de son temps. Il s'était composé une magnifique bibliothèque avec un cabinet de médailles des plus précieux, duquel Jacques de Bie a tiré les médailles des empereurs depuis Jules César jusqu'à Valentinien.

*Catalogus universalis*... omnium librorum... ducis Croy et Archotani Bruxellæ, *19* augusti hujus anni *1614* divendi incipientur. — *Bruxellæ*, 1614, in-4°.

CROZAT, marquis du Châtel (Antoine), financier, commandeur et grand trésorier des Ordres du Roi, receveur général des finances de Bordeaux, né à Toulouse, en 1655, mort à Paris, le 7 juin 1738. Il avait épousé, au mois de juin 1696, Marguerite Le Gendre, fille de François Le Gendre, fermier-général.

*De gueules, au chevron d'argent accompagné de 3 étoiles de même, 2 en chef et 1 en pointe.* L'écu accolé des armes de sa femme, qui sont : *d'azur, à la bande dentelée d'or chargée de 3 papillons de sable.*

CROZAT, marquis de Thugny (Joseph-Antoine), président à la quatrième Chambre des Enquêtes au Parlement de Paris, reçu le 13 mai 1726, fils du précédent, né à Toulouse, en 1699, mort à Paris, le 5 janvier 1750.

*De gueules, au chevron d'argent, accompagné de trois étoiles de même, deux en chef, une en pointe.*

Outre sa collection de livres, le président de Thugny possédait un riche cabinet d'art et de curiosités. C'est peut-être ce qui le fit confondre avec son oncle, Pierre Crozat, par la *Biographie universelle*, et par la *Biographie générale* à la suite. Les articles consacrés à Joseph-Antoine dans ces deux ouvrages sont d'une inexactitude telle, que des deux individus ils n'en font plus qu'un. En ce qui touche particulièrement Pierre, dont l'*Abecedario* de Mariette fait un si bel éloge, la *Biographie génerale* se contente de le citer accidentellement, sans se douter le moins du monde du rôle important que ce personnage a joué dans les arts comme collectionneur. Quant à la *Biographie universelle*, elle ne le cite même pas du tout : c'était plus tôt fait.

*Catalogue* des livres de M. le président Crozat de Thugny. — *Paris, Thiboust*, 1751, in-8.

*Catalogue* des tableaux et sculptures, tant en bronze qu'en marbre, du cabinet de feu M. le président de Tugny et de celui de M. Crozat (Pierre). —*Paris*, 1751, in-8.

CROZAT, baron de Thiers (Louis-Antoine), brigadier des armées du Roi, frère du précédent, mort le 15 décembre 1770, âgé de 71 ans.

*Comme ci-dessus.*

Le baron de Thiers avait hérité d'une partie des objets d'art ayant appartenu au célèbre amateur Pierre Crozat, son oncle.

La Bibliothèque de cet amateur de goût se composait, d'après le catalogue suivant, de 4,544 ouvrages sur toutes les branches des connaissances humaines. La plupart des volumes étaient en de très-bonnes conditions, et, en partie, reliés par les plus habiles artistes de l'époque.

*Catalogue* des livres de feu M. Crozat, baron de Thiers, brigadier des armées du roi, lieutenant-général pour S. M. de la province de Champagne au département de Reims, et commandant en ladite province. — *Paris, Saillant* et *Nyon*, 1771, in-8. Avec un supplément de 46 pages.

*Catalogue* des tableaux du cabinet de M. Crozat, baron de Thiers (par de La Curne de Sainte-Palaye). — *Paris*, 1755, in-8.

CRUES DE SAINTE-CROIX (Christophe de), capitaine au régiment de Choin en Savoie et en Hollande, pendant les années de 1630 à 1633.

*D'or, à un pal de gueules, chargé de trois croisettes d'argent.*

CRUSSOL, duc d'Uzès (Charles-Emmanuel, sire de), pair de France, né le 11 janvier 1707, mort à Paris, le 3 février 1762.

*Ecartelé : au 1 et 4, fascé d'or et de sinople de 6 pièces, qui est de* Crussol; *parti d'or, à trois chevrons de sable, qui est de* Lévi; *au 2 et 3, contre-écartelé, au premier et dernier, d'azur à 3 étoiles d'or posées en pal, qui est de* Gourdon de Genouillac; *au 2 et 3, de gueules à trois bandes d'or, qui est de* Galiot; *sur le tout, d'or à trois bandes de gueules, qui est d'*Uzès.

Ces armes figurent sur les plats d'un exemplaire de l'*Histoire de l'Eglise*, par l'abbé Choisy, 1727, in-8, conservé à la Bibliothèque Nationale sous le No H. 2,084 double.

CRUSSOL (Marguerite-Julie-Victoire

de Pardaillan, duchesse de). Elle avait épousé François-Emmanuel duc de Crussol, pair de France, né le 1er janvier 1728.

*De* Crussol, *accolé de* Pardaillan-Gondrin, *qui est : coupé en chef de quatre, et en pointe de trois, ce qui fait neuf quartiers. Au 1, d'*Espagne-Montespan; *parti, au 2, de* St-Lary; *au 3, de* Lagorsan; *au 4, de* Fumel; *au 5, de* Pardaillan; *au 6, d'*Orbessan; *au 7, de* la Barthe *ou* Thermes; *au 8, d'*Antin; *au 9, de* Rochechouart; *et sur le tout, de* Castillon *en Médoc.*

DAILLER (Nicolas), de Reims. 1722.

*D'or, à 3 écrevisses de gueules, 2 et 1; au chef d'azur chargé d'une étoile d'or.*

DALICHOUX (Armand), échevin de la ville de Lyon. 1652.

*D'azur, à la fasce d'argent, accompagnée de 3 croissants de même.*

Cette marque figurait sur un exemplaire, fort bien habillé, des *Mémoires de l'Histoire de Lyon, par Guillaume Paradin*. — Lyon, Gryphe, 1573, in-fol.

Communiqué par Joseph Combaz, employé de la Bibliothèque Nationale.

On trouve assez fréquemment des livres frappés à ces armes dans les collections particulières du Lyonnais et même du Dauphiné.

DAURAT (Joseph), conseiller au Parlement de Paris. Elu le 7 août 1637.

*D'argent, à 3 hermines de sable; parti d'argent, au chevron de gueules, accompagné de 3 étoiles d'azur.*

DAUVET (Louis-François), chevalier, marquis des Marets, baron de

Boursault, né en 1711, mort à Paris, le 26 avril 1748. Il avait été grand fauconnier de France et capitaine de cavalerie de Beaucaire.

*De gueules, à 3 bandes d'argent, la première chargée d'un lion de sable.*

DEBELAY (Jean-Marie-Mathieu), archevêque d'Avignon, mort le 16 octobre 1848.

*D'azur, à la gerbe liée d'or.*

Devise : *Posui vos ut eatis et fructum afferatis.*

Cette Bibliothèque, sans être considérable, était précieuse en ce qu'elle était presque exclusivement composée d'ouvrages concernant le comtat venaissin.

DELLEY (N.-L.-F., baron de).

*D'azur, au lion d'or, armé et lam-*

*passé de gueules, à 2 cotices du second brochant sur le lion.*

DEMONCRIF, garde des registres de la Chambre des Comptes, mort vers 1727.

*D'or, au lion de sable, au chef d'hermine.*

DENETZ (Nicolas), évêque d'Orléans, né à Tours, le 18 février 1592, d'une famille parisienne, dont la plupart des membres occupèrent de hautes fonctions dans la magistrature; mort à Orléans, le 20 janvier 1646, dans la 55e année de son âge.

*Ecartelé : au 1 et 4, de gueules au chevron d'argent, chargé de 3 hermines, accompagné de 3 roses d'or, 2 et 1; au 2 et 3, d'or, à un porc-épic de sable.*

DENIS (Daniel-Louis), sieur de Lansac. Il fut d'abord conseiller au Parlement de Bordeaux, puis reçu conseiller au Parlement de Paris le 28 juin 1748, en la première Chambre des Enquêtes. Mort vers 1753.

*De gueules, au mouton d'argent, accompagné en chef de 3 molettes d'éperon d'or.*

Par la marque ci-dessus, on peut inférer que la Bibliothèque de cet amateur devait être choisie et de bon goût.

DENIZOT (Marc-Antoine), conseiller au Parlement de Bourgogne, président aux Requêtes du Palais par lettres de provisions, en date du 28 août 1709.

*D'azur, au chevron d'argent accompagné de 2 roses en chef et d'un croissant en pointe, le tout d'argent.*

DENZAU DE CHANTELOU (François), conseiller au Parlement de Bretagne. 1671.

*De gueules, au chevron d'or, accompagné de 2 croissants d'argent en chef, et d'une tête de lion arrachée d'or en pointe.*

Bibliothèque assez bien composée et fort curieuse par les manuscrits français qu'elle contenait, dont la plupart étaient relatifs à l'histoire politique de la Bretagne.

DEPOIX DE FOUESNEL, conseiller au Parlement de Bretagne. 1680.

*Parti: au 1, d'or, au vol de gueules; au 2, de gueules à la bande d'argent accompagnée de 6 croix recroisettées d'or.*

DES BOIS (Engelbert), évêque de Namur. Il fut élevé au siége épiscopal le 31 octobre 1629, et mourut le 15 juillet 1651.

*D'azur, à 9 besants d'or, 3, 3, 3.*

Nous ne savons si ce prélat possédait une Bibliothèque proprement dite; tout ce que nous pouvons dire, c'est que le seul volume que nous ayons vu à ces armes était un exemplaire de dédicace.

DES CARTES DE SAINT-LAU, conseiller au Parlement de Bretagne. 1675.

*D'argent, au sautoir de sable cantonné de 4 palmes de sinople.*

DES CORDES (Jean), d'une famille originaire de Tournay, chanoine de Limoges, mort au mois de janvier 1643, âgé de 72 ans.

*D'azur, à 2 lions adossés d'or.*

Dans sa description rimée de la ville de Paris, l'abbé de Marolles dit :

Éloigné de Paris, chanoine de Limoges,
Des Cordes, quel amas de livres fîtes-vous ?
Que vous servit cela pour votre esprit si doux ?
Eussiez-vous pris le soin d'en faire des éloges?

Sous cette plaisanterie de mauvais aloi, le fade rimeur semble inférer que des Cordes n'était qu'un bibliomane. Cependant le P. Jacob l'appelle « un autre Varron dans la recherche des bons livres ». Gabriel Naudé, qui a fait sa biographie et rédigé son Catalogue, le tient pour un des érudits les plus remarquables de son temps, et il ajoute que sa collection avait été commencée avec celle du savant Siméon Dubois, en latin Bosius (1), celui-là même dont Scévole de Ste-Marthe parle en termes si flatteurs. A la mort du chanoine de Limoges, le cardinal Mazarin acheta en bloc sa Bibliothèque, qui se composait d'environ six mille volumes, au prix de 22,000 liv.

Bibliothecæ Cordesianæ *catalogus*, cum indice titulorum (auctore Gabriele Naudæo).—*Paris, Vitray*, 1643, in-4.

ALBERT DE LA FIZELIÈRE, *La Rymaille.*

(1) Siméon Dubois, de son vivant, était lieutenant général de la sénéchaussée de Limoges. On lui doit, entr'autres choses, une édition fort estimée des *Lettres de Cicéron à Atticus*, publiée en 1680 à Limoges, chez Hugues Barbou.

DES GRANGES (Michel-Ancel) Maître des Cérémonies. 1722.

*D'azur, à l'étoile d'argent soutenue d'un croissant de même.*

DESMARETS (Jean), intendant général des finances à Soissons en 1634, reçu conseiller d'Etat le 2 septembre 1652, mort en octobre 1682.

*D'azur, à une dextrochère d'argent, tenant 3 fleurs de lys de marais de même, mouvant d'une seule tige.*

DESMARETS, marquis de Maillebois (Nicolas), fils du précédent, ministre et secrétaire d'Etat, grand trésorier des Ordres du Roi, mort à La Ferté, le 4 mai 1721, dans la 73e année de son âge. Il eut après Colbert, dont il était le neveu, l'administration des finances.

*Comme ci-dessus.*

« C'était, dit Saint-Simon, un homme d'un esprit net, lent et paresseux, mais que l'ambition et l'amour du gain aiguillonnaient. »

*Catalogus* librorum Bibliothecæ ill. viri Nicolai Desmarets, regni administrati... — *Parisiis, G. Martin*, 1721, in-12.

DES PAILLARDS.

*De sable, à une fasce d'argent accompagnée en pointe d'une gerbe d'or.*

Empreinte communiquée par M. Hugues, employé de la Bibliothèque Nationale.

DES PORTES (Philippe), abbé de Thyron, de Josaphat et de Bonport, né à Chartres, en 1546, mort en son abbaye de Bonport, le 5 octobre 1606.

Ce poëte — *primus inter Petri Ronsardi nobiliores æmulos*, dit Scévole de Sainte-Marthe — était, suivant le même auteur, un raffiné dans les jouissances de la vie, et en même temps un bibliophile de la plus grande distinction : *Nullus enim eum, vel hospitalis mensæ liberalibus epulis, vel instaurandæ Bibliothecæ sumptu et studio, vel omni denique civilis vitæ splendore superavit.*

D'après le P. Jacob, sa collection, riche et nombreuse, passa chez les Jésuites du collége de Clermont, aujourd'hui Louis-le-Grand. Nous ignorons à quelle époque; mais il est certain que ce fut du vivant de Desportes, puisque son testament, publié en 1860 par Chassant, ne fait pas mention de sa Bibliothèque.

La plupart des livres de Desportes

se reconnaissent par le double Φ, lettre initiale de son prénom, Philippe, mis sur le dos de la reliure. Cette marque pourrait être confondue avec celle que les Jésuites firent placer sur les volumes acquis à l'aide d'un fonds légué à ces religieux par François Fouquet, le père de l'ancien surintendant des finances. On les distinguera facilement, en remarquant que les Φ du premier sont séparés, comme ci-dessus, tandis que ceux du second se trouvent entrelacés. Du reste, avec ces derniers figure en général l'*écureuil*, symbole héraldique de la famille Fouquet.

SCÉVOLE DE SAINTE-MARTHE, *Elogia*. — Paris, 1629, in-4, p. 147.

Le P. JACOB, *Traité des plus belles Bibliothèques*.

ÉDOUARD FOURNIER, *Histoire de la reliure en France*, p. 130.

DESTUTT DE TRACY (Antoine-Louis-Claude), né à Paris, le 20 juin 1754, mort en la même ville, le 10 mars 1836.

*Ecartelé: au 1 et 4, d'or, à 3 pals de sable; au 2 et 3, d'or, au cœur de gueules.*

Ce philosophe, que Napoléon Ier appelait idéologue boudeur, était un amateur d'un grand savoir. Il avait formé une collection exclusivement composée de livres de philosophie et d'économie politique et sociale. A sa mort, elle passa à son fils aîné, César-Victor, né en 1781, mort au château de Paray, le 3 mars 1864.

La même marque semble avoir été commune à tous deux.

DES VIGNES (Nicolas), sieur des Perrières, échevin de la ville de Lyon, 1653.

*De sinople, au chevron d'or, accompagné de trois raisins de même, 2 en chef, 1 en pointe.*

DEUMÉ DE LA CHESNAYE (Jean-Baptiste), grand écuyer tranchant en 1722.

*D'argent, au chevron de sable, accompagné de trois merlettes de même, 2 en chef, 1 en pointe.*

DODUN, marquis d'Herbault en Blaisois (Charles-Gaspard), né le 7 juillet 1679, mort à Paris, le 25 juin 1736. Il fut nommé contrôleur général des finances à la place de La Houssaye, qui ne put se maintenir longtemps à cet emploi, à cause de son incapacité.

*D'azur, à la fasce d'or, chargée d'un lion naissant de gueules, accompagnée de trois grenades, tigées et feuillées d'or, ouvertes de gueules, 2 en chef, 1 en pointe.*

Dodun, de président aux requêtes, passa dans les conseils des finances, où il eut plusieurs commissions importantes. « Il avait, dit Saint-Simon, de la morgue et de la fatuité à l'excès, mais de la capacité, et autant de probité qu'une telle place en peut permettre. »

Sa collection était composée de livres choisis, dont la plupart, en passant dans les cabinets de divers amateurs, vinrent grossir les richesses de la Bibliothèque Nationale.

L'empreinte ci-dessus nous a été communiquée par M. de Longperrier-Grimoard, et figurait sur les *Mémoires de messire Robert Arnauld d'Andilly*. —Hambourg, 1734, in-8.

*Catalogue* des livres de feu M. Dodun, commandant et grand thrésorier des Ordres du Roi. — *Paris*, 1736, in-8.

DOINET (Nicolas), chanoine de l'Église de Reims, vers 1722.

*De gueules, à la fasce d'or, chargée de trois canettes de sable.*

DONNEAU DE VISÉ (Jean), le fondateur du *Mercure de France*, né en 1640, mort le 8 juillet 1710, âgé de 70 ans.

*D'azur, au chevron d'or accompagné de trois vires ou cercles de même, 2 en chef, 1 en pointe.*

DORIEU (Nicolas), né le 10 juin 1628. Il fut nommé conseiller en la première Chambre des Enquêtes au Parlement de Paris, le 12 décembre 1653; intendant de la généralité de Soissons en 1666, puis de Limoges vers 1669, où il mourut l'année suivante.

*D'azur, à la bande d'or chargée de 3 molettes de gueules, dans le sens de la bande.*

On trouvait, dans la Bibliothèque de cet amateur, une belle collection de livres imprimés et manuscrits concernant l'histoire nobiliaire de la France.

DORIGNY (Philippe), en Champagne. 1720.

*D'azur, à la tête de licorne d'argent coupée.*

DORSANNE, docteur de Sorbonne, chantre, chanoine et grand vicaire de l'église de Paris, sous le cardinal de Noailles. Il naquit à Issoudun, et mourut presque subitement le 13 novembre 1728, à l'hôpital des Incurables, où il s'était retiré.

*De gueules, au chevron d'or, au chef d'azur chargé de trois menses d'or mises en fasce.*

L'abbé Dorsanne avait été nommé, en 1715, secrétaire du Conseil de Conscience, à propos de la constitution *Unigenitus.*

« C'était, dit Saint-Simon, un saint prêtre et fort instruit, qui, dans sa place d'official de Paris, avait mérité l'estime et l'approbation publiques... Il mourut d'une manière fort prompte et fort singulière, qui ne fit pas honneur, dans l'opinion publique, à Messieurs de la Constitution. »

Il était grand amateur de livres, et ceux qu'il a laissés sont très-recherchés des bibliophiles.

*Catalogue* de la Bibliothèque de feu M. l'abbé Dorsanne, chanoine, grand chantre de l'Eglise de Paris, et official... — *Paris, Rollin*, 1729, in-12.

DOUBLET DE PERSAN (Nicolas), conseiller du Parlement de Paris, nommé le 7 février 1714, mort en 1757.

*D'azur, à 3 demoiselles à doubles ailes d'or, volant en bande, 2 et 1.*

DOUJAT (Jean), d'abord conseiller au Parlement de Toulouse en 1633, puis conseiller à celui de Paris le 30 décembre 1647, en la quatrième Chambre des Enquêtes. Il avait été nommé membre de l'Académie française, ensuite historiographe du Roi, et mourut le 27 novembre 1688, âgé de 79 ans.

*D'azur, au griffon rampant d'or, couronné de même.*

Jean Doujat laissa beaucoup de livres et plusieurs manuscrits qu'il avait amassés avec beaucoup de soin. En 1730, tous ses manuscrits et la plupart des imprimés furent donnés à la Bibliothèque du Roi par son neveu, Delpy, chanoine de l'Eglise de Meaux.

DOYEN (P.), avocat au Parlement de Paris.

*D'azur, au chevron d'or accompagné de trois canettes de même.*

*Catalogue* des livres de feu M. Doyen, avocat au Parlement de Paris. —*Paris*, 1761, in-8.

DREUX (Thomas), conseiller au Grand-Conseil en 1637, mort doyen le 4 décembre 1680.

*D'azur, au chevron d'or accompagné de 2 roses d'argent en chef et d'un soleil d'or sans face en pointe.*

DREUX DE BRÉZÉ (Thomas), dit le marquis de Dreux, lieutenant général des armées du Roi, grand-maître des cérémonies de France, mort le 16 mars 1749. Il avait épousé Catherine-Angélique de Chamillart, fille aînée de Michel de Chamillart, ministre et secrétaire d'Etat, morte le 19 février 1739, âgée de 50 ans.

*Comme ci-dessus.*

Les deux époux avaient, chacun de leur côté, formé une belle et riche Bibliothèque. Les livres de l'épouse se reconnaissent par la marque suivante.

*De* DREUX, *accolé de* CHAMILLART.

DRUY (le comte de), conseiller d'Etat, élu le 12 juillet 1661. Il avait épousé, le 4 novembre 1643, Marie de Damas d'Anlezy de Crux.

*De gueules, à la fasce d'argent ac-*

*compagnée de 3 canettes de même.*

DU LARRY (Jeanne-Gomart de Vaubernier, comtesse de), née à Vaucouleurs, en 1746, morte à Paris, sur l'échafaud révolutionnaire, le 8 décembre 1793.

Deux écus accolés.

Le premier : *De gueules, à 3 jumelles d'argent.*

Le deuxième : *D'azur, au chevron d'or portant en cime un geai surmonté d'un G, et accompagné en chef de deux roses en pointe, d'une main dextre en pal; le tout d'argent.*

Devise : *Boutez en avant.*

La dernière favorite de Louis XV avait une Bibliothèque composée de

1,068 volumes, tous habilement reliés en maroquin rouge, dorés sur tranche, et frappés aux armes ci-dessus. Ces volumes sont fort recherchés des amateurs, soit à cause de la provenance, soit à cause de la beauté et de l'élégance de la reliure. Toutefois, on n'en rencontre que rarement dans les ventes publiques, la majeure partie se trouvant aujourd'hui conservée à la Bibliothèque de la ville de Versailles.

La Du Barry, quoique fort belle, n'était guère en état de former, seule, une Bibliothèque, elle qui ne pouvait pas écrire un mot sans faire une faute d'orthographe : son libraire s'en chargea. On y remarqua d'abord de bons ouvrages d'histoire, de littérature et même de morale, puis ensuite des productions plus légères, que son fournisseur y fit entrer sans doute pour distraire les instants du monarque blasé. Louis XV, dit-on, parut enchanté du goût littéraire de sa nouvelle maîtresse, et lorsque sa collection arriva au château de Versailles, il s'écria: « La marquise de Pompadour avait plus de livres que la comtesse, mais ils n'étaient pas si bien reliés, ni si bien choisis; aussi nous la nommerons bibliothécaire de Versailles. »

« Grâce à cette Bibliothèque, dit M. Paul Lacroix (bibliophile Jacob), Madame Du Barry put se perfectionner dans la lecture, mais elle ne réussit point à corriger l'orthographe de ses pères. »

*Catalogue* des livres de madame la comtesse Du Barry, avec les prix.— *Versailles*, 1771, in-4 manuscr. de 23 ff. (Bibl. de l'Arsenal.)

A la fin de l'avertissement qui se trouve en tête de ce catalogue on lit : « Les fers ou les armes de Madame la comtesse, gravés en petit et en grand, sont entre les mains de Redan, maître relieur, rue *Chartière*, au *Puits-Certain.* »

Paul Lacroix, *Lettre* dans le *Monde illustré*, n° du 31 mars 1860.

DU BOIS (Guillaume), cardinal, ministre d'État, né en 1656 à Brives-la-Gaillarde, mort à Versailles en 1723.

*D'azur, à trois palmiers d'or posés 2 et 1; au chef cousu de gueules, chargé de trois molettes d'éperon d'argent posées en fasce.*

La Bibliothèque du cardinal du Bois, à l'origine, appartenait à l'abbé Bignon, qui l'avait formée avant d'être bibliothécaire du roi. Il la vendit à Law dans le temps où celui-ci pouvait et voulait tout acheter. Law la revendit en 1723 au cardinal pour la somme de 50,000 fr. Elle était alors composée de 35,000 volumes. A la mort de du Bois, les libraires de Paris l'achetèrent 65,000 fr., et la cédèrent presque aussitôt pour le prix de 80,000 fr. à un nommé Guiton. Celui-ci fit transporter cette Bibliothèque à La Haye, où elle fut vendue à l'encan. Un amateur, nommé Milsoneau, acquit à cette vente plusieurs livres imprimés et manuscrits des plus rares, lesquels passèrent ensuite dans la collection de M. le marquis de Paulmy, pour aller après grossir les richesses de la Bibliothèque de l'Arsenal.

Cependant nous avons trouvé quelques livres, provenant du trop célèbre cardinal, à la Bibliothèque Nationale.

Bibliotheca Duboisiana, ou *Catalogue* de la Bibliothèque de feu Son Éminence... le cardinal du Bois, recueillie ci-devant par monsieur l'abbé Bignon. La vente publique se fera le 27 août 1725, par Jean Swart et Pierre de Hondt. — *La Haye*, 1725, 4 vol. in-12.

DU BOIS DE MENILLET (Jean), reçu conseiller au Parlement de Paris le 28 mai 1641.

*D'argent, au chêne de sinople, au chef d'azur chargé de trois croissants d'argent.*

Dans les *Portraits des membres du Parlement de Paris,* publiés par Duleau, nous trouvons : « Du Bois de Menillet. — Entend le Palais, a de l'esprit et des lettres; néanmoins irrégulier, d'accueil farouche, et pour l'ordinaire intraitable; revient quelquefois. Aime les intérêts; a médiocre crédit... »

DU BOIS GAULTIER (Philippe-Charles), conseiller en la Grande Chambre du Parlement de Paris, mort le 22 mai 1726, à l'âge de 70 ans.

*D'azur, à trois chevrons d'or accompagnés de trois étoiles d'or.*

DU BOUCHET, seigneur de Bournonville (Henri), conseiller de Grande Chambre en la Cour du Parlement de Paris, mort le 23 avril 1654, âgé de 61 ans.

*D'or, à une merlette de sable, au chef d'azur chargé de trois besants du premier.*

Ce magistrat avait une Bibliothèque qui contenait, dit le P. Jacob, « six mille volumes des mieux choisis en toutes les sciences et langues », imprimés et manuscrits. Elle fut encore augmentée depuis, et lorsque Du Bouchet mourut, le nombre de ses volumes s'élevait à près de huit mille.

Le 27 mars 1652, cet amateur disposa par testament, en faveur de l'abbaye de Saint-Victor, de toutes les richesses littéraires qu'il avait amassées avec tant de zèle et de soins, et qui firent pendant sa vie « ses plus chères délices ». Il y mit pour condition expresse que sa Bibliothèque serait publique, de manière que les travailleurs eussent la liberté de venir étudier « trois jours de la semaine, trois heures le matin et quatre heures de l'après-dîner ». De plus, il légua une rente annuelle de 340 livres, à prendre sur les gabelles, pour l'entretien de ladite Bibliothèque. Une seconde rente annuelle de 340 livres, à prendre sur le clergé de France, fut encore abandonnée par le testateur, à l'effet de subvenir au traitement du religieux qui en serait le bibliothécaire, désirant que le premier qu'on appellerait à cette fonction fut le P. Eustache de Blémur, son ami, alors bibliothécaire de l'abbaye.

Ce legs, ainsi formulé, est digne de remarque. A cette époque, il n'y avait à Paris qu'une seule Bibliothèque ouverte aux gens de lettres, celle de Mazarin, et encore depuis neuf ans seulement. La Bibliothèque du Roi ne fut publique qu'en 1737.

Toutes ces prescriptions furent exactement remplies. Selon son vœu, Du Bouchet fut inhumé dans une des chapelles de l'église. En outre, les religieux reconnaissants placèrent son buste dans la Bibliothèque. Près de la porte d'entrée, on mit d'un côté une plaque de marbre sur laquelle étaient inscrits les termes du legs, et, de l'autre côté, le buste du donateur, avec une épitaphe qui fut composée par le P. Eustache de Blémur.

De son vivant, Du Bouchet n'avait pas de fer pour ses livres. Il se contentait d'apposer sa signature en tête et sur le milieu du titre, avec la date et le prix de l'acquisition. Les armes ci-dessus, que l'on trouve sur la plupart des volumes provenant de sa collection, n'y ont été mises qu'après sa mort, et suivant son désir exprimé dans son testament. Mais, en cela, le goût des religieux de Saint-Victor n'égala pas leur reconnaissance. « Par économie sans doute, dit M. Franklin, ils firent frapper les armoiries du défunt sur des petits carrés de cuir, et ne craignirent pas de couper sur le dos d'une multitude de volumes la place nécessaire pour y introduire ce singulier ornement. »

Du Bouchet avait la réputation d'un amateur érudit et délicat, et pendant l'exercice de sa charge il s'était acquis l'estime et la considération de ses contemporains. Pierre Petit, à la fois médecin, poëte et bibliophile, fit son éloge dans une ode latine, et Santeuil chanta dans la même langue son savoir, ses talents et ses éminentes qualités.

Lors de la confiscation des biens du clergé, c'est-à-dire en 1791, l'importante collection de l'abbaye de Saint-Victor fut répartie entre les différentes Bibliothèques publiques de Paris : beaucoup de livres imprimés et presque tous les manuscrits entrèrent à la Bibliothèque Nationale.

FRANKLIN, *Histoire des Bibliothèques publiques de Paris*, in-fol. — Le P. JACOB, *Traité des plus belles Bibliothèques*.

DU BOUCHET (Jean), conseiller et maître d'hôtel ordinaire du Roi, mort vers 1685, doyen des chevaliers de l'ordre de Saint-Michel. Il figure dans la liste des chevaliers de cet ordre, donnée par les *États de la France*, de 1669 à 1684.

*D'hermines, papelonné de gueules.*

Cette marque est frappée sur les plats de l'*Histoire des pays du Gatinois, Senonois et Hurepoix,* de Guillaume Morin, 1630, in-4 : ouvrage conservé à la Bibliothèque Nationale, ainsi que beaucoup d'autres de la même provenance.

DU BOURG, en Bugey

*D'azur, à un dragon d'or.*

Le volume sur lequel figuraient les armes ci-dessus portait le millésime de 1498. Or, dans l'*Histoire de la Bresse et du Bugey* de Guichenon, on trouve un Antoine Du Bourg, seigneur de Sainte-Croix, d'Argit, etc., lequel testa le 5 mai 1500. Si ce n'est pas lui le collectionneur, ce ne peut être qu'un de ses descendants.

DU BUTAY, en Anjou.

*D'or, au pin arraché de gueules.*

Les livres de cet amateur, en général très-bien reliés, portent, outre les armes ci-dessus, le chiffre suivant formé de deux D et de deux B entrelacés et

couronnés. On trouve beaucoup de livres à ces armes dans les différentes Bibliothèques de Paris. — Communiqué par M. de Longperrier-Grimoard.

DU CHAMP (Georges), conseiller au Parlement de Bourgogne, reçu le 14 juin 1690.

*D'azur, à deux étoiles d'or en chef, et un croissant renversé d'argent en pointe.*

Devise : *Tout bien du champ.*

DU CHATELET, branche puînée de la maison de Lorraine.

*D'argent, à la bande de guèules chargée de 3 fleurs de lys d'or dans le sens de la bande.*

DU FOS (Jean), seigneur de Mery et de Taule), conseiller au Parlement de Paris, élu le 14 juin 1619 en la quatrième Chambre des Enquêtes. Mort en 1652.

*D'or, à 3 pals d'azur, au lambel à 3 pendants d'argent.*

DU FRESNOY (H. Petit), célèbre bibliophile qui vivait en Picardie vers le milieu du XVII^e^ siècle, et qui laissa une Bibliothèque aussi importante que curieuse.

*D'or, au sautoir de sable chargé de cinq billettes d'argent,* aliàs *du champ.*

Les livres de cet amateur sont remarquables par la beauté et la richesse de l'habillement. Ils sont très-recherchés des bibliophiles et se vendent fort cher. Ils portent la plupart, outre la marque ci-dessus, le chiffre suivant formé des neuf lettres qui composent le nom de Du Fresnoy, et des deux lettres H et P, qui sont les initiales

de ses prénoms.

DU GERMONT, conseiller-auditeur à la Chambre des Comptes, reçu en 1705, mort vers 1739.

*D'argent, au chevron d'azur, accompagné de deux étoiles de gueules en chef et d'une montagne de sinople en pointe.*

DUGUÉ DE BAGNOLS (Augustin), conseiller d'Etat ordinaire, doyen des maîtres des requêtes de l'Hôtel du Roi, mort en sa terre des Troux, près Chevreuse, le 10 septembre 1752, âgé de 78 ans.

*D'azur, au chevron accompagné à trois étoiles; celle de la pointe sur-*

*montée d'une couronne ducale, le tout d'or*

*Catalogue* des livres de feu M. Dugué de Bagnols, conseiller d'Etat...— *Paris, Bauche*, 1753, in-8.

DU LAURENS (Gaspard), archevêque d'Arles, mort en 1630.

*D'or, à un laurier de sinople, au chef d'azur chargé de trois étoiles d'or.*

La collection de l'archevêque d'Arles comptait plusieurs manuscrits précieux qui ont été disséminés après sa mort, et que l'on trouve aujourd'hui dans quelques Bibliothèques du Midi de la France.

DU LYS (Eustache), évêque de Nevers, 1607 ; mort le 17 juin 1643, dans la 82e année de son âge, et de son épiscopat la 27e.

*D'azur, à trois chiens épagneuls d'or l'un sur l'autre, et une fleur de lys d'argent en chef.*

DU MONCEAU (Michel), docteur en théologie de la Faculté de Paris, et conseiller-clerc au Parlement de la même ville, vers 1700.

*D'azur, à trois trèfles d'or.*

DU PÉRIER (Aymar), conseiller au Parlement de Grenoble, vers 1591.

*D'azur, à la bande d'or accompagnée en chef d'une tête de lion de même, lampassée de gueules, couronnée d'argent, à la bordure dentelée de gueules.*

DU PERRON DAVY (Jacques), archevêque de Sens et grand aumônier de France. Il naquit à Berne, le 25 novembre 1556, d'une ancienne famille de la basse Normandie, réfugiée en Suisse pour cause de religion, et mourut à Paris, le 5 septembre 1618.

*D'azur, au chevron d'argent, accompagné de 3 harpes d'or, 2 en chef et 1 en pointe.*

Ce prélat possédait, en son château de Bagnolet, une splendide collection de livres, dont une grande partie fut employée à fonder la Bibliothèque de Picpus. A sa mort il légua le reste à son neveu, Jacques Le Noël Davy du Perron, abbé de Saint-Taurin, nommé depuis à l'évêché d'Angoulême, ensuite à celui d'Evreux en 1646, où il mourut le 17 février 1749.

DU PLESSIS (L. A. M. Gitton).

*D'argent, à la fasce de gueules, accompagnée de sept merlettes de sable, quatre en chef, trois en pointe, 2 et 1.*

Cet amateur, qui habite aujourd'hui Blois, possède une collection de livres comprenant un spécimen des presses les plus célèbres depuis l'invention de l'imprimerie jusqu'à nos jours, et les modèles de reliure des artistes les plus connus. Il a aussi réuni quelques manuscrits anciens et modernes, curieux et rares.

DU PRÉ DE SAINT-MAUR (Louis), seigneur de La Grange-Bleneau, avocat du Roi au Châtelet de Paris en 1711, puis conseiller au Parlement de la même ville en 1714. Ce fut un magistrat estimé, aimant les livres et les arts. Il mourut vers 1754.

*D'or, à la fasce de sinople, accompagnée de 3 trèfles de même, 2 en*

*chef, 1 en pointe.*

DU PUY

*D'or, à la bande de sable chargée de 3 besants d'argent.*

« Si les Muses doivent quelques recognoissances à ceux qui les courtisent avec un grand fruit, elles en doivent un signalé à MM. Pierre et Jacques Du Puy, frères. »

En parlant ainsi, le P. Jacob ne faisait que rendre hommage à l'immense réputation que les deux frères s'étaient légitimement acquise par leurs travaux, leur érudition et leur amour des lettres et des livres. On ne vit guère, en effet, deux hommes plus ardemment et plus sincèrement dévoués aux intérêts de la science. Travailleurs infatigables, unis par le but comme par le sang, toute leur vie fut consacrée à la recherche des documents historiques; et si nous avons des données précises sur les temps anciens de notre pays, c'est en grande partie aux frères Du Puy que nous en sommes redevables.

Déjà leur père, Claude Du Puy (1), jurisconsulte célèbre et zélé bibliophile, avait fondé une Bibliothèque où se trouvaient les ouvrages imprimés les plus rares et les manuscrits les plus précieux. Parmi ceux-ci figuraient les *Epîtres de S. Paul* en grec et latin, et le *Tite-Live* en lettres onciales. On y voyait encore « les antiques fragments de Virgile, qu'il donna à Fulvio Orsini, et sur lesquels M. Pertz a récemment appelé l'attention du monde savant ».

Lorsque Claude Du Puy mourut, sa succession bibliographique fut recueillie en commun par les deux plus jeunes de ses fils, Pierre (2) et Jacques (3) Du Puy : le premier, l'aîné, conseiller d'Etat; le second, prieur de Saint-Sauveur les-Bray, et tous deux gardes de la Bibliothèque du Roi. Les deux frères travaillèrent de concert à l'augmentation et à l'amélioration de la Bibliothèque qu'ils tenaient de l'héritage paternel. Avec une persévérance que le désir d'être utile à ses concitoyens peut seule donner, ils formèrent cette collection gigantesque dont les annales de la bibliophilie n'offrent pas d'exemple, connue à la Bibliothèque Nationale sous le nom de *Collection Du Puy*. Cette collection se compose de 798 volumes in-f° et de 39 volumes in-4° ou in-8°, de pièces détachées, imprimées ou manuscrites, sur toutes sortes de matières : mémoires historiques, traités de paix, titres généalogiques, lettres autographes, etc. Du vivant même des frères Du Puy, elle jouissait d'une telle célébrité, qu'un auteur contemporain, Charles de Combault, baron d'Auteuil, dans son *Histoire des Ministres d'Etat*, p. 418, la cite comme un « abisme de doctrine, de curiosité et d'honneur ».

On a dit qu'ils avaient entrepris ce travail de Titans pour l'usage du président de Thou. Nous ne savons guère sur quelle preuve cette assertion repose. Quoi qu'il en soit, ce que l'on ne saurait nier, c'est que Jacques Du Puy, le dernier survivant des deux frères, en fit don, par legs testamentaire, à M. l'abbé de Thou, le descendant de l'illustre président.

En 1680, de Thou vendit la collection au président Charron de Ménars qui, aux 798 volumes ci-dessus mentionnés, en ajouta 160 autres de la même provenance. Charron de Ménars mort, ces manuscrits tombèrent entre les mains de Marie-Thérèse Charron de Ménars, et Marie-Françoise-Thérèse Charron de Nozieux, ses filles et ses héritières, qui les vendirent, le 10 avril 1720, au procureur général Joly de Fleury, au prix de 25,000 livres. Enfin, Louis XVI les acheta des héritiers de ce dernier pour la Bibliothèque du Roi, moyennant la somme de 60,000 livres.

Quelques mois après la mort de son frère, Jacques Du Puy, par testament en date du 25 mai 1652, avait légué au Roi sa Bibliothèque, composée de 10,000 volumes, avec tous les manus-

(1) Né à Paris, en 1545, mort en la même ville, le 1er décembre 1594.

(2) Pierre naquit à Dijon, le 27 novembre 1582, et mourut le 14 décembre 1651.

(3) Jacques vit le jour à Paris en 1586, et décéda en la même ville, le 27 novembre 1656.

crits, au nombre de 260, et le catalogue de ceux-ci, qu'il exécuta de sa propre main, en deux volumes in-folio.

Aujourd'hui, catalogue, livres imprimés, livres manuscrits, toutes les richesses littéraires provenant des Du Puy, sont conservées à la Bibliothèque Nationale. On les reconnait facilement par les armes ci-dessus frappées sur les

plats des reliures, et par le double Δ mis au dos de chaque volume.

Delisle, *Cabinet des Manuscrits de la Bibliothèque Impériale.* — Le P. Jacob, *Traité des plus belles Bibliothèques.*

DURAND (Pierre-François), sieur de Montlessus, reçu conseiller au

Parlement de Paris le 22 août 1731, en la deuxième Chambre des Enquêtes. Mort en novembre 1732.

*De gueules, au lion d'or tenant un coutelas d'argent garni d'or.*

DURAND (Philibert), seigneur d'Auxi, conseiller au Parlement de Bourgogne, reçu le 9 janvier 1711. Il résigna ses fonctions pour passer à la charge de Grand-Maître des Eaux et Forêts de cette province.

*D'or, à la fasce de gueules, chargée de trois têtes de lion arrachées d'or.*

DURAND DE SAINT-EUGÈNE (Philippe-Alexis), chevalier, sei-

gneur de Trouhart-le-Guilloiré, de la même famille que le précédent, mort le 4 décembre 1729, âgé de 53 ans. Il avait été Maître d'Hôtel ordinaire du roi, conseiller d'État, et président à la Chambre des Comptes de Bourgogne.

*D'or, à la bordure engrêlée de gueules, à la fasce de même, chargée de trois têtes de lion arrachées d'or.*

DURET DE CHEVRI (Charles), président à la Chambre des Comptes de Paris, secrétaire et commandeur des Ordres du Roi, et contrôleur général des finances. Mort en 1637. Il était fils du célèbre Louis Duret, médecin de Charles IX et de Henri III.

*D'azur, à trois diamants taillés en losanges d'argent, chatonnés d'or, portant en cœur un souci feuillé de sinople.*

Ce magistrat avait une fort belle bibliothèque dans l'hôtel qu'il s'était fait construire à l'angle de la rue Richelieu et de la rue Neuve-des-Petits-Champs. Jacques Tubeuf, président à la même cour, acheta cet hôtel et le réunit au sien. Ce sont ces deux hôtels que l'on a restaurés pour en faire une partie des bâtiments servant aujourd'hui à la Bibliothèque Nationale.

DURFORT, duc de Lorges et de Randon (Guy-Michel de), maréchal de France, né le 26 août 1704, mort à Courbevoie, près Paris, le 6 juin 1773.

*Écartelé : au 1 et 4, d'argent, à la bande de gueules qui est de* Durfort; *au 2 et 3, de gueules, au lion d'argent, qui est de* Duras; *sur le tout, au lambel d'or à trois pendants.*

DURFORT, duc de Duras (Emmanuel-Félicité de), maréchal de France. Né le 19 décembre 1715, mort à Versailles le 6 septembre 1789.

*Ecartelé : au 1 et 4, d'argent, à la bande de gueules qui est de* Durfort; *au 2 et 3, de gueules, au lion d'argent, qui est de* Duras

*Catalogue* des livres... de feu M. le maréchal duc de Duras, dont la vente se fera le 12 avril 1790... — *Paris, Prault*, 1790, in-8.

DURFORT-CIVRAC (Jean-Laurent de), comte de Lorges, marié le 22 mai 1762 à Adélaïde-Philippine de Durfort de Lorges, fille puînée de Louis de Durfort, duc de Lorges, lieutenant-général des Armées du Roi.

*Écartelé : au 1 et 4, d'argent, à la bande d'azur, qui est de* DURFORT; *au 2 et 3, de gueules, au lion d'argent. Le tout accolé des armes de sa femme, qui porte de même.*

DU RIVAIL (Aymar), conseiller au Parlement de Grenoble, vers 1560.

*D'azur, à trois étoiles d'or.*

DU SAUSAY (Marc-Antoine), prévôt des marchands de Lyon. 1662.

*D'azur, à la tour d'argent buttée de même, hersée de sable, sur un tertre de sinople, à deux étoiles d'argent en chef.*

DU TARTRE (Antoine), membre de la Confrérie de Saint-Georges, au comté de Bourgogne. 1652.

*D'azur, à deux bars adossés d'argent, accompagnés de quatre croisettes tranchées du même.*

DU THIER DE BEAUREGARD, secrétaire d'État et contrôleur général des Finances, mort en septembre 1559.

Du Thier était un habile administrateur et un grand collectionneur de livres et d'objets d'art. Ronsard lui adressa le sonnet suivant :

Depescher presque seul les affaires de France,
D'une main qui se fait diuine en écriuant,
De répondre aux paquets d'Itale et du Levant,
Et vacquer nuit et jour aux choses d'importance

De mener le premier des neuf Muses la danse.
Compagnon d'Apollon, aller haut éleuant
En faueur, en crédit, ceux qui vous en suivant
De bien loin après toy, des Muses la cadence.

Parler d'une voix graue aux princes hardiment;
Saluer d'un œil doux les petits priuément,
Auoir dedans le cœur mille vertus encloses.

Sans estre courtisan, mais ouuert et entier,
Jamais le ciel benin n'assembla tant de choses
Pour faire un homme heureux, en autre qu'en
[Du Thier.]

*D'azur, à trois grillettes d'or.*

## DU TILLET.

Cette famille, illustrée par une longue série de magistrats, a fourni encore des savants et des bibliophiles. L'un d'eux, Jean (1) du Tillet, seigneur de la Bussière, greffier au Parlement de Paris, protonotaire royal, fut le premier qui étudia les annales de notre pays d'après les documents originaux. C'est lui qui ouvrit la route que l'on a suivie depuis avec tant de succès. Il avait réuni un grand nombre de livres imprimés ou manuscrits, la plupart très-importants au point de vue historique. A sa mort, ces livres passèrent entre les mains de son frère (2), l'évêque de Saint-Brieuc, qui les légua, avec les siens propres, au fils (3) du greffier. Ce dernier succéda à son père et dans sa charge et dans ses goûts bibliographiques; mais, « comme il faut que toute chose périsse, » ces richesses littéraires, amassées par les deux frères et conservées par le fils, furent vendues et dispersées au milieu du XVIIIe siècle. A la suite de cette dispersion, beaucoup de volumes de cette provenance entrèrent à la Bibliothèque du Roi.

Nous avons trouvé trois marques différentes des Du Tillet, frappées sur des livres de leur provenance.

La première

appartient à l'évêque de Saint-Brieuc.

*Ecartelé : au 1 et 4, d'azur, au chevron d'or accompagné de 3 molettes d'éperon de même; au 2 et 3, d'or, à 3 chabots de gueulés; sur le tout, d'or à la croix pattée et alezée de gueules, qui est* Du Tillet.

(1) Mort le 2 octobre 1570.

(2) Jean Du Tillet, mort le 19 novembre 1570. — (3) Jean Du Tillet, mort le 29 décembre 1646, âgé de 78 ans.

Scévole de Sainte-Marthe a fait l'éloge des livres relatifs à l'histoire de France, laissés par Jean Du Tillet. Parmi les bons et curieux manuscrits qu'il possédait on cite : *Canones Apostolorum et Conciliorum, græce*, imprimé in-4°, par Conrad Néobarius, en 1539.

Quant à celle-ci,

et à celle-là,

il nous a été impossible de déterminer les bibliophiles respectifs qu'elles représentent. La dernière figurait sur les plats d'un exemplaire du *Journal de Verdun*, de Richelieu, 1652, in-12, faisant partie du cabinet de M. Arthur de Boislisle.

DU VAIR (Guillaume), garde des sceaux de France sous Louis XIII, évêque de Lisieux. Il naquit à Paris le 7 mars 1556, et mourut à Tonneins le 3 août 1621. Son corps fut porté à Paris, et inhumé dans l'église des Bernardins.

*D'azur, à la fasce d'or accompagnée de trois croissants d'argent, 2 en chef, 1 en pointe, les 2 du chef*

*brisés d'un lambel à trois pendants de gueules.*

Ce prélat s'était composé une riche collection de livres et de médailles, qui devint par héritage la propriété de sa sœur, Antoinette Du Vair. Celle-ci la laissa à son neveu, Guillaume Aleaume, évêque de Riez, mort en 1621, qui la transmit à Jacques Ribier, conseiller d'État, l'un des plus ardents bibliophiles de son époque.

Du Vair légua à Peirsec sa jolie collection de médailles.

DU VACHE (Edmond), conseiller au Parlement de Grenoble. 1658.

*D'or, à la bande de gueules, chargée d'un lion d'argent.*

DUVAL D'ESERTENNE, conseiller au Parlement de Bourgogne. 1780.

*D'azur, à la bande d'argent.*

Devise : *En tout candeur.*

ELBENE (Alphonse d'), évêque d'Orléans, 1647; mort le 20 mai 1665.

*D'azur, à 2 bâtons d'argent fleurdelisés passés en sautoir.*

Ce fut lui qui publia en latin l'excellent recueil des Statuts synodaux du diocèse d'Orléans, in-4°, 1664.

ENFRENEL (le chevalier d').

*D'azur, à la fasce d'or accompagné en chef d'une étoile aussi d'or, et en pointe de deux glands de chêne du même.*

ESCHAUX (Bertrand d'), archevêque de Tours. 1618.

*D'azur, à trois fasces d'or.*

ESCOUBLEAU (Charles d'), marquis de Sourdes et d'Alluye, chevalier des ordres du roi en 1638, gouverneur de l'Orléanais et du pays chartrain ; mort à Paris le 21 décembre 1666, âgé de 78 ans.

*Parti d'azur et de gueules à la bande d'or brochant sur le tout.*

Charles d'Escoubleau, maréchal de camp des armées du Roi, soignait, dit le P. Jacob, les « exercices de Mars et d'Apollon. » Il avait une très-riche Bibliothèque dans son château

de Jouy, à quatre lieues de Paris, qui contenait les livres les plus rares et les plus recherchés sur toutes les sciences, et qui le « fit alors estimer pour un des plus savants seigneurs de la France. »

ESPERNON (Jean-Louis duc, d'), créé pair de France en 1582. Mort le 13 janvier 1642, âgé de 88 ans.

*Parti : au 1 d'argent, à un noyer de sinople, qui est de* NOGARET ; *au 2, de gueules, à la croix clochée, vidée et pommettée, qui est de* TOU-

LOUSE ; *au chef de gueules chargé d'une croix potencée d'argent; sur le tout, d'azur, à la cloche d'argent bataillée de sable.*

C'est à ce présomptueux et orgueilleux favori que Henri III avait promis « de le rendre si puissant, qu'il ne pourrait plus lui ôter ce qu'il lui aurait donné. » Il fut le premier seigneur qui mit six chevaux à son carrosse.

ESPIARD (François-Bernard), jurisconsulte, président à mortier à Besançon, né à Dijon en 1569, mort en 1743.

*D'azur, à trois épis de froment d'or, ardents de gueules, 2 en chef, 1 en pointe.*

ESPINAC (Pierre), archevêque de Lyon en 1574, après Antoine d'Albon, son oncle. Mort le 9 janvier 1595.

*D'argent, à un lion de gueules, à la bordure de sable chargée de 8 besants d'or, qui est* d'Espinac; *écartelé de sable, à la croix d'or, qui est* d'Albon.

Ce prélat, qui était très-éloquent et très-spirituel, publia en 1577 des ordonnances synodales, et présida diverses assemblées du clergé de France, où ses discours charmaient ses auditeurs. Il souhaitait avec passion d'être cardinal, et Henri III lui avait même promis le chapeau; le roi ayant manqué à sa promesse, d'Espinac se jeta dans le parti du duc de Guise, et demeura dès lors un ligueur opiniâtre.

ESPINAY (marquis d') de Saint-Luc.

*D'argent, au chevron d'azur chargé de onze besants d'or.*

Cette maison, des plus illustres de Normandie, est très-ancienne et a produit de grands hommes, entre autres :

ESPINAY COSSÉ (François d'), dit *le brave Saint-Luc*, chevalier des Ordres du Roi, gouverneur de Saintonge et de Brouage, tué au siége d'Amiens le 8 septembre 1597.

*Ecartelé : au 1 et 4*, d'Espinay-Saint-Luc; *au 2, de gueules, à 3 fasces d'or, qui est* Groucher-Griboual; *au 3, de gueules à 3 chevrons d'or, qui est de* Uxelles; *sur le tout, de sable à 3 fasces denchées d'or du côté de la pointe, qui est de* Cossé.

Les auteurs de son temps lui donnent de grands éloges. Brantôme dit de lui « qu'il était très-gentil et accompli cavalier en tout, s'il en fut un à la cour, et en réputation d'un très-grave, vaillant et bon capitaine (1) »

(1) François d'Espinay n'était pas seulement brave et bien fait de sa personne; il avait aussi un esprit brillant, aisé, délicat et que rien ne rebutait. En butte à la jalousie et à l'envie, il se retira dans son gouvernement de Brouage, et ce fut dans cette solitude qu'il composa divers discours, des vers très-ingénieux, et qu'*il amassa cette magnifique collection de livres dont Scévole de Sainte-Marthe fait mention dans l'éloge qu'il dressa pour le seigneur de Saint-Luc.*

ESPINOY (Philippe), vicomte de Térouanne et seigneur de La Chapelle, commandant d'une compagnie de gardes wallones, né à Gand, en 1552, mort en 1633.

*D'azur, à 3 besants d'or mis en bande.*

Cet amateur se livrait avec succès à l'étude de l'histoire et des antiquités de son pays. Outre plusieurs manuscrits historiques qu'il laissa, il fit imprimer en 1631 : *Recherches d'antiquités et de noblesse de la Flandre*, avec une description curieuse dudit pays. —*Douai*, in-f°. Ouvrage estimé.

ESTAING (François, comte d'), lieutenant général des Armées du Roi en 1704, chevalier des Ordres du Roi en 1724.

*D'azur, à trois fleurs de lys d'or, 2 et 1, au chef d'or pour brisure.*

ESTAING (Joachim-Joseph d'), comte de Saint-Jean de Lyon, prieur de Saint-Irénée, et évêque de Saint-Flour en 1693.

*Comme ci-dessus.*

Son père s'occupa beaucoup de rechercher les antiquités de la maison de d'Estaing, dont il dressa d'amples mémoires. C'est à lui que Boileau fait allusion dans sa 5e Satyre sur la noblesse, quand il dit :

Je veux que la valeur de ses aïeux antiques
Ait fourni de matière aux plus vieilles chroniques,
Et que l'un des Capets, pour honorer leur nom,
Ait de trois fleurs de lys doté leur écusson.

Philippe-Auguste avait autrefois autorisé un de ses aïeux, Dieudonné d'Estaing, à porter les armes de France, avec un chef d'or pour brisure, parce qu'il avait sauvé la vie au roi à la bataille de Bouvines (1214).

ESTRÉES (César d'), cardinal, né en 1628; fut évêque de Laon et abbé de Saint-Germain-des-Prés, où il mourut le 18 décembre 1714.

*Ecartelé : au 1 et 4, d'argent, fretté de sable de 6 pièces, au chef d'or chargé de 3 merlettes de sable, qui est d'*ESTRÉES ; *au 2 et 3, d'or, au lion d'a-*

*qui couronne et tampassé de gueules,*

*qui est de la Cauchie en Boulonnois.*

ESTRÉES (Victor-Marie, maréchal de France et duc d'), 1650-1737, membre de l'Académie des Inscriptions.

*Comme ci-dessus.*

Monogr. V. M. D. entrelacés. (Vic-

tor-Marie d'Estrées.)

*Catalogue* de la bibliothèque de M. le maréchal d'Estrées. — *Paris*, 1740, in-8, 2 vol. Bibliothèque renfermant plus de 20,000 numéros.

ESTRÉES (François-Annibal d'), ambassadeur de France, abbé de Saint-Germain-des-Prés et membre de l'Académie française.

*Comme ci-dessus.*

ESTRÉES (Jean D'), abbé de Saint-Claude, puis archevêque de Cambrai, 1666-1718.

*Comme ci-dessus.*

Ce prélat fit don, en 1718, de toute sa Bibliothèque à l'abbaye de Saint-Germain-des-Prés.

ESTRÉES (Lucie-Félicité de Noailles, duchesse d'), morte en 1745.

*Comme ci-dessus.*

ESTAMPES (Leonor), de Valençay, d'abord abbé de Bourgueil-en-Anjou, puis évêque de Chartres et archevêque de Reims; mort en 1651, le 8 avril, à l'âge de 63 ans

*D'azur, à deux girons d'or appointés en chevron; au chef d'argent chargé de trois couronnes ducales de gueules mises en fasce.*

Ce bibliophile, dont le P. Jacob et Claude Robert, dans la *Gaule chrétienne*, parlent avec éloges, eut deux fers, l'un quand il était abbé (nº 1), l'autre quand il fut archevêque (nº 2).

Ce fut à cette époque, d'après le P. Jacob, qu'il perfectionna « ce thrésor des Muses qu'on tient pour estre le plus accompli de la France. »

ESTAMPES (Jacques), seigneur de Valençay, conseiller d'État. 1633.

*D'azur, à 2 girons d'or, appointés en chevron, chargés sur la pointe d'un croissant, montant de gueules, au chef d'argent chargé de trois couronnes ducales de gueules.*

EXPILLY (Claude), président au Parlement de Grenoble, né à Voiron (Dauphiné), en 1561, et mort à Grenoble en 1636.

*De sable, au coq d'or crêté et barbé de gueules, au chef d'or chargé de trois molettes de sable.*

« Feu Claude d'Expilly, dit le P. Jacob, estoit homme savant, comme le tesmoignent ses œuvres; et curieux sur la recherche des bons livres, desquels il avoit fait sa bibliothèque, qui est à présent conservée par Madame la Présidente de Brion, sa fille. »

Le président d'Expilly était à la fois, dit Chorier, orateur, historien, poète et jurisconsulte.

FAGNIER DE VIENNE (Jean-Thierri), prêtre-chanoine et grand-vicaire du diocèse de Châlons, puis conseiller-clerc au Parlement de Paris. 1733.

*D'azur, au chevron d'or chargé de 2 lions de gueules affrontés et accompagnés de 3 molettes d'éperon d'or, deux en chef, une en pointe, qui est de* FAGNIER; *écartelé de gueules, à un dragon d'or ailé de même, qui est de*

BRAUX.

FAGON (Guy-Crescent), médecin de Louis XIV, membre honoraire de l'Académie des Sciences, né à Paris en 1638, mort en 1718.

*D'azur, au soleil d'or en chef, au lion regardant le soleil, en pointe d'un mouton paissant; le tout de même.*

*Catalogue* des livres de M. Fagon. *Paris, Bauche*, 1744, in-8.

Cette Bibliothèque passa en grande partie à son fils Louis, intendant des finances, mort le 8 mai 1744.

« Outre un profond savoir dans sa profession, Fagon avait une érudition très-variée, embellie par l'heureuse facilité de bien parler. »

FALCOZ, en Dauphiné.

*D'azur, au faucon d'argent.*

FARGES DE CHAUVEAU, en Bourbonnais.

*D'argent, au lion de gueules.*

FASSION, en Dauphiné.

*De gueules, à la croix d'or cantonnée en chef de 2 étoiles de même, et de 2 roses d'argent en pointe.*

FAUCHER (Paul de).

*D'azur, à 3 bandes d'or, au chef d'hermine.*

FAUCHET (Claude), l'historien, président de la Cour des Monnaies, né en 1530, mort vers 1601, au moment où il faisait imprimer son livre ayant pour titre : *Déclin de la maison de Charlemagne*.

*D'azur, à 3 chevrons bretessés d'or.*

Fauchet rechercha avec beaucoup de soins et de succès les *Antiquités gauloises et françaises, depuis l'an 379 jusqu'à Clovis.* — 1579, in-4°.

Dans la préface curieuse de cet ouvrage, remarquable à plus d'un titre, il prévient le lecteur que son livre est incomplet, « parce qu'à son « retour à Paris il a trouvé sa *Librairie*

« dissipée, en laquelle étaient ses ori-« ginaux et plus de deux mille volu-« mes de toutes sortes, principalement « d'histoires écrites à la main, en très-« grand nombre. »

Indépendamment d'un grand nombre d'ouvrages rares et curieux, il avait recueilli les manuscrits de nos vieux poëtes français, dont il a écrit l'histoire.

Cette belle Bibliothèque fut acquise en grande partie par Paul Peteau. Aujourd'hui encore on recherche avec une grande avidité « les ouvrages de ce *franc-gaulois,* qui traita de mille choses très-curieuses en style incorrect. »

FAULCONNIER (Pierre), écuyer, grand bailli héréditaire de la ville et du territoire de Dunkerque. Il était fils de l'historien de Dunkerque, Pierre Faulconnier, qui avait été également grand bailli et, de plus, fondateur de la Bibliothèque communale de cette ville.

*D'or, à 3 roses de gueules boutonnées du champ, mises en bande entre 2 cottices d'azur, et accompagnées de 2 faucons au naturel, chaperonnés de gueules*

FAULTRIER (Joachim), abbé de Notre-Dame d'Ardaine, près de Caen, et de Saint-Loup de Troyes, né à Auxerre, en 1626, avocat au Parlement de Paris; il mourut en cette ville, le 11 mars 1709, dans le logement que lui avait donné Louis XIV à l'Arsenal.

*D'argent, au lion de gueules chargé d'une fasce de sable, surchargée d'une étoile du champ posée à sénestre, à la bordure componnée de gueules et d'or.*

Doué de beaucoup d'esprit et d'un grand talent pour la conduite des affaires, Louis XIV le chargea de plusieurs négociations importantes, dont il s'acquitta toujours avec beaucoup de succès, et où il s'acquit une grande réputation de sagesse, d'intégrité et de prudence. Ami des lettres, il les cultiva avec succès, et se forma une Bibliothèque très-nombreuse et fort bien choisie. Les savants se plaisaient dans sa société, et Louis XIV ne refusait pas ses conseils.

*Catalogus* librorum Bibliothecæ D. Joach. Faultrier, abbatis Beatæ Virginis Arduennensis et Sancti Lupi Tricassini...... Digestus a Prospero Marchand.—*Parisiis, P. Marchand*, 1709, in-8.

Ce Catalogue est très-curieux au

point de vue du système bibliographique qui y est exposé, et dans lequel les livres sont rangés. On y trouve, en tête, son portrait et son éloge en latin par Baluze.

FAURE, conseiller au Parlement de Paris.

*De sable, au chevron d'argent accompagné de 3 roches de même.*

FAVART (Lancelot), chanoine.

*D'azur, à la fasce ondée d'argent, accompagnée en chef d'un croissant montant de même, et en pointe d'une ancre couchée d'or.*

FAVRE (Antoine), chevalier, baron de Péroges, premier président au Sénat de Savoie, né en 1557, mort en 1624.

*D'argent, au chevron d'azur accompagné de 3 têtes de more liées ou tortillées d'argent, deux en chef et l'autre en pointe.*

FAYE D'ESPEISSES.

*D'argent, à la bande d'azur chargée de 3 têtes de licorne d'or.*

La famille des Faye d'Espeisses est une des plus célèbres dans la magistrature. La plupart de ses membres avaient travaillé à former une Bibliothèque qui, du temps du P. Jacob, c'est-à-dire vers 1644, était en grande réputation.

Elle passa successivement de Barthélemy Faye, conseiller à la Cour, son fondateur (1540), entre les mains de Jacques Faye, son fils, d'abord président au Parlement, puis ambassadeur en Pologne du roi Henri III. Elle fut continuée après (1590) par Charles Faye, conseiller du Roi en ses conseils et ambassadeur en Hollande.

Son cabinet, qui renfermait tant de choses rares et curieuses, passait pour un des plus beaux de l'Europe. Outre le grand nombre de livres choisis en toutes sortes sortes de sciences et de rares manuscrits, il y avait quantité de riches pierreries, et entre autres un vase d'agathe d'une grandeur extraordinaire, plusieurs curiosités des Indes et de l'Amérique, ainsi qu'une suite nombreuse d'anciennes médailles grecques et romaines.

FERRAND.

*D'azur, au chevron d'or accompagné de 3 épées d'argent garnies d'or, la garde en bas.*

FERRAND (Étienne), vicaire général de l'église de Sens. 1552.

*D'azur, au phénix éployé d'or, enflammé de gueules, posé sur un rocher de sinople, regardant la pointe; au canton dextre du chef un soleil*

*d'or.*

FERRIÈRES (Pierre de), conseiller au Parlement de Grenoble, vers 1680.

*Parti : au 1, d'argent, coupé de sinople; au 2, de gueules.*

FESCH (Joseph), cardinal archevêque

de Lyon, né en 1763, mort en 1839.

*D'azur, à l'aigle d'or empiétant un foudre de même, le foudre chargé d'un écusson sur lequel est un F de sable; la tête de l'aigle tournée à sénestre, et les ailes abaissées.*

Ces armes sont celles que le cardinal portait comme membre de la famille impériale.

La famille Fesch, originaire de Basle, dont le cardinal était issu, avait pour armes primitives les suivantes,

qui sont : *d'azur, au chevron courbé de sable, accompagné en chef de deux étoiles, et en pointe d'une croix de cimetière calée, le tout d'or.*

L'un des membres de cette famille, Fæsch (Rémi), jurisconsulte et antiquaire suisse, né à Bâle en 1595, mort en 1667, montra un goût très-prononcé pour la numismatique et les antiquités. Sa collection et sa Bibliothèque, léguées par fidéi-commis à l'Académie de Bâle, et connues sous la dénomination de cabinet Fesch, excitent encore aujourd'hui la curiosité des voyageurs.

FEURS (Antoine de), doyen et comte de l'Eglise de Lyon, vers 1500.

*Losangé d'or et de sable.*

FEVRET DEFONTETTE (Claude-Marie), conseiller au Parlement de Dijon, l'éditeur de la *Bibliothèque historique de la France*, 2e éd., né à Dijon en 1710, mort en cette ville le 21 février 1772, n'ayant pu faire imprimer que le premier volume.

*Écartelé : au 1 et 4, d'argent, à une hure de sanglier arrachée de sable, armée d'argent et lampassée d'une flamme de gueules; au 2 et 3, d'azur, à trois bandes d'or.*

*Catalogue* des livres... de feu M. Fevret de Fontette...— *Paris, Moutard*, 1773, in-8.

Cet amateur avait joint à sa nombreuse bibliothèque, si riche en ouvrages précieux, une collection d'estampes représentant la suite des événements de l'histoire de France depuis les Gaulois jusqu'au règne de Louis XIV inclusivement. Cette collection, dont on trouve le catalogue au tome IV de la Bibliothèque historique de la France, est aujourd'hui conservé à la Bibliothèque Nationale.

FEVRIER DE LA BELLONNIÈRE

*D'argent, au porc de sable.*

Voyez le *Catalogue* Dinaux, 2e partie, nº 71.

FEYDEAU DE BROU (Denis), conseiller au Parlement de Paris, vers 1620.

*Écartelé : au 1, vairé d'or et d'azur, au chef de gueules chargé d'un lion léopardé d'argent, qui est* Hennequin; *au 2, d'azur, à la merlette de sable, au chef d'azur chargé de trois besants d'or, qui est* du Bouchet; *au 3, d'azur, à la levrette courante d'argent accolée de gueules et bouclée d'or, qui est de* Nicolaï; *au 4, d'azur, à la bande de pourpre ou d'argent accompagnée de deux dragons d'or, qui est* Baillet; *et sur le tout, d'azur, au chevron d'or accompagné de 3 coquilles de même, 2 en chef, 1 en pointe, qui est* Feydeau.

Il avait épousé Gabrielle Hennequin, morte en 1657, fille d'Oudart Hennequin, seigneur de Chantereine, second fils de Dreux-Hennequin, chevalier d'Assy, aussi conseiller du roi, et de Magdeleine du Bouchet.

Dreux-Hennequin, troisième fils de Michel Hennequin, sieur de Cury et de Catherine Gobaille, dite de Crécy, de la ville de Troye, avait épousé Renée Nicolaï, fille d'Aimar Nicolaï, sieur de Saint-Victor, premier président à la Cour des Comptes, et de Anne Baillet. Il mourut en 1550.

La marque de ce savant collectionneur affecte deux formes particulières quant aux ornements extérieurs. Dans le nº 1, l'écu repose sur un ovale

(1)

feuillé, et dans le nº 2, il est accosté

(2)

de ses supports, sommé d'un casque

avec lambrequin et lion [illegible]sant. On trouve quelquefois des reliures à ses armes [illegible] deux ΦΦ.

entrelacés et traversés à leurs centres respectifs de flèches en sautoir.

FEYDEAU DE BROU (Denis), intendant de Montauban en 1686, président au Grand Conseil, mort en 1690. Il avait épousé, en 1672, Marie-Anne Voisin, fille de Marguerite Marcel et de Charles Voisin, 4e fils de Daniel Voisin, le garde des sceaux.

Cet amateur avait une des plus belles et des plus riches Bibliothèques de son temps. Les livres étaient en grande partie très-élégamment habillés, et sur les plats figuraient tantôt ses armes pures, qui sont : *d'azur, au*

*chevron d'or accompagné de trois vannets de même, deux en chef, un en pointe;* tantôt ses armes accolées de celles de sa femme, qui sont : *écartelé : au 1 et 4, d'argent, à une croix de Lorraine de sable; au 2 et 3, d'or, à la bande d'azur chargée de trois fleurs de lys,* alias *étoiles, du champ; et sur le tout de* Voisin, *qui est d'azur, à trois étoiles d'argent, deux en chef, une en pointe, et en cœur un croissant montant du même.*

Dans l'*Histoire de la Bibliophilie*, ces dernières armoiries sont attribuées à Daniel Voisin. C'est incontestablement une inadvertance des savants rédacteurs de ce curieux et splendide recueil.

FIEUBET DE NAULAC (Gaspard), seigneur de Ligny, né à Toulouse en 1626, devint conseiller au Parlement de cette ville, puis conseiller d'État. Mort en 1694, âgé de 67 ans.

*D'azur, au chevron d'or accompagné de deux croissants d'argent, et d'un rocher de même en pointe.*

Fieubet avait joint à sa Bibliothèque une partie des livres du P. Vignier.

Il composait des vers élégants et pleins de délicatesse. Ce fut lui qui écrivit l'épitaphe qui se trouve sur la tombe de Descartes, à l'église Saint-Étienne-du-Mont, et celle de saint Pavin, que voici :

Sous ce tombeau gît saint Pavin ;
Donne des larmes à sa fin.
Tu fus de ses amis peut-être?
Pleure ton sort et non le sien.
Tu n'en fus pas? Pleure le tien,
Passant, d'avoir manqué d'en être.

FIRMAS DE PERIÈS (le lieutenant-général comte de), né à Alais en 1770, mort en Allemagne en 1828, l'ami intime du roi Frédéric de Wurtemberg. (V. Rabbe et Boisjolin.)

*Écartelé : au* 1 *et* 4, *d'argent, à trois poiriers arrachés de sinople, qui est* Periès ; *au* 2 *et* 3, *d'argent, à l'aigle éployée de sable ; chapé-parti d'azur et de gueules, à une fleur de néflier de cinq feuilles d'or et d'argent brochant sur le parti, qui est* Cappel ; *sur le tout, d'argent, à 3 mouches d'hermine de sable, au chef cousu d'argent chargé d'une fleur de lys d'or.*

FIZES (Simon), secrétaire d'Etat, baron de Sauves, mort en 1579.

Ce fut à Fizes que Charles IX confia tous ses desseins au sujet de la Saint-Barthélemy, en le chargeant seul de l'expédition de toutes les dépêches secrètes relatives à cette fameuse journée.

*D'argent, à la fasce de gueules,*

*accompagnée de trois merlettes de sable en chef.*

FLAHAUT DE LA BILLARDERIE. Famille originaire de Picardie.

*D'argent, à 3 merlettes de sable, posées* 2 *et* 1.

FLÉCHIER (Esprit), évêque de Nîmes, célèbre orateur et prédicateur français, né en 1632, mort le 6 février 1710.

Jeune encore, Fléchier était connu comme bibliophile ; et à l'âge où l'on entre dans la vie active, il possédait une collection remarquable par le choix et la rareté des éditions, et le luxe de la reliure. Sa Bibliothèque fut vendue à Londres en 1725, et perdue en quelque sorte pour la France.

*D'argent, à l'arbre de sinople, au*

*chef de gueules chargé de 3 étoiles d'or.*

*Catalogus* librorum Bibliothecæ domini Esprit Fléchier. — *Londini*, 1725, in-8.

FLEURIAU D'ARMENONVILLE (Joseph-Jean-Baptiste), garde des sceaux de France, mort en 1728.

*D'azur, à un épervier d'argent, membré, longé et grilleté de même, perché sur un bâton de gueules, au chef d'or chargé de trois glands feuillés et tigés de sinople.*

FLEURIAU D'ARMENONVILLE (Jean-Baptiste), comte de Morville, membre de l'Académie française, mort en 1732.

*Comme ci-dessus.*

FLEURIEU (le chevalier de).

*D'argent, à la bande d'azur chargée en cœur d'un soleil du premier.*

En grande partie, les livres de cet amateur continnnent ses armes en *Ex libris,* quelquefois sur les plats; mais toujours le *soleil* figure au dos entre les nervures.

FLEURY (Joly de), président au Parlement de Bourgogne.

*Ecartelé : au 1 et 4, d'azur, au lys naturel d'argent, au chef d'or chargé d'une croix patée de sable ; au 2 et 3.*

*d'azur, au léopard d'or armé de gueules.*

FLEURY (Jean-André-Hercule, cardinal de), ministre d'État sous Louis XV, membre de l'Académie française, né à Lodève en 1653, mort en 1743.

*Écartelé : au 1 et 4, d'azur, à trois roses d'or boutonnées de gueules ; au 2 et 3, d'azur, au chef chargé d'un lion naissant de gueules, qui est* La Treille.

Ami des lettres et des sciences, Fleury s'en montra le protecteur éclairé. Ce fut par ses soins que la Bibliothèque du Roi fut achevée et agrandie. Il l'enrichit de plusieurs manuscrits précieux qu'il fit acheter en Égypte, en Grèce et jusqu'en Chine.

FLEURY (Jean-Hercule de Rosset duc de), pair de France. Mort le 31 décembre 1748. Neveu du précédent.

*Écartelé : au 1, d'argent, au bouquet de trois roses de gueules rangées 1 et 2, tigées et feuillées de sinople, qui est de* Rosset ; *au 2, de gueules, au lion d'or, qui est de* Lasset ; *au 3, écartelé d'argent et de sable, qui est de* Vissec de Latude ; *au 4, d'azur, à trois rocs d'échiquier d'or, 2 et 1, qui est de* Rocozel ; *et sur le tout d'azur, à 3 roses d'or, posées 2 et 1, qui est de* Fleury.

FLEURY (Henri-Marie-Bernardin de Rosset des Ceilhes de), archevêque de Tours, sacré en 1751.

*Comme ci-dessus.*

FOLIN, conseiller au parlement de Bourgogne.

*De gueules au hêtre d'or, et en pointe un croissant d'argent.*

Devise : *Folium ejus nunquam defluet.*

FONTANGES.

*De gueules, au chef d'or chargé de trois fleurs de lys d'azur.*

FONTANIEU (Gaspard-Moïse), historien, né en 1695, mort en 1767. Intendant de Grenoble, puis conseiller d'État.

Ce savant était un amateur des plus érudits. Il avait rassemblé sur l'histoire du Dauphiné une immense collection de titres empruntés aux diverses archives de la France ot même des pays étrangers. Ce recueil, qui forme 841 portefeuilles in-4°, est déposé à la Bibliothèque Nationale, ainsi que 60,000 pièces originales sur l'histoire de France et la plupart des livres composant sa Bibliothèque, dont tous portaient la marque ci-contre.

*D'azur, au chevron d'or accompagné en chef de deux étoiles d'argent et en pointe d'une montagne de même.*

FONTENELLE.

*D'argent, à quatre fleurs de lys de gueules, posées 2. 2.*

FONTENU DE MONTRETOUT (François de), 1667-1759, archéologue français, né en Gatinais, membre de l'Académie des Inscriptions et Belles-Lettres.

*D'argent, au chevron de gueules*

*chargé de trois croisettes d'or, et accompagné de 3 mouchetures d'her-*

*mine de sable, 2 en chef et 1 en pointe, au chef d'azur chargé d'un léopard de sable.*

V. la pl. B. de l'*Histoire de la Bibliophilie.*

Il avait fourni au Recueil de l'Académie vingt Dissertations sur divers sujets, et en laissa un grand nombre de manuscrites. Ces Mémoires contiennent de curieuses recherches sur plusieurs lieux de la France, diverses médailles et des sujets de mythologie.

FONTETTE DE GOMMERY (Pierre-Bernard de), chef d'escadre des armées navales, 1696.

*D'azur, à trois fasces d'or.*

FORBIN (Toussaint de), évêque de Digne en 1657, connu aussi sous le nom de cardinal de Janson, d'une famille illustre de Provence, né en 1625, mort à Paris, le 24 mars 1713.

*D'or, au chevron d'azur, à 3 têtes de léopard de sable*

FORCADEL.

*D'argent, au pin de sable accompagné en chef de deux losanges d'azur, et d'une levrette de gueules passant au pied.*

FOREST, en Bresse et Bugey.

*D'or, à trois pals d'azur, au chef d'or chargé d'un lion passant du second.*

FORETS, membre du Parlement de Paris.

*D'argent, à trois croissants de sable, au chef d'azur chargé de 3 têtes de cerf d'or.*

FORGES (des).

*De sinople, à six bezants d'or* 3, 2, 1.

FORGET (Pierre), sieur de Fresnes, secrétaire d'Etat, né en 1544, mort en 1610.

*D'azur, au chevron d'or accompagné de 3 coquilles de même,* 2 *en chef et* 1 *en pointe.*

Ce bibliophile rédigea, avec Chamier, le fameux édit de Nantes sous le règne de Henri IV. Il aimait les sciences et les savants, et fut leur zélé protecteur.

FORTIN DE LA HOGUETTE, archevêque de Sens en 1662.

*De gueules, au chevron d'or accompagné de trois molettes d'argent.*

FOUCAULT (Nicolas-Joseph), conseiller au Parlement de Paris, intendant de la généralité de Montauban et membre de l'Académie des inscriptions et belles-lettres. Né en 1643, mort en 1720.

*De sable, au lion d'argent armé et lampassé de gueules et couronné d'or.*

Ce savant avait une bibliothèque que le P. Lelong rangeait parmi les plus précieuses concernant l'histoire de France. On ignore en quelles mains cette bibliothèque passa après sa mort Il possédait aussi un cabinet de médailles et de figures antiques très-estimé. Si la bibliothèque fut dissipée, il n'en fut pas heureusement de même du cabinet, qui forme aujourd'hui une des principales richesses des antiques, à la Bibliothèque Nationale. Cette magnifique collection devint la possession d'un nommé Mahudel, médecin et membre de l'Académie des inscriptions et belles-lettres, qui la revendit le 27 février 1727, au Roi, pour la somme de 40,000 fr. — (F. BAUDRY. *Mémoires de Foucault.*)

FOUCAULT DE SAINT-GERMAIN BEAUPRÉ DU DAUGNON, d'abord vice-amiral, puis maréchal de France. 1653.

*D'azur, semé de lys d'argent sans nombre*, aliàs *d'or*.

Les livres de ce bibliophile étaient reliés sinon avec luxe, du moins avec goût. La plupart portaient ses armes frappées sur les plats, et aux angles le

monogramme suivant, composé d'un

F et d'un S entrelacés, surmontés de la couronne de comte.

FOUCHÉ, duc d'Otrante, ministre de la police générale, né en 1763, mort le 25 décembre 1820.

*D'azur, à la colonne d'or accolée d'un serpent du même semé de cinq mouchetures d'hermine d'argent, 2, 2 et 1. Franc-quartier de comte-ministre. Chef de duc brochant sur le franc-quartier.*

Voy. le *Catal.* Dinaux, 2e partie, n° 93.

FOUGÈRES (Claude de), doyen et comte de l'Église de Lyon. 1507.

*D'azur, au chef losangé d'or et de gueules de deux traits.*

FOULLE.

*D'argent, à la fasce de gueule, à 3 pals d'azur brochant sur la fasce, accompagné de 6 mouchetures d'hermine de sables dans les entre-deux, 4 en chef et 2 en pointe.*

**FOUQUET** (Nicolas), le célèbre surintendant des finances. Mort, dit-on, dans la forteresse de Pignerol, en 1680.

*D'argent, à l'écureuil rampant de gueules.*

Devise : *Quò non ascendam.*

On trouve souvent des volumes portant sur le dos l'écureuil de Fouquet alterné avec un double ΦΦ et la

marque du collége des Jésuites de Paris. Ces volumes ne proviennent pas de sa collection. Fouquet avait donné aux Jésuites une rente de six mille livres pour leur Bibliothèque, et ceux-ci, en reconnaissance, faisaient mettre sur la reliure de tous les volumes achetés avec cet argent les deux ΦΦ du donateur, en ayant soin de les entrelacer, pour les distinguer de ceux que l'on voyait aussi sur les livres que leur avait donnés Philippe Desportes, le poëte.

Après sa disgrâce, sa Bibliothèque, qui était à sa maison de Saint-Mandé, fut vendue. 13,000 volumes environ furent achetés par Carcavi pour la Bibliothèque du Roi; l'archevêque de Reims y acheta 498 manuscrits provenant de M. de Montchal, archevêque de Toulouse. Ces manuscrits, qui sont aujourd'hui à la Bibliothèque Nationale, avaient été offerts au Roi, en 1700, par le même archevêque de Reims.

**FOUQUET DE BELLE-ISLE** (Charles-Louis-Auguste), ministre et maréchal de France, membre de l'Académie française en 1748, né en 1684, mort en 1761.

*Comme le précédent, moins le double ΦΦ.*

FOURCY (Henri de), président au Parlement de Paris.

*D'azur, à l'aigle éployée d'or, au chef d'or, chargé de trois tourteaux de gueules.*

*Catalogus* librorum bibliothecæ ill. V. D. Henr. de Fourcy, comitis consistoriani, quorum auctio die lunæ mensis Augusti, 1713. — *Parisiis, G. Martin*, in-12.

FOURCY (de), abbé de Saint-Wandrille.

*Comme le précédent.*

*Catalogue* des livres de M*** (de Fourcy, abbé de Saint-Wandrille), dont la vente se fera... le lundy 13 mai 1737... rue de Jouy, dans le cul-de-sac-de-Fourcy. — *Paris, G. Martin*, 1737, in 12.

La bibliothèque de cet amateur s'était formée de celles de Bourdelot, médecin de la reine Christine de Suède, de l'abbé de Santeuil, frère du poëte de ce nom, et d'Amelot de la Houssaye.

FOVEL.

*D'azur, à l'arbre de sinople soutenu d'un croissant montant d'argent.*

FRAGNIER, conseiller au Parlement de Paris.

*D'azur, à la fasce d'argent, accompagnée de 3 grappes de raisin d'or.*

FRANCE (Jean-Claude de), conseiller au Parlement de Bourgogne. 1739.

*D'azur, à deux fasces d'argent, accompagnées de six fleurs de lys d'or, posées 3, 2 et 1.*

FRANCON (François), conseiller au Parlement de Dauphiné. 1658.

*D'azur, au chevron d'argent, accompagné de 3 gerbes d'or.*

FRANQUETOT DE COIGNY, maréchal de France. Mort en 1759.

*De gueules, à la fasce d'or chargée de trois étoiles d'azur et accompagnée de trois croissants montant d'or, deux en chef, un en pointe.*

FREZON

*De sable, à deux lions passés en sautoir et adossés d'or.*

FRONSAC (Wignerot-des-Plessis de Richelieu, duc de), maréchal de France.

*D'argent, à trois chevrons de gueules posés en cœur sur l'écusson de* GÈNES, *qui est d'argent, à la croix de gueules.*

FROULLAY DE TESSÉ (René), maréchal de France.

*D'argent, au sautoir engrêlé de gueules.*

FROULLAY DE TESSÉ (Charles-Emmanuel), comte de Lyon, abbé de Saint-Maur-sur-Loire. 1715.

*Comme le précédent.*

FUMEE (Adam), chancelier sous Louis XI, né en 1430, mort à Lyon en 1494.

*D'azur, à 2 fasces d'or, accompagnées de 6 besants de même*, 3, 2, 1.

Sa Bibliothèque, qui était l'une des plus splendides du temps, fut vendue après sa mort au libraire Camusat.

« L'on a soupçonné que le Roi s'en servait à faire des coups secrets. » (V. *Archives curieuses de l'Histoire de France*, t. I, p. 174.)

FURSTEMBERG (Ferdinand de), évêque de Paderborn en 1661, et de Munster en 1678, le célèbre auteur des *Monumenta Paderbornentia*. Mort le 26 juin 1683.

*Écartelé : au 1 et 4, de gueules, à la croix d'or ; au 2 et 3, d'or, à la croix ancrée d'azur ; et sur le tout, d'or à deux fasces de gueules.*

Devise : *Fortiter et suaviter.*

Le blason ci-dessus était ordinairement accompagné du chiffre suivant,

composé de deux FF entrelacés.

Ferdinand de Furstemberg était le plus magnifique protecteur des lettres et des savants, et la République des Lettres lui est redevable de quantité de monuments d'antiquité dont on serait privé.

Le Roi fit faire, à l'Imprimerie Royale, une édition magnifique de ses Poésies.

FURSTEMBERG (Guillaume-Egon de), cardinal-évêque et prince de Strasbourg, commandeur de l'ordre du Saint-Esprit, mort en 1704.

*D'or, à l'aigle de gueules, becquée et membrée d'azur, à la bordure ondée d'argent et d'azur, l'aigle chargée d'un écusson écartelé : au 1 et 4, d'argent, au gonfanon de gueules et au 2 et 3, d'argent, à la barre vivrée d'azur.*

Voir son oraison funèbre, par Pierre-Robert Le Presvost. — *Paris, Benard,* 1705, in-4°.

FYOT (Claude) de La Manche, comte de Boisjean, conseiller d'État et conseiller d'honneur au Parlement de Bourgogne, né à Dijon en 1630, mort en 1721.

*D'azur, au chevron d'or accompagné de trois losanges de même.*

Devise : *En doublant je m'asseure.*

Il avait acheté la riche Bibliothèque de Godeau, évêque de Vence, et il la transmit, à titre héréditaire, à son petit-neveu Fyot de La Manche, comte de Boisjean, président à mortier au Parlement de Dijon.

GAIGNAT (Louis-Jean), né dans le Niverhais en 1697, mort à Paris au mois d'avril 1768.

*D'azur, au chevron d'or, accompagné en chef de deux étoiles et en pointe d'un cygne, le tout d'argent; au chef du second, chargé de trois roses de gueules.*

Avant Gaignat, dit Debure, il n'avait pas encore été formé, dans la république des livres, un cabinet aussi riche dans son genre, ni aussi digne d'admiration. Ses livres étaient aussi remarquables par l'élégance des reliures que par la beauté des exemplaires. Le produit de cette vente s'éleva à 227,597 fr.

*Catalogue* des livres du cabinet de feu M. Louis-Jean Gaignat, écuyer, conseiller, secrétaire du Roi honoraire et receveur général des consignations des requêtes du palais, disposé et mis en ordre par Guillaume-François Debure le jeune, libraire de Paris, avec une table alphabétique des auteurs. — *Paris*, 1769, 2 vol. in-8.

Ce Catalogue est plus connu sous le nom de *Supplément à la Bibliographie instructive*.

GAIGNE, dont un membre au Parlement de Bourgogne, d'où cette famille était originaire. L'un d'eux, Louis Gaigne, avait été secrétaire du cabinet de Henri IV.

*D'azur, à trois molettes d'éperon colletées d'or.*

Devise : *In me fel nullum.*

GAILLARD (de), conseiller au Parlement de Bourgogne.

*D'azur, à deux coutelas ou badelaires d'argent passés en sautoir, les pointes en bas, les gardes et les poignets d'or.*

Voy. le *Catalogue* DINAUX, 2e partie, n° 54.

GAILLON, chevalier de l'ordre de Malte.

*D'hermine, à la croix de gueules.*

GALIEN, en Bresse et Bugey.

*D'azur, au chevron d'or accompagné de 3 étoiles de même en chef, et d'un croissant d'argent en pointe renversé.*

GALIGAI (Sébastien), abbé de Marmoutiers. 1617.

*D'or, à une chaîne d'azur en sautoir.*

GALLIAN (François), conseiller au Parlement de Grenoble. 1673.

*D'azur, au coq d'or tenant au bec un serpent d'argent et perché sur un lion couché d'or.*

GALLIEN (François de), conseiller au Parlement de Grenoble. 1680.

*D'azur, au lion d'or traversé d'une fasce de sinople chargée de trois besants d'argent.*

GANAY, conseiller au Parlement de Bourgogne.

*D'or, à l'aigle désarmée de sable.*

GANAY (le marquis de).

*D'argent, à la fasce de gueule, chargée de 3 roses d'or, 1 et 2 accostées de 2 coquilles de même.*

GARCIN, en Dauphiné.

*Écartelé d'or et d'azur, à la fasce d'argent chargée de trois molettes de sable.*

GASSION (Pierre de), abbé de Saint-Vincent-de-Luc, évêque d'Oleron et conseiller d'État, mort en 1652.

*Ecartelé : au 1 et 4, d'azur, à une tour d'or; au 2, d'or, au pal de gueules de 3 pièces; au 3, d'argent, à un arbre de sinople et un levrier de gueules courant en pointe, vis-à-vis du tronc de l'arbre accolé d'azur, bordé d'or.*

GASTINEAU (François de), colonel du régiment de Cambraisis.

*D'argent, au chevron d'azur accompagné de trois canettes de sable, 2 en chef, 1 en pointe.*

GATIAN.

*D'or, à une sphère de gueules posée sur un cône de même, soutenu d'un double croissant d'azur, et accosté d'une étoile et d'un cœur de même.*

GAUDART, conseiller au Parlement de Paris.

*D'or, à la bande d'azur chargée de 3 défenses de sanglier d'argent.*

GAULT (Jean-Baptiste), évêque de Marseille, né en 1595, mort en 1643.

*D'azur, à un épervier d'argent becqué et grillé d'or, sur un écot de même mouvant des deux flancs vers la pointe.*

GAUMONT (Jean de), maître des requêtes, conseiller d'honneur au Parlement, mort en 1750, à l'âge de 87 ans.

*D'azur, au chevron d'or accompagné de trois têtes de lion arrachées, lampassées de même, 2 en chef, 1 en pointe.*

GAUTHEROT, conseiller au Parlement de Bourgogne.

*D'azur, au chevron d'argent accompagné de trois quintefeuilles de même, 2 en chef, 1 en pointe.*

GENAS (François de), conseiller au Parlement d'Aix. 1556.

*D'argent, au genest de sinople boutonné d'or.*

GENEST (Jean), protonotaire apostolique, archidiacre et official de l'évêché de Nevers, en 1614.

*De sable, au chef vivré d'argent.*

GENESTOUX DE VALLIÈRE, en Bourbonnais.

*D'azur, au chevron d'or.*

GENESSE.

*D'azur, au chevron d'or, accompagné de 2 étoiles d'or en chef et d'un lion de même en pointe.*

GESVRÉ, famille de Paris, dont un procureur au Parlement de cette ville, d'après *l'Épitaphier*.

*D'azur, à trois bandes d'or, au chef abaissé de même, surmonté de trois étoiles aussi d'or.*

GIAC (De). Ancienne famille d'Auvergne, au XIVᵉ siècle.

*D'or, à la bande d'azur, accompagnée de six merlettes de sable,* 3 *en chef et* 3 *en pointe.*

GIGAULT DE BELLEFONDS (Jacques-Bonne), maréchal des camps et armées du Roi, gouverneur du chateau de Vincennes, mort en juillet 1746.

*D'azur, au chevron d'or accompagné de trois losanges d'argent, deux et un.*

GILBERT DE VOISINS (Pierre), maitre des requêtes, né le 16 août 1684, mort en 1769.

*D'azur, à la croix engrêlée d'argent, cantonnée aux quatre cantons d'un croissant montant d'or.*

GIRARD, chanoine de Saint-Symphorien.

*D'argent, à la rencontre de cerf de sable.*

**GIRARD** (Louis), seigneur de Thil, conseiller au Parlement de Bourgogne. 1673.

*D'azur, à trois bandes d'or.*

GIRARD DE VIENNE.

*De gueules, à une aigle d'or.*

Devise : *Tant bien à Vienne.*

GIRARDIN DE VAUVRE (Jean-Louis), intendant de la marine du Levant, né en 1642, mort le 20 octobre 1724, à l'âge de 82 ans.

*D'argent, à trois têtes de corbeaux arrachées de sable*, 2 et 1.

GIRARDOT DE PRÉFONDS (Paul), mort dans les premières années de ce siècle.

*Ecartelé : au 1 et 4, de sable, au chevron d'argent ; au 2 et 3, d'argent, au lion de sable.*

La bibliothèque de cet intrépide amateur contenait la collection des *Variorum* en 245 vol. in-8°, et celle des *Ad usum Delphini*, en 60 vol. in-4°. La première fut vendue 1,600 fr. — Toutes les deux étaient reliées en maroquin rouge et avaient été formées par le bibliophile Gascq de La Lande. En 1769, la collection *ad usum* fut achetée tout entière par le comte Mac-Carthy. Bon nombre des livres de Girardot avaient été habillés par Pasdeloup.

*Catalogue* des livres du cabinet de M. G. D. P. (Girardot de Préfonds), avec une table d'auteurs, et quelques éclaircissements sur la rareté des livres et le choix des éditions, par Guillaume-François Debure, le jeune. — *Paris,* 1757, in-8°.

Ce catalogue est très-estimé : en grand papier, il vaut 20 à 25 fr., et a été poussé dans les ventes jusqu'à 48 francs.

GIRAUD (Jean).

*D'argent, à trois bandes d'azur, la deuxième chargée de trois têtes de loup d'or.*

*Bibliotheca* D. Joannis Giraud, seu catalogus librorum quos ipse dum viveret summâ curâ ingentique sumptu collegit. — *Parisiis, C. Robustei,* 1707, in-12, 6389 art.

La Bibliothèque de l'Arsenal conserve deux exemplaires de ce catalogue, dont l'un porte sur le titre cette note manuscrite : *Digestus a Prospero Marchand,* et l'autre, sur un titre imprimé qu'on a substitué au premier : *Digestus à Laurentio Seneuze, bibliopola parisiense.*

GIRAUD (François), conseiller au Parlement de Grenoble.

*De sable, à trois porcs-épics d'argent, 2 et 1.*

GIROUD, conseiller au Parlement de Bourgogne.

*D'azur, à une bande ondée d'or accompagnée en chef d'une étoile de même, et en pointe d'un croissant d'argent.*

GLUCQ DE SAINT-PORT, conseiller au Grand Conseil.

*D'azur, au lion d'or armé et lampassé de gueules.*

Glucq, l'un des derniers amants de la comtesse de Verrue, qui, quoique fils de teinturier, se faisait appeler de Saint-Port, était, dit Edouard Fournier, un bibliophile distingué; c'est lui qui acheta d'un bloc la bibliothèque de B. de La Monnoye, dont les volumes étaient pour la plupart couverts de notes pleines d'érudition par La Monnoye lui-même.

*Catalogue* des livres de M. Glucq de Saint-Port. — *Paris*, 1749, in-8°.

GODAT DU BECQUET.

*D'azur, au chevron d'or accompagné de deux étoiles en chef de même, et en pointe d'un e rose d'argent*

GODET (Jean-Baptiste).

*D'azur, au chevron d'argent accompagné de trois pommes de pin d'or, 2 et 1.*

GODET DES MARAIS (Paul de), évêque de Chartres en 1703, né en 1649, d'une famille originaire de Normandie, confesseur de Madame de Maintenon, mort en 1709.

*De gueules, à 3 coupes d'argent.*

GŒBRIANT (Vincent-Louis, marquis de), de l'ancienne maison de Bretagne.

*D'azur, à la fasce d'or*

GOISLARD (Anne-Jean-Baptiste), seigneur de Beullé, conseiller au Parlement de Paris, mort le 29 mai 1730.

*D'azur, à trois roses d'or.*

GONDALLIER DE TUGNY, en Soissonnais.

*D'azur, au lion d'or, au chef d'argent chargé de 3 roses de gueules.*

GONDI (Pierre de), évêque de Paris, né en 1533, mort en 1616.

*D'or, à 2 masses d'armes de sable passées en sautoir, liées de gueules par en bas.*

GONDI DE RETZ (Paule-Françoise-Marguerite), duchesse de Lesdiguières, morte le 21 janvier 1716, en la 61e année de son âge. Elle avait épousé, le 12 mars 1675, François-Emmanuel de Bonne de Créqui, duc de Lesdiguières, dont elle devint veuve en [illegible].

*L'écu entouré d'une cordelière.*

Paule de Gondi possédait une magnifique Bibliothèque en son hôtel, rue de la Cerisaie.

GONDI (Jean-François-Paul de), cardinal de Retz, second archevêque de Paris, mort le 24 août 1679, si connu dans l'histoire sous le nom de coadjuteur.

*D'or, à 2 masses de sable passées en sautoir, liées de gueules; parti de* l'Église de Paris, *qui est : d'azur, semé de France, avec la Vierge Marie d'or.*

Devise : *Non sine labore.*

*Éloge historique* par M. Martignac, 1698.

GONZAGUES (Louis) et Henriette de CLÈVES.

*Monogramme composé d'un* H *et d'un* [illegible] *entrelacés.*

GOUFFIER (Claude), marquis de Boissy, grand écuyer de France, créé duc de Rouannais en 1519, mort en 1570. Il était fils d'Artus de Gouffier, seigneur de Boissy, grand-maître de France, mort en 1519.

*D'or, à 3 jumelles de sable.*

Avec son chiffre deux épées, marque de sa dignité, et sa devise : *Hic terminus hæret.* — Monogramme composé des lettres C. F. G.

Claude Gouffier était un bibliophile

des plus ardents de son époque. Il était en outre grand amateur d'autographes et de portraits historiques. Ses livres, manuscrits ou reliés, étaient richement habillés, comme on peut s'en assurer par le beau spécimen que nous offre la planche 41 de l'*Histoire de la Bibliophilie*.—Voir *Cat. J. Pichon*, n° 467.

La plupart de ses livres sont reliés par Louis Bloc.

GOUGE DE CHARPAIGNE (Martin), chancelier de France, évêque de Clermont, né en 1360 à Bourges, mort en 1444.

*D'azur, à la bande d'argent accompagnée de 3 croissants montants d'or, 2 en chef, 1 en pointe.*

GOUJET (l'abbé), (Claude-Pierre), chanoine de Saint-Jacques de l'Hôpital, associé des Académies de Marseille, d'Angers, de Rouen, etc., auteur de la *Bibliothèque française*, né à Paris en 1697, mort en 1767.

L'abbé Goujet s'était composé une Bibliothèque d'environ 10,000 volumes, qu'il avait mis cinquante ans à réunir, et dont chacun portait dans l'intérieur des plats, ou sur le premier feuillet de garde, un G, initiale de son nom.

Vers 1767, peu de temps avant sa mort, dépourvu de fortune, car les éditeurs lui payaient très-peu ses écrits, et seul soutien de parents pauvres, il vendit ses livres à M. Béthune, duc de Charost, qui les lui acheta généreusement.

Quand la dure nécessité força l'abbé Goujet de se séparer de sa précieuse collection, l'émotion qu'il éprouva fut si grande, que ses jours en furent abrégés.

*Catalogue* raisonné des livres de la Bibliothèque de l'abbé Goujet. — *Manuscrit* en 6 vol. in-fol.

Ce trésor d'érudition, dit Peignot, fut acheté, pour la Bibliothèque du Louvre, à la veuve Béthune-Charost, par M. Barbier, qui en a publié une notice.

Il existe une copie de ce *Catalogue* faite par un neveu de l'abbé Goujet, et qui se trouve aujourd'hui à la Bibliothèque Nationale.

GOURDON DE GENOUILLAC, comte de Vaillac (Jean-Paul), lieutenant général des armées du Roi. Mort en 1681.

*Ecartelé : aux 1 et 4, d'azur, à 3 étoiles d'or mises en pal ; au 2 et 3, d'or, à 3 bandes de gueules.*

GOURREAU DE LA PROUSTIÈRE (François), conseiller au Parlement de Paris.

*D'or, à l'aigle à deux têtes, éployée de sable, becquée et membrée de gueules.*

GOURNAI (Charles-Chrestien de), évêque de Toul, fils de Regnault de Gournai, comte de Marcheville, et d'Aloïse d'Aspremont. Il mourut le 14 septembre 1637.

*Ecartelé : au 1 et 4, de gueules, à trois tours d'or maçonnées de sable, rangées en bande, qui est de* GOURNAI ;

*au 2 et 3, de gueules, au chef d'or, chargé de trois merlettes de sable, qui est* D'ASPREMONT.

Au bas de l'écusson, un C et un G entrelacés, chiffre de ce prélat. — La plupart de ses volumes sont entrés à la Bibliothèque Nationale.

GOUY D'ARCY (Michel-Jean, marquis de), gentilhomme de la Manche, colonel au régiment du Roi vers 1756.

*Ecartelé : au 1 et 4, d'argent, à l'aigle éployée de sable ; au 2 et 3, de gueules, à la bande d'or.*

GRAILLET (Hukdert de).

*D'azur, au lion d'or tenant en la patte dextre une épée de même.*

GRAMMONT (Antoine, duc de), pair et maréchal de France, chevalier des Ordres du Roi, mort en 1678, à l'âge de 74 ans.

*Écartelé : au 1 et 4, d'or, au lion d'azur, armé, lampassé de gueules, qui est de* GRAMMONT ; *au 2 et 3, de gueules, à 3 flèches d'argent empennées d'or, la pointe en bas, qui est* D'ASTER ; *sur le tout, écartelé : au 1 et 4, de gueules, à 3 fasces ondées d'argent, qui est* TOULONGEON ; *au 2 et 3, de gueules, à trois jumelles d'argent, qui est de* SAINT-CHÉRON.

C'était un des hommes les plus aimables de la cour du grand Roi. Poli, magnifique, bon plaisant, il avait été envoyé en Espagne pour y négocier le mariage de Louis XIV avec l'infante.

GRANGES (Michel-Ancel des), maître des Cérémonies.

*D'azur, à l'étoile d'argent soutenue d'un croissant montant de même.*

GRANGET DE CHAMPREMONT, en Bresse et Bugey.

*D'argent, à 1 chevron de gueules accompagné de 3 croissants montants d'azur, 2 en chef, 1 en pointe.*

GRANGIER, en l'Ile de France et Bretagne.

*D'azur, au chevron d'or accompagné de 3 gerbes de même, au chef vairé d'argent et de gueules.*

GRANVELLE (le cardinal Perrenot de), archevêque de Besançon et fondateur de l'Université de cette ville, premier ministre de Charles-Quint, né à Besançon en 1517, et mort en 1586.

*D'or, à 3 bandes d'azur au chef du premier, chargé d'une aigle à deux têtes éployées de sable.*

Ce cardinal, « Mécenas de son temps envers les hommes d'estude, » dit le P. Jacob, avait établi en son hôtel, à Besançon, uñe des plus riches Bibliothèques de son époque.

La charge de cette Bibliothèque fut exercée par Suffridus Petrus, qui a donné plusieurs bons livres au public.

Ses heritiers vendirent à l'abbé Boisot une partie de ses livres et manuscrits; partie qui fait aujourd'hui le fonds le plus riche de la Bibliothèque de Besançon.

Il aimait les lettres, protégeait et pensionnait un grand nombre de savants. Il soutenait par ses libéralités l'imprimerie du fameux typographe Plantin, auquel il fournit tous les fonds nécessaires pour l'impression de la Bible Polygotte.

GRASSETEAU.

*D'azur, à 3 bandes d'or.*

GRATET (François de), comte du Bouchage, président au Parlement de Grenoble. 1684.

*D'azur, au griffon d'or.*

GRAVERAND (Joseph-Marie), évêque de Quimper. 1840.

*De sinople, à la croix de calvaire d'or.*

Devise: *Verbum crucis Dei virtus.*

GRAVILLE (Louis Mallet, sire de), amiral de France sous Charles VIII. C'est cet amiral qui, par son testament, ordonna à ses héritiers de restituer au roi la somme de cent mille livres « qu'il avoit vaillant de plus qu'avant d'entrer dans les charges, croyant que l'honneur seul est une assez belle récompense à une âme généreuse. »

*De gueules, à 3 fermaux d'or, 2 et 1.*

GREGAINE DE CHEVRIGNY, échevin de Lyon. 1674.

*D'azur, au chevron d'or accompagné de deux croissants d'argent en chef, et d'une étoile de même en pointe.*

GRENAUD (Joseph de), marquis de Rougemont, conseiller au Parlement de Bourgogne en 1671. Mort en 1707 dans ses terres, en Bugey.

*De gueules, à deux bandes ondées d'argent.*

GRIMALDI (Charles-Maurice), chevalier de Monaco, comte de Valentinois, mort en 1790. Il avait épousé Marie-Christine-Chrétienne de Rouvroy de Saint-Simon.

GRIMALDI : *Fuselé d'argent et de gueules, accolé de* ROUVROY DE SAINT-SIMON, *qui est : écartelé, au 1 et 4, de sable, à la croix d'argent chargée de cinq coquilles de gueules, qui est de* ROUVROY; *au 2 et 3, échiqueté d'or et d'azur, au chef du second chargé de 3 fleurs de lys du premier, qui est de* SAINT-SIMON.

GRIMAUD (Louis de), conseiller au Parlement de Grenoble, 1671.

*D'azur, à 3 têtes de chameau d'or, clarinées d'argent.*

GROLÉE DE VIRIVILLE, en Dauphiné.

*Gironné d'argent et de sable, chargé en cœur d'une couronne de gueules.*

Devise : *Je suis Grolée.*

La maison de Grolée, une des plus anciennes de France, descend, selon une tradition de famille, de celle des Gracques Romains.

**GROLIER** (Jean), chevalier, vicomte d'Aguisy, trésorier de France, né à Lyon en 1479, mort à Paris le 22 octobre 1565.

Selon d'Hozier (*Armorial général*, etc., Paris, 1752, in-8), ce célèbre bibliophile portait : *Ondé d'or et d'azur de 8 pièces, au lion de gueules sur le tout armé et lampassé de même, écartelé d'azur, à 3 besants d'or en pointe et en chef 3 étoiles d'argent.*

Ces armoiries sont peintes au bas du premier feuillet de l'exemplaire de *Cœlius Rhodiginus*, conservé à la Bibliothèque de la ville de Lyon.

Sur un jeton daté de 1558, dont la face a pour légende : *Jehan Grolier, chevalier, trésorier de France*, on trouve : *Ecartelé : au 1 et 4, d'azur, à 3 fasces d'or, au lion de sable brochant sur le tout; au 2 et 3, d'azur, à 3 besants d'or, rangés en fasce en pointe, accompagnés d'autant d'étoiles d'argent rangées de même en chef, qui est de* GROLIER.

Avant son mariage, ses livres portaient sur les plats les armes de Grolier pur, comme ci-dessus.

Après son mariage, il écartela des armes de sa femme, Anne Briçonnet, qui sont : *D'azur, à la bande componnée d'or et de gueules, le deuxième compon chargé d'une étoile d'or accostée d'une autre étoile de même.*

Grolier avait sur ses livres plusieurs devises : tantôt elles étaient écrites de sa propre main sur un des feuillets de garde ou sur le titre; tantôt on les voit imprimées en lettres d'or sur les plats, au-dessous de ses armes. Les voici toutes :

1. *Mei Grolierii Lugdunens. et amicorum.*
2. *Portio mea, Domine, sit in terra viventium.*
3. *Io. Grolierii et amicorum.*
4. *Tanquam ventus est vita mea.*
5. *Custodit Dominus omnes diligentes se, et omnes impios disperdet.*
6. *Æque difficulter.*

La Bibliothèque de Grolier, composée d'environ 3,000 volumes, devint la propriété du garde des sceaux Emeric de Vic, qui la fit transporter en son hôtel, rue Saint-Martin, dans la maison même qu'avait habitée le savant Budé.

La Bibliothèque du garde des sceaux passa entre les mains de Dominique de Vic, archevêque d'Auch, son fils. Celui-ci continua les traditions de son père. Mais, à sa mort, cett[illegible] [illegible]ebre et curieuse collection, qui avait été conservée par trois générations de bibliophiles, fut vendue et dispersée en 1676.

Les principaux amateurs qui firent acquisition des volumes à la reliure de Grolier furent J.-A. de Thou, Pierre Pithou, Paul Petau, Ballesdens et le chancelier P. Séguier.

Un amateur du temps, Bonaventure d'Argonne (*Mélanges de Littérature* de Vigneul Marville), s'exprimait ainsi en parlant des livres de Grolier : « Il » semble, à *les* voir, que les Muses, » qui ont tant contribué à la composi- » tion du dedans, se soient aussi appli- » quées à les approprier au dehors, » tant il paraît d'art et d'esprit dans » leurs ornements. Ils sont tous dorés » avec une délicatesse inconnue aux

» doreurs d'aujourd'hui; les compartiments sont peints de diverses couleurs et parfaitement dessinés. »

Les livres de cet amateur sont recherchés de tous les bibliophiles avec un empressement et une ardeur qui vont toujours croissant.

C'est ainsi qu'en mars 1856, pour ne citer qu'un seul exemple, le *Catulle* d'Alde, 1515, fut adjugé, à la vente Hebbelink, pour le prix de 2,500 fr.

*Recherches* sur Jean Grolier, sur sa vie et sa Bibliothèque... par Le Roux de Lincy. — *Paris, L. Pottier*, 1866, in-8.

GROLIER DE SERVIERES (Antoine).

Cet amateur portait de même que son grand oncle, dont il suivit l'exemple. Il eut aussi du goût pour les livres curieux. A la Bibliothèque de la ville de Lyon, on trouve un exemplaire de : *Le Fort inexpugnable de l'honneur du sexe féminin, construit par Françoys de Billon, secrétaire*, Paris, 1555, in-4, ayant appartenu à Antoine Grolier. Ce volume est couvert en parchemin, et porte sur les plats les armes des Grolier, avec cette devise : *Nec arbor, nec herba*, accompagnée d'un *groseillier* pour emblème.

GROLIER (François).

*D'azur, à 3 besants d'or en pointe, surmontés en chef de 3 étoiles d'argent, au lambel à 2 pendants d'or.*

La Bibliothèque de l'Arsenal conserve un volume manuscrit sur vélin in-folio, dédié à François Grolier, intitulé : *Livre des privilèges des secrétaires du Roy, de la Corone et Maison de France.* Au bas du premier feuillet se trouvent peintes les armes ci-dessus

GROSSOLLES DE FLAMARENS.
Chevalier des ordres du Montcarmel et de Saint-Lazare. 1673.

*D'or, au lion de gueules, naissant d'une rivière d'argent, chef d'azur chargé de 3 étoiles d'or.*

GRUTHUYSE (Louis de Bruges, seigneur de La), prince de Steenhuyse, comte de Wincester, l'un des plus brillants et des plus magnifiques seigneurs de son époque. Il mourut à Bruges, le 24 novembre 1492, âgé de plus de 70 ans.

*Au* 1 *et* 4, *d'or, à la croix de sable, qui est de* LA GRUTHUYSE; *au* 2 *et* 3, *de gueules, au sautoir d'argent, qui est de* VAN DER AA.

Cimier : *Un bouc ou capricorne issant de sable, accolé d'azur et accorné d'or dans un vol d'hermine de trois rangs.*

Supports : *Deux licornes, accompagnées de deux mortiers ou bombardes.*

Devise : *Plus est en vous*, répétée quelquefois en flamand : *Meer es in u.*

Chiffre formé tantôt de deux L entrelacés, tantôt d'un L et d'un M liés (Louis et Marguerite).

La Gruthuyse avait épousé, en 1455, Marguerite de Borstele, issue d'une ancienne famille de Zeelande.

Edouard IV, roi d'Angleterre, comme témoignage de l'accueil qu'il avait reçu de lui, le fit nommer, en 1471, comte de Wincester, et lui accorda le droit de porter : *D'azur, à* 10 *macles d'or, au canton cousu de gueules, chargé d'un léopard d'or.* Mais il ne porta jamais d'autres armes que les siennes propres.

La Gruthuyse avait une Bibliothèque composée en grande partie de manuscrits que lui-même il avait fait enluminer par les plus habiles artistes de Bruges et de Gand, pays classiques de l'enluminure. Le nombre et la grandeur de ces manuscrits, la richesse et la variété de leur ornementation, la beauté du vélin et de la calligraphie, le luxe des reliures, presque toutes en velours de diverses couleurs, avec clous et fermoirs de cuivre doré, faisaient de cette collection une des merveilles bibliographiques de l'époque.

A sa mort, cette collection sans rivale passa à son fils Jean de Bruges, puis à Louis XII, qui la réunit à celle que son père, Charles d'Orléans, et lui-même, avaient formée à Blois. On n'a jamais su de quelle façon elle devint la propriété de nos rois. Mais l'empressement que l'on mit à faire disparaître toutes traces de l'ancien possesseur fait supposer qu'il y eut dans cet acte des motifs peu avouables. Les armes, la bannière, le chiffre et la devise en français et en flamand de La Gruthuyse, qui se trouvaient peints sur un grand nombre de feuillets de ses manuscrits, lors de la réunion des deux Bibliothèques, furent effacés et remplacés par les armes de France.

Dans l'inventaire ou catalogue de la Bibliothèque de Blois, dressé en 1544, et dont l'original est encore à la Bibliothèque Nationale, les trésors littéraires de La Gruthuyse furent confondus avec ceux de Louis XI, Charles VIII et Louis XII. Mais cet inventaire décrit chaque volume, en indique le contenu, la reliure, la forme et la qualité des ornements. De telle sorte qu'il est facile de distinguer les livres qui faisaient partie de la collection de La Gruthuyse.

La Bibliothèque Nationale possède cent six manuscrits ayant appartenu au célèbre bibliophile brugeois. Cependant ces manuscrits n'entrèrent pas tous d'abord dans cet établissement. Le duc de La Vallière, par exemple, en avait eu un qui fut acquis plus tard, et que cet amateur avait trouvé parmi les livres de la famille d'Urfé, en 1777. (*Catalogue* La Vallière, t. I, p. 266, n° 815.)

*Recherches* sur Louis de Bruges, seigneur de La Gruthuyse, suivies de la notice des manuscrits qui lui ont appartenu, et dont la plus grande partie se trouve à la Bibliothèque du Roi (par Van Praet).—*Paris*, 1831, in-8°.

GUÉNÉGAUD (Henri de), secrétaire d'Etat, commandeur des Ordres du Roi, né en 1609, mort à Paris en 1676.

*Écartelé : au 1 et 4, d'azur, à une croix d'or, chargé d'un croissant montant de gueules, qui est* LA CROIX; *au 2, de* COURTENAI, *c'est-à-dire écartelé; au 1 et 4, de France, à la bordure engrelée de gueules; au 2 et 3, d'or, à trois tourteaux de gueules, 2 et 1; au 3, de* HARLAY; *et sur le*

*tout de gueules, au lion d'or, qui est* GUÉNÉGAUD.

Cet amateur eut deux marques : la première quand il n'était encore que simple conseiller au Parlement de Paris; la seconde, lorsqu'après avoir été secrétaire d'État, il fut nommé commandeur des Ordres du Roi.

Henri de Guénégaud, qui aimait le luxe et les arts, s'était fait construire par François Mansard un magnifique hôtel, dont l'intérieur était décoré avec autant de faste que de goût, et qui occupait, quai Conti, l'emplacement actuel de l'hôtel des Monnaies.

GUENICHOT DE NOGENT, conseiller au Parlement de Bourgogne. 1757.

*D'or, à la croix de sable.*

GUÉRIN DE TENCIN (Pierre de), primat des Gaules, archevêque de Lyon. 1740.

*D'or, à l'arbre arraché de sinople; au chef de gueules chargé de trois besants d'argent.*

GUERIN (Antoine), seigneur de Tencin, conseiller au Parlement de Grenoble. 1673.

*D'or, à l'arbre arraché de sinople; au chef de gueules chargé d'une étoile d'or entayée de 2 besants d'argent.*

GUIGNARD DE BELLEVUE (vicomte de Saint-Priest), prévôt des marchands de Lyon. 1654.

*Écartelé : au 1 et 4, d'azur, à trois quintefeuilles d'argent, qui est de* RICHARD DE SAINT-PRIEST; *au 2 et 3 d'azur, à la croix d'argent, qui est de* MARIDAT; *sur le tout, d'azur, au chevron d'argent accompagné de deux tours de même, qui est de* GUIGNARD.

GUILLARD (Charles de), originaire du Maine, conseiller au Parlement de Paris, mort en 1537.

*De gueules, à deux bourdons d'argent, posés en chevron et accompagnés de trois roches de même.*

GUILLAUME, conseiller au Parlement de Paris.

*D'argent, au chevron de gueules accompagné de 2 roses épanouies de même en chef et d'une hure de sanglier de sable en pointe.*

GUILLEMIN DE COURCHAMP.

*De gueules, au chevron d'or accompagné de 2 étoiles d'or en chef et d'un lion de même en pointe.*

GUILLON (Maurice), échevin de la ville de Lyon. 1630.

*D'azur, au sautoir d'or.*

GUMIN (Louis de), conseiller au Parlement de Grenoble. 1680.

*D'argent, au lion d'azur armé de sable et lampassé de gueules.*

GUY DE SALINS, conseiller au Parlement de Bourgogne. 1682.

*De gueules, à une bande d'or ac*

*compagnée en chef d'une rencontre*

*de cerf aussi d'or, et en pointe d'un huchet de même.*

GUYET, conseiller au Parlement de Bourgogne.

*D'azur, à deux chevrons d'or, accompagnés d'un croissant d'argent en pointe.*

GUYON DE SARDIÈRE (J.-B.), fils de la célèbre M^me de La Mothe-Guyon, capitaine au régiment du Roi, mort à Paris en 1759.

Cet intrépide bibliophile avait pour marque un monogramme composé de deux G et de deux S entrelacés. Une grande partie des magnifiques éditions de la bibliothèque d'Anet fut achetée par lui en 1724, à la vente qui eut lieu à cette époque des livres de Diane de Poitiers.

La Bibliothèque de M. de Sardière fut acquise en totalité par le duc de La Vallière.

*Catalogue* de la Bibliothèque de M. Guyon de Sardière. — *Paris, Barrois,* 1759, in-8°, 2 parties.

FIN DE LA DEUXIEME PARTIE DU TOME PREMIER.

Paris. — Imprimé chez Jules Bonaventure, 55, quai des Grands-Augustins.

www.ingramcontent.com/pod-product-compliance
Lightning Source LLC
Chambersburg PA
CBHW070807270326
41927CB00010B/2328

*9782012524583*